ong The Stans
A Central Asian Journey

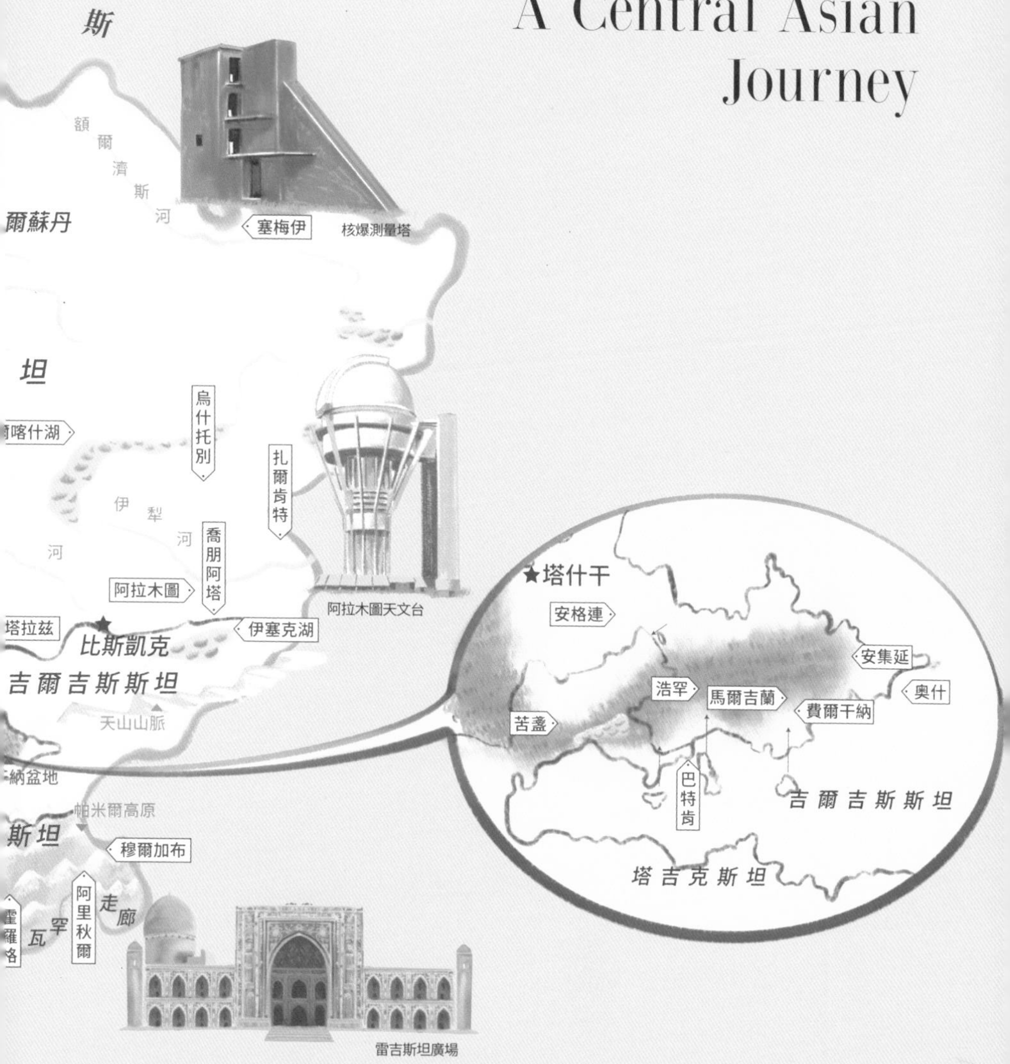

俄
羅
伊信河
1960年的鹹海
哈薩克斯
鹹海
錫爾河
阿克陶
木伊納克
裏海
亞塞拜然
烏茲別克斯坦
努庫斯
希瓦
阿姆河
卡拉庫姆沙漠
土庫曼斯坦
布哈拉
撒馬爾罕
奇姆肯特
塔什干
土庫曼納巴特
阿什哈巴特
杜尚貝
伊朗
阿富汗
地獄之門

失落的衛星
劉子超——著
AMONG THE STANS
A Central Asian Journey

「我們要改變……改變……」維克多．崔唱道。但要向何處去，我們沒弄明白。

——斯維拉娜．亞歷塞維奇《二手時代》

那個一直活在你想像中的事物，突然變成了有形世界的一部分——不管你和它之間相隔多少山脊、河流和炙烤的土路——從此以後，它都永遠屬於你。

——芙蕾亞．史塔克《刺客的山谷》

目錄

Photo Album

Among The Stans A Central Asian Journey 失落的衛星：深入中亞大陸的旅程

邊城浮世繪

中亞是一個對外人而言極其陌生的世界，
有著複雜而悠久的文化和傳統。
歷史上曾被不同文明和族群征服和塑造，
它們都在這裡留下獨特的印跡。

Among The Stans
A Central Asian
Journey

5	4		2	1
6			3	

1. 中亞的市場：大巴剎 2. 布哈拉刺繡女子
3. 伊犁河畔嬉戲的孩子 4. 比斯凱克城背後就是天山
5. 吉爾吉斯作家艾特瑪托夫 6. 旅程起點阿拉木圖

離開喬朋阿塔，向卡拉科爾出發，
這裡是徒步天山的大本營。
天山和阿爾卑斯山相比，
兩個瑞士人說：天山更野性。

吉爾吉斯斯坦的
天山遊記

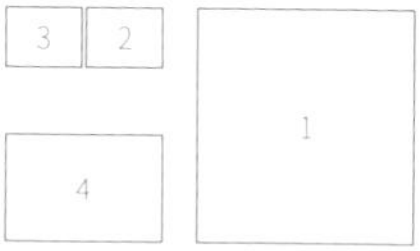

1. 吉爾吉斯牧民 2. 費爾干納山谷採棉花女子
3. 賣瓜的烏茲別克農民 4. 卡拉科爾湖畔溫泉小屋

stAY

帕米爾公路補給站

木伊納克曾經是鹹海最大的港口，典型的魚米之鄉，
一九二二年鬧飢荒的蘇聯還曾經向這裡求援。
如今只剩貧瘠與荒涼。

尋找烏茲別克的失落之心

薩馬爾罕神秘得如同幻影，
它曾是伊斯蘭世界的中心、龐大帝國的首都，
雷吉斯坦廣場的建築，則見證著帖木兒帝國的力量。

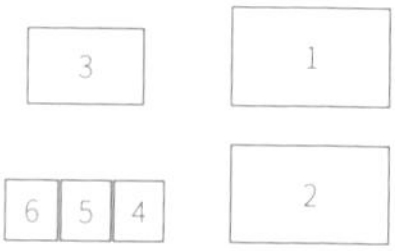

1.通往鹹海的路上 2.木伊納克擱淺的漁船 3.雷吉斯坦廣場 4.浩罕賣饢少年 5.浩罕穿傳統長袍婦女 6.布哈拉的老太太

Among The Stans
A Central Asian
Journey

Among The Stans
A Central Asian
Journey

最後的遊牧

1. 伊犁河畔
2. 額爾濟斯河畔
3. 開滿鬱金香的天山草原
4. 高山上的馬群

在阿爾金－埃姆爾公園深處有一塊綠洲，
哈薩克牧民在此定居，
遊牧作為一種生活方式退到邊緣，
村裡的人會共同委託一人，
趕著全村牲口去夏季牧場。

已經消失的浩罕汗國的可汗宮，
一女子靜靜在宮內閱讀。

自序

旅行，超越偏見的開始

北京有很多蘇聯風格的建築，大都是上世紀五〇至九〇年代的產物。我就是在這樣的蘇式建築中長大的：成排整齊劃一的單元樓，構成一片巨大的居住區，建築靈感來自蘇聯的「赫魯雪夫樓」。生活在這樣的居住區，你很容易感到自己的渺小。

我七歲那年，蘇聯解體了。我記得在電視上看到蘇聯國旗緩緩降下，但還不明白那究竟意味著什麼。此後，各個加盟共和國紛紛獨立，開始構建自己的歷史和民族神話，但對很多國家來說，未來依舊一片迷茫。

作為一個地緣政治事件，蘇聯解體的影響綿延至今。鬱金香革命、納卡衝突、哈薩克騷亂以及烏克蘭正在發生的一切，無不是這一事件的餘波與迴響。與此同時，它也在創造著新現實，讓我們的世界變得越來越像一個分裂的叢林。

如同「文革」之於上一輩作家，我發現自己總是被蘇聯解體和隨之而來的變遷所吸引。特別是那些處於大國夾縫地帶的國度——既是地緣政治的夾縫，也是文明和價值觀的夾縫——它們總在撕扯和遊移，總是像衛星一樣，被周圍更大的行星左右。它們很難掌握自己的命運，註定了顛沛流離。

我的第一本書《午夜降臨前抵達》寫的是中東歐，《失落的衛星》則聚焦於中亞：五個斯坦國，五顆衛星，如今仍然徘徊在中國、美國、俄羅斯和土耳其之間。

為了寫這本書，我必須進行大量艱苦的旅行。二〇一一年秋天，蘇聯解體二十周年之際，我去了中亞的第一個國家烏茲別克。晚上從酒店出來，天下著鵝毛大雪，雪花在昏黃的路燈下飛舞。酒店門前停著幾輛黑車，司機留著小鬍子，戴著鴨舌帽，守著他們破舊的拉達或者伏爾加。那一瞬間，我感到自己好像穿越回了一九九〇年代的北京——那種後蘇聯時代、幾乎被世界遺忘的感覺。

對我來說，這種感覺既熟悉又陌生。隨著我在中亞的遊歷愈深，我發現中國大陸的成長經驗讓我與中亞人擁有很多共同的記憶和情感聯結，讓我更能理解他們的處境。當這些獨立後的族群依舊囿於地緣政治和民族主義，剪不斷理還亂時，我也越來越意識到，或許只有作為外來者的我，才能超越偏見地觀察這片土地。

九年間，我遊歷了中亞的大部分地區，去到了我可以去到的所有地方，但這本書並不想成為一本簡單的旅行記錄。我希望通過人的故事展現這片大陸的心靈，在一個更廣泛的意義上描述和解釋中亞。因為，就像奈波爾所說，如果我們可以準確地把握當下，或許就有可能預測未來。

我很榮幸這本書即將在臺灣付梓。為此，我要感謝編輯葉美瑤女士。二〇一七年夏天，我曾在臺灣旅行了半個月。坐在臺南夜市的排檔邊喝冰啤酒時，我沒有想過有一天我的書會與臺灣讀者相遇。我珍惜這份來之不易的緣分。雖然不知道何時才能再來臺灣，但我衷心希望你們能和我一樣，享受這段深入中亞大陸的迷離之旅。

二〇二二年三月十三日，拉薩

——序幕——

大巴剎、流放者和塔季揚娜

1

二〇一〇年夏天，我以記者的身份去了一次霍爾果斯。那是中國通往哈薩克斯坦的口岸城市，有一種邊境地帶特有的繁忙和混雜。在中國國門附近，我看到等待通關的貨運卡車排起長龍，遠方橫亙著冰雪覆蓋的天山。

我問一個正在抽菸的中國司機，他的目的地是哪裡。他說，阿拉木圖。他的口氣讓我感到阿拉木圖是一個遙遠的地方，一個必須長途跋涉才能抵達的地方。有那麼一瞬間，我很想跳上卡車，隨他一起穿越邊境，前往阿拉木圖——眼前的雪山變成一種致命的誘惑。

司機告訴我，阿拉木圖又叫「蘋果城」。我的腦海中頓時浮現出一座遍植蘋果樹的城市：在金色的陽光下，蘋果泛著清新的光澤，好像少女的臉龐。這幾乎成為一種明信片般的印象，以至於六年後，當我走出阿拉木圖機場，立刻開始下意識地尋找蘋果樹。

沒有蘋果樹。

我只看到一排排白楊，掩映著蘇聯時代的建築。我叫了一輛出租車，進入規劃整齊的市區。司機是韃靼人，只會講俄語，不會講哈薩克語。儘管後者是哈薩克斯坦的官方語言，但是能講的人非常之少。即便是哈薩克人，熟練掌握本族語言的也不到人口的一半。

蘇聯解體後，中亞諸國大都推行「去俄化」教育，尤以烏茲別克斯坦和土庫曼斯坦為甚。但是哈薩克斯坦選擇了並不激進的道路，因為納札爾巴耶夫總統本人並不是強硬的民族主義者。

在蘇聯時代，納札爾巴耶夫從鋼鐵廠的技術人員一路攀升，一度有望接任戈巴契夫，成為蘇共的總書記。在所有的加盟共和國中，他態度最為強烈地反對蘇聯解體。然而，正是在阿拉木圖，一九九一年冬天的一場會議，決定了蘇聯的命運：曾經龐大的帝國，一夜之間化為烏有。

在阿拉木圖，街道是橫平豎直的。壯麗的外伊犁阿拉套天山就在城市的邊緣。夏日的陽光下，山體呈現墨色，溝壑清晰可見，只有山尖還保留著一絲積雪。一八五四年，哥薩克騎兵在這裡建立堡壘，開啟了阿拉木圖的歷史。一九一一年，一場大地震抹平了城市。眼前的一切幾乎都是此後重建的，因此不可避免地帶有蘇聯的印記。

一輛老式公車緩緩駛過，上面坐著哈薩克人、韃靼人、俄羅斯人，還有被史達林遷徙至中亞的朝鮮人。他們都說俄語，他們都面無表情，就像外面相當空曠的街道。

一九九七年，納札爾巴耶夫將首都從阿拉木圖遷至中部的阿斯塔納，如今的努爾蘇丹。從此，阿拉木圖稍稍遠離了能源經濟帶來的喧囂。這座城市當然也在發展，只不過步調緩和了許多，街上看不到太多扎眼的豪車。或許正因如此，我對阿拉木圖的喜愛遠超過阿斯塔納。

綠色大巴刹曾經是這座城市的中心，現在仍然保留著一個遊牧國家的靈魂。走過一個個販賣水果和乾果的攤販，我看到堆積如山的物產，其中也包括哈薩克斯坦引以為傲的蘋果。一個哈薩克小販削了一塊蘋果給我，我並不意外地發現，味道和阿克蘇糖心蘋果差不多——這兩個地方相距並不遙遠，共享著類似的土壤和光照。

另一塊區域全是賣鮮肉的，從牛羊肉到馬肉、豬肉，無所不有。這也表明，阿拉木圖依然是一個信仰和習俗混雜的地方。哈薩克人是溫和的穆斯林，自然吃牛羊肉，但他們也是草原遊牧民、突厥化的蒙古人，所以也愛吃馬肉。鉤子上掛著整條馬腿，肉案上擺著粗大的馬脊骨。一個戴著帽子的哈薩克少女，正用尖銳的剔刀，剔下脊骨上的瘦肉。

在這裡，賣肉的攤販有著清晰的族群區分：賣牛羊肉的是哈薩克人或者韃靼人，賣馬肉的是哈薩克人，只有俄羅斯人才會賣豬肉——他們的祖先是頓河流域的哥薩克、探險家、匪徒、逃跑的農奴，或是被發配至此的囚犯。一個小販的臉上帶著一絲德國人的傲慢神色，他的祖先大概來自伏爾加河中游——葉卡捷琳娜大帝開發那裡時，將他們從德國黑森地區招募而來。我還看到了仍然在賣泡菜的朝鮮女人，儘管她們早就忘記了母語。

在乳製品區，除了乳酪，自然少不了「庫米思」，又稱「馬奶酒」。作為哈薩克的國民飲料，庫米思一度風靡整個沙俄——那是帝國征服中亞後，隨著韃靼商人傳入的。當時，這種異域飲料被認為擁有近乎神奇的療效。

一九〇一年，身患結核病的契訶夫在伏爾加河上蜜月旅行，醫生開出的藥方正是庫米思。於是，在蒸汽輪船上，大作家一邊為他的小說做筆記，一邊啜飲著發酵的馬奶飲料。

2

馬奶酒很酸，帶有輕微的酒精度。我喝不太慣，而且喝酒也為時尚早。在大巴刹門口，我買了一杯格瓦斯，感到自己的確置身中亞。走出綠色大巴刹，經過巨大的中央清真寺，我踏上高爾基大街。街邊種著梧桐樹，停著蘇聯時代的小汽車，看上去平淡無奇。我試圖尋找的七河旅館早已蕩然無存，甚至沒有留下一絲痕跡。很少有人知道，在這條街上曾經住過蘇聯歷史上最危險的流放者——托洛茨基。

一九二八年一月，一個寒冷的清晨，在黨內鬥爭中落敗的托洛茨基被人從莫斯科的公寓中揪出來，發配至阿拉木圖。那時，阿拉木圖不過是帝國疆域上的一個遙遠的小點——沒有自來水，沒有電，沒有柏油路。

城市破敗不堪，房子形同廢墟。街上沒有汽車，也很少有人行走。整個冬天，積雪都不會融化，到處是白茫茫的一片。托洛茨基的妻子娜塔莉亞去了一趟大巴刹，她在日記中寫道：「哈薩克人坐在攤位前，一邊曬著太陽，一邊抓著身上的跳蚤。」

蘇聯的生活原本嚴苛，莫斯科之外更是如此。托洛茨基很快發現，在阿拉木圖很難買到蔬菜和肉，麵包也越來越稀有。正是他本人提出了「消滅富農」的政策，如今只好自食其果。在隨後的農業集體化運動中，哈薩克人被迫放棄遊牧生活，一百多萬人最終死於饑餓。

對托洛茨基來說，阿拉木圖唯一的好處是遠離權力鬥爭。春天到來時，草原上開滿紅色的罌粟花。托洛茨基會帶上他的狗，進行長達十天的狩獵旅行。他稱這樣的旅行是「重返蒙昧」之旅。不旅行的時候，他會坐在書桌前，從早上八點工作到晚上十點。為了糊口，他為莫斯科的出版社翻譯馬克思的著作，同時開始撰寫自傳《我的生平》。

郵差是個瘸腿。每週三次，他騎著馬，送來成捆的信件、書籍和報紙。信件大多來自蘇聯各地的支持者，經過當局審查後，才獲准送達。隨著史達林權力的穩固，信件變得越來越少。最終，托洛茨基與外界的聯繫幾乎完全中斷。他在阿拉木圖生活了一年，隨後被當局驅逐出境，此後再也沒能踏上蘇聯的土地。

哈薩克斯坦國家博物館位於一片怡人的綠蔭中，然而參觀者稀少。博物館的館藏還算豐富，從遠古時代的文物到國家獨立後的成就，所有解說詞似乎都指向同一個內容：這就是哈薩克斯坦；這就是哈薩克民族。

然而，作為現代意義上的民族國家，哈薩克是俄國十月革命後才產生的概念。當時，蘇聯把西方的民族國家理論應用到中亞這片民族觀念尚處於前現代狀態的土地上。哈薩克斯坦，連同其他四個斯坦國一起，誕生於這樣的背景下。

長久以來，這片土地就是遊牧民族的牧場，並沒有所謂的「領土」觀念。領土，不過是聯繫牧民們各個季節性牧場的一條「道路」。對遊牧民族來說，佔有領土沒有意義，因為他們所要求的只是在一年當中的固定時間行走這條道路的權利——只有當通行權遭到剝奪時，戰爭才會發生。

十七世紀中葉，蒙古準噶爾汗國剝奪了哈薩克草原上三個小國的通行權。其中，小玉茲向俄國請求保護，大玉茲和中玉茲則求助於清帝國。十八世紀時，乾隆皇帝出兵剿滅了準噶爾汗國，順勢將今天的新疆地區納入版圖。大玉茲所在的「七河地區」成為清廷勢力範圍的一部分，其中就包括今天的阿拉木圖。鴉片戰爭後，清王朝逐漸衰落，俄國勢力取而代之，最終將整個哈薩克斯坦收入囊中。

對俄國人來說，征服中亞的真正意義在於開闢一條進軍英屬印度的通路。十九世紀初，印度和沙皇俄國之間相距三千公里；征服中亞後，兩國僅距三十公里。

與其他斯坦國相比，哈薩克斯坦距離印度最遠，其戰略重要性最弱。然而，這裡環境嚴酷，不亞於西伯利亞，因此成為沙皇發配重刑犯的理想場所。

一八五四年，杜斯妥也夫斯基被發配至哈薩克斯坦東部的塞梅伊。他剛在西伯利亞的鄂木斯克服刑四年，因此即便是這樣閉塞的邊疆小鎮，也令他欣喜。因為他終於可以摘掉鐐銬，同時獲准閱讀《聖經》之外的書籍。

杜斯妥也夫斯基的兄弟從莫斯科寄來最新的文學作品，其中一本叫作《童年》的小說引起了杜斯妥也夫斯基的注意。他寫信詢問作者的情況，想知道這位署名「L. T.」的作家究竟是不是曇花一現。

「我想他一定寫得非常少，」他在信中說，「但也許我錯了。」

多年之後，杜斯妥也夫斯基才知道自己確實錯了。這位L.T.就是列夫．托爾斯泰。

哈薩克斯坦的流放生活為杜斯妥也夫斯基提供了日後寫作的諸多經驗。也正是在這裡，他第一次體驗到愛的激情和折磨。那位醉酒軍官的妻子瑪麗亞．德米特里耶芙娜，後來成為杜斯妥也夫斯基的第一任妻子，也是《罪與罰》中索尼婭後媽的原型。在這裡，杜斯妥也夫斯基還結識了地理學家彼得・謝苗諾夫——俄國乃至整個歐洲的天山研究第一人。他寫出《天山遊記》，成為了解哈薩克斯坦的重要文獻。在地理學界，這本書是如此重要，以至人們更習慣將謝苗諾夫稱為「天山斯基」。

很多年後，當托洛茨基流放阿拉木圖時，他的隨身行囊中就有這本《天山遊記》。

3

塔季揚娜的公寓位於阿拉木圖南郊，緊鄰總統公園，窗外就是高聳起伏的天山。公寓樓是赫魯雪夫時代的遺產，像一個巨大的蜂巢，能容納近千戶家庭。在這裡，你很容易感到自己的渺小。

我是通過網路認識塔季揚娜的。在廣告中，塔季揚娜寫道，她是一套兩臥室公寓的房東，其中一間臥室對外出租。

公寓樓沉重、昏暗，開門的塔季揚娜穿著一件同樣昏暗的灰色外套。她有一頭淡黃色的頭髮，留到齊肩長度，襯托出白皙的面頰。她說一口夾雜俄文的英語，隨著時間的推移，口音也越來越重，就像一條路況越來越差的公路。她有俄羅斯、波蘭、烏克蘭血統，但她看起來完全是一個蘇聯人。

房間的佈置同樣屬於那個已逝的年代：乾淨而廉價的地板、實用卻笨重的傢俱。窗臺上擺著一只玻璃花瓶，裡面插著一朵紅色的塑膠玫瑰花。餐桌上放著三只綠蘋果。塔季揚娜告訴我，那是給我吃的。

我們坐下來喝茶。塔季揚娜拿出曬乾的紫色花瓣，摻進紅茶裡。燒水壺冒出白色的蒸汽，汽車呼嘯而過的聲音從窗外傳入，好像山谷中遙遠的回音。

塔季揚娜出生在阿拉木圖，父母是俄羅斯人。年輕時，她在俄羅斯的葉卡捷琳堡完成學業，隨後回到阿拉木圖，從事礦業勘探。她離過兩次婚。第一任丈夫是俄羅斯人，喜歡喝酒。第二任丈夫是韃靼人，早先是一名新聞記者，後來逐漸升為哈薩克宣傳部的官員。憑藉丈夫的資歷，他們分到了這套公寓。不過幾年後，韃靼丈夫另覓新歡，成立了新的家庭。

到了九〇年代，塔季揚娜對礦業勘探工作感到厭倦，那時她已經四十歲。國家和婚姻的雙重解體，讓生活充滿了不確定。她開始自學英語，作為一種對抗。

每天晚上，她一杯又一杯地喝著紅茶，背誦著那些陌生的語法和單詞。像她那一代的蘇聯人，能說英語的少之又少，可她竟然憑藉自學掌握了這門語言。如今，她獨自一人生活，養了一條狗。她把一間臥室拿出來日租，只是為了認識幾個新朋友。她早已放棄對長久關係的奢望，而滿足於和我這樣的匆匆過客，進行不深不淺的交談。

塔季揚娜既不抽菸，也不喝酒，晚飯幾乎都在小餐館解決。每天早晚，她牽著狗去總統公園散步。公園裡綠樹成蔭，天山近在眼前，如同話劇舞臺的背景。她問我在阿拉木圖有何打算。我告訴她，我想去天山—阿拉套國家公園。出乎我的意料，這座離阿拉木圖驅車半小時的山脈，她已經快十年沒有去過了。她問我能否同行。當我點頭答應時，她幾乎雀躍得像個小姑娘。

塔季揚娜立刻開始準備我們第二天的行程。她打電話給司機，商定了包車的價格。她去附近的超市買來麵包、火腿、黃瓜和乳酪。第二天清晨，我被廚房飄出來的焦糊味熏醒。我走到門口，發現塔季揚娜正在製作我們野餐要吃的三明治。她已經切好了火腿和乳酪，正在切黃瓜，而糊味來自煎鍋裡烘烤的麵包。

她徒手把烤好的麵包片抓起來，被燙到，趕緊扔到旁邊的盤子裡。等麵包片涼了一些，她就開始製作三明治：一片厚火腿、兩片乳酪，擺上四片黃瓜，再蓋上另一片麵包。她抽出水果刀，想把三明治斜切成兩塊——桌上到處是麵包屑，黃瓜片不聽話地跳出來，她又把它們塞回去。三明治做完後，她得意地看著我。我告訴她，這是我第一次目睹「蘇聯料理」的製作過程。

司機是一個有著濃濃黑眼圈的年輕人，開一輛舊的豐田四驅越野。我們離開塔季揚娜的公寓，穿過灑滿陽光的街道，很快就進入山區。

路邊開始出現蘋果樹，其間夾雜著鄉村住宅、家庭餐廳和旅店。阿拉木圖人喜歡來這些餐廳舉行婚禮，中產家庭常常開著私家車來這裡共度週末。有時，也有政商界的大人物過來放鬆，身邊帶著漂亮的俄羅斯女伴。

山腳下有一座獵鷹農場，鐵籠裡拴著數隻巨鳥，縮著脖子，爪子上戴著鐵鍊。牠們原本應該翱翔於天空，或者成為草原上哈薩克獵人的好幫手。不過此刻，牠們無精打采地注視著我們，地上是一片片緩緩飛旋的鳥毛。

一個亞洲臉的女人抱著孩子走過來，用俄語告訴我們，這些獵鷹用於參觀和展示，傍晚還會有表演。「她是吉爾吉斯人，」塔季揚娜小聲對我說，「吉爾吉斯人的俄語完全沒有口音，可是你看他們的臉上，全都有一種野性。」我想到在中國的史書裡，吉爾吉斯叫作「黠戛斯」；中國的吉爾吉斯人叫作「柯爾克孜族」；李白據說生於碎葉城，就位於今天吉爾吉斯境內的托克馬克。

公路沿著溪水蜿蜒而上，路邊長滿針茅和紫色苜蓿。在海拔更高的地方，松柏綠悠悠地覆蓋著山脊，直至褪變成乾枯的荒原。溪邊的空地上，可以看到哈薩克人的蒙古包。男主人已經架起烤爐，正把大塊羊肉穿到鐵籤子上。用不了多久，烤肉的香氣就會從那裡升起。

塔季揚娜的興致很好，她頻頻要求司機停車，好去採摘黃色的樹莓。那些樹莓有刺，果實很小，味道也酸，不過塔季揚娜說，她喜歡把樹莓曬乾，用來泡茶。

我們抵達山間的一片丘陵。在一塊巨大的碗狀岩石上，綠松石色的大阿拉木圖湖出現在眼前。湖水被山巒環繞，有一種高原湖泊所特有的靜謐。

我們打算向下走到湖邊，但很快被一個荷槍實彈的哈薩克士兵攔住。他的臉蛋紅撲撲的，有著鄉村少年的淳樸，但硬梆梆的制服賦予他一種截然相反的氣質。他告訴我們，這裡是水源保護地，任何人不准下去。我們只好繞到湖的另一側，在一片向陽的草地上坐下來。

塔季揚娜從背包裡拿出三明治。麵包片吸收了黃瓜的水分，變得軟塌塌。我咬了一大口，然後趕緊喝一口水吞下去。塔季揚娜滿臉期待，問我好吃不好吃，我就說好吃。陽光很暖，草地上泛著植物的清香。湖水好像靜止不動，連一片漣漪都無。遠處的雪山，籠罩在一片烏雲裡。

塔季揚娜突然向我講起家庭瑣事。她和兩個丈夫各有一個兒子，現在都已成家。大兒子娶了俄羅斯人，生了一個女兒，工作是電腦程式設計，不過他並不喜歡。他正打算辭職，去吉爾吉斯承包金礦。他說那能掙到很多錢。塔季揚娜勸他別去，因為「吉爾吉斯到處是黑幫，金礦上更是如此。」不過兒子已經下定決心，馬上就要啟程。

「翻過這座山就是吉爾吉斯斯坦，」塔季揚娜說，「山那邊是伊塞克湖，中亞最美的湖，你聽說過嗎？」

我點點頭。

「小兒子六歲時，他的父親就帶著他，從阿拉木圖徒步去伊塞克湖。有三個晚上要在山裡過夜。」她回憶著往事，「當時，我也給他們做了三明治。」

我緊張地看了一眼手上的三明治：「那時哈薩克和吉爾吉斯還屬於同一個國家吧？」

「是的，」塔季揚娜點點頭，「蘇聯解體後，這樣的旅行已經不可能了。」

吃完三明治，我們回到車上，途經一座蘇聯時期的天文臺。天山天文臺曾經是蘇聯第二大的天文觀測點，擁有放大率高達六百倍的天文望遠鏡。只是從蘇聯解體後，由於缺乏經費，就漸漸趨於荒廢。如今，天文臺的大門緊閉，只能透過鐵絲網看到一面巨大的雷達反射鏡。

「晚上這裡能看到很多很多星星。」塔季揚娜說。

我想起上一次看到數不勝數的星星，還是在盛夏的那拉提草原——那也是天山的支脈。吉爾吉斯斯坦幾乎近在咫尺，我們不久就遇到哈薩克斯坦的邊防哨所。士兵檢查了我們的證件，經過交涉，允許我們再翻過下一座隘口，前往位於天文臺西南六公里處的科學研究站。

這是一片破敗的建築群，在山間的薄霧中就像電影《沉默之丘》的外景。我推開一扇虛掩的門，發現竟是當年研究人員的撞球室。撞球檯上蓋著塑膠布，球桿整齊地掛在牆上，還是當年離去時的樣子。

塔季揚娜說她從沒來過這兒，不過有一種感覺告訴她，這裡還有人居住。我們四處察看，最後在一個小木屋外碰到一個老人。他七十多歲，穿著粗線毛衣，正在修理一輛手推車。一隻黑貓從屋裡溜出來，詫異地盯著我們，然後轉身離去。

老人叫謝爾蓋，退休前曾是科學研究站的工作人員。他厭倦了阿拉木圖的喧囂，寧願在這裡獨自生活。他開著一輛破拉達轎車，從阿拉木圖買來成袋的馬鈴薯、洋蔥，帶到山上。直到這裡被大雪覆蓋，他才駕車返回城市。

「有時候，我渴望交流，但更多的時候，我願意沉浸在自己的世界裡。」謝爾蓋說，「這裡很安靜，能讓我回憶起很多往事。當年我們都住在這兒，現在只剩下我了。登山的人偶爾會經過這裡。」

順著謝爾蓋手指的方向，我隱約看到一條小路通向山頂，彷彿是刀在山體上刻出的一條淡痕。山上佈滿碎石，最終吞噬了小路。峰頂仍然處在一團黑色的霧氣中。

「你們要上去嗎？」謝爾蓋問。
「我們可以試試，」塔季揚娜回答，「直到無路可走。」

——第一部——

吉爾吉斯斯坦

邊城浮世繪

1

兩場革命[1]的發生之地，就位於曾經的列寧廣場，只不過列寧雕像早已被請至他處。同樣被「請走」的，還有吉爾吉斯斯坦獨立後的前兩任總統：第一任總統倒臺後成為莫斯科大學的物理學教授；第二任總統則逃至白俄羅斯首都明斯克，被迫過起退休生活。

蘇聯解體後，列寧廣場改名為「阿拉套廣場」，名字取自比斯凱克郊外的外伊犁阿拉套天山。在這個宜人的夏日黃昏，天山鋸齒狀的白色山峰清晰可見，彷彿革命大戲散場後未及時撤下的布景。廣場中央，吉爾吉斯的民族英雄瑪納斯騎在一匹銅馬上，旁邊矗立著國旗桿。鮮紅的吉爾吉斯國旗，像一團燃燒的火焰，飄盪在深藍色的空中。

我漫步在瑪納斯雕像周圍，望著來往的人群，順便等待一位未曾謀面的朋友。幾天前，我在天山深處徒步，偶然碰到一位英語流利的吉爾吉斯嚮導。聽說我是作家，他執意要我見一下他的朋友：「他叫阿拜・札爾札科夫，是一位青年作家，參加過革命活動。」

此刻，站在阿拉套廣場上，我試圖找到一絲革命的痕跡，但看到的僅是一座天山腳下的曖昧邊城。二〇〇五年，第一場革命發生時，吉爾吉斯剛剛獨立十五年。它在國際版圖上的重要性，因為美國入侵阿富汗而大大提升。美國在比斯凱克附近建立起一座空軍基地，成為軍事行動的中轉站。吉爾吉斯人充分利用這個機會大發其財。不過，隨之而來的貪污腐敗，也令這個國家飽受折磨。僅僅五年之後，革命群眾第二次趕跑了總統。

「你就是下一個莫言？」一個留著小鬍子的吉爾吉斯青年問我。

我一愣，伸出手：「你是下一個艾特瑪托夫？」

欽吉斯．艾特瑪托夫是我唯一知道的吉爾吉斯作家。

「我是阿拜，」這個人一臉喜慶，「你聽出我在開玩笑吧？」

「當然。」

我們的手握在一起，使勁搖了搖——莫言和艾特瑪托夫——歷史性的時刻。

「走，喝杯酒去！」阿拜說。

我們穿過廣場，沿著遍植白楊樹的楚河大道，往奧什大巴刹的方向走。我問起阿拜二〇一〇年的情景，他當時還是中亞美國大學[2]的學生。

在阿拜的記憶中，那是一段革命與血的日子，為他的寫作提供了不少靈感。同時也充滿了荷爾蒙氣息，甚至還有一絲浪漫。

那段時間，他不用去上課，每天遊蕩在街上，與試圖阻擋他們的警察兜圈子。他還在抗議活動中結識了現在的女友——一個頭腦聰明、思想開放的比斯凱克姑娘。她支持他抗議，也支持他寫作。

「她希望我有朝一日能獲得諾貝爾文學獎，」阿拜說，「她說，阿拜，你要是得了諾貝爾文學獎，我就可以在頒獎晚宴上跳舞了。」

我笑著問：「你有為此努力嗎？」

「我已經辭去了工作，試著每天寫作。」

我們談起艾特瑪托夫。他既是蘇聯時代最重要的作家之一，也是吉爾吉斯作家中最接近諾貝爾文學獎的人。二〇〇八年，艾特瑪托夫與世長辭，人們在阿拉套廣場上為他送葬。如今，廣場一側還佇立著他的銅像。

在阿拜看來，艾特瑪托夫是第一代完全融入蘇聯體制的吉爾吉斯人。他的父親是共產黨的高官，在「大清洗」中遭到處決。他在大學時代學習畜牧業，隨後到莫斯科進修文學。一九五八年，他在蘇聯的文學雜誌上發表小說〈查密莉雅〉，描繪了遙遠的群山、秋天的草原和草原上的愛情故事。這篇小說讓他一舉成名，那年他不過三十歲。

我問阿拜是否讀過艾特瑪托夫。

「當然，艾特瑪托夫是每個吉爾吉斯人必須閱讀的作家，就像中國的魯迅。」阿拜說，「不過我現在認為，艾特瑪托夫的成功是那個時代的產物。」

「怎麼講？」

「在蘇聯的大家庭裡，每個加盟共和國都要有一個作家，能夠代表那個民族的文學——這既是蘇聯體制的要求，也是一種政治需要——艾特瑪托夫恰好成為吉爾吉斯文學的代表。」

我們走進一家看上去不錯的英式酒吧，由蘇聯時期的劇院改造。然而，除了我們，顧客只有一個西方男人，帶著一位漂亮的吉爾吉斯女伴。我和阿拜坐下來，要了啤酒。這時，我才有機會仔細審視阿拜的面容。

他有一張孩子氣的圓臉，膚色蒼白，長著一對很大的、顏色接近透明的招風耳。頭髮軟塌塌地耷拉在額頭上，髮際線很高。他不時狠抓髮根，好讓頭頂的頭髮形成一個雞冠似的造型。儘管生於一九九二年，他的眼角已經長出輕微的魚尾紋。他告訴我，這是遊牧民族的基因特點。

「對我這代吉爾吉斯人來說，蘇聯就像史前時代，與我們無關。」阿拜說，「從父母那裡，我聽過不少蘇聯時代的故事，但卻無法激起太多共鳴。」

與父輩不同，阿拜從小受到西方文化的薰陶。他的吉爾吉斯語很差，母語是俄語，但能講流利的英語和不錯的法語。他認為自由和民主是與生俱來的權利，批評政府是作家的義務。對其他中亞鄰國，他沒有太多興趣。他認識幾個哈薩克作家，僅此而已。

「我以後會去美國，」他對我說，彷彿在陳述一個既成事實，「當然，中國也不錯……在吉爾吉斯，如果能賣出兩萬本書，那幾乎就是人手一冊了，因為讀書的人口就這麼多。」

「既然你用俄語寫作，是不是可以在俄羅斯發表作品？」我問。

「當然，」阿拜說，「在俄羅斯文學雜誌上發表作品很容易，但那不是最好的出路。」

他喝了口啤酒問我：「除了契訶夫、托爾斯泰、索忍尼辛，你聽說過任何當代俄羅斯作家嗎？」

「沒有。」

「所以就算我在俄羅斯發表作品，那又有什麼意義呢？」

說到這裡，阿拜停下來看我，彷彿在等著我提出問題。於是，我問他在哪裡發表作品。

「我的一篇小說被翻譯成了英文，發表在一本美國期刊上。」

我突然想起，在天山碰到的吉爾吉斯嚮導也對我說過這件事。看得出，在比斯凱克的青年文學圈裡，此事非同小可，算得上令人矚目的成就。

我告訴阿拜，我有興趣讀一讀他的小說。誰知話音剛落，他就掏出手機，把那篇小說發給了我——速度之快，讓我感到其實他早就把這封郵件存在了草稿箱裡。

「我想聽聽你的意見。」阿拜說。

我答應盡快閱讀，不過直到快要離開吉爾吉斯斯坦，我才在長途汽車上把小說讀完。小說寫了一個普通的吉爾吉斯男人，為了養家糊口，不得不去莫斯科打工。在那裡，他受盡屈辱，在建築工地幹活，每月把微薄的收入寄回老家。為了賺錢，他把積蓄借給一個放高利貸的同鄉，結果血本無歸。他回到吉爾吉斯，不甘心失敗的命運，再次回到莫斯科。這一次，他當上了夜總會的保安，卻失手打死一名尋釁滋事的花花公子。他被判刑入獄十五年，妻子也改嫁他人。這篇小說的名字叫〈移民的命運〉。

在酒吧裡，我問阿拜以後打算寫什麼。

他眨了眨眼睛：「通常，一個作家不會把自己要寫的東西告訴另一個作家。因為好主意會被偷走——這種事在文學史上屢見不鮮。不過，我可以告訴你，不要抨擊綠色和平，更不要抨擊LGBT——這是我的女友説的。她説，阿拜，如果你想獲得諾貝爾文學獎，那你就不要抨擊綠色和平，更不要抨擊LGBT。」

「她確實聰明。」

「艾特瑪托夫原本會獲得諾貝爾文學獎，但他自己搞砸了。有一次，他在某個歐洲國家演講，順口抨擊了LGBT，從此西方就不再理他。你知道那屆諾貝爾文學獎給了誰嗎？高行健！」

我向阿拜保證，以後既不抨擊綠色和平，也不抨擊LGBT，更不會偷走他的好主意。

於是，阿拜告訴我，他打算寫「全球化對吉爾吉斯人的衝擊」：「蘇聯解體後，全球化將這個國家的信仰和生活方式衝擊得七零八落，成為一片廢墟，而我們這代人——後蘇聯時代的吉爾吉斯人——就在廢墟當中，艱難地尋找可以依賴的東西。」

阿拜一口乾掉杯中酒，然後問我：「你覺得怎麼樣？」

2

傳説，上帝分配土地時，吉爾吉斯人正在睡覺。等他們一覺醒來，發現土地已經分完。他們請求上帝多少分給他們一些土地，於是上帝就把自己的後花園給了吉爾吉斯人。

吉爾吉斯人喜歡這個故事，因為這表明他們是上帝（或真主）的寵兒。這個故事也表明，他們對自己的家園非常滿意。

他們喜歡告訴我這樣的外國旅行者，吉爾吉斯是「中亞的瑞士」。這裡既有阿爾卑斯般雄偉的天山，也有明淨如眼淚的伊塞克湖，還有向遠方延展的大草原，上面點綴著棗紅色的駿馬和白色的蒙古包。

不過，考古學家認定，吉爾吉斯人的傳統家園並不在這裡。西元九世紀以前，他們的祖先還在西伯利亞的葉尼塞河沿岸遊牧。後來的幾個世紀裡，他們才一路漫遊到位於中亞的新家園。

當時的中亞一片混亂，不同的族群和勢力彼此征戰。弱小的吉爾吉斯人不得不一直生活在各路強權的陰影下。他們的焦慮與抗爭構成了《瑪納斯》的主體。這部史詩比希臘的《荷馬史詩》和印度的《摩訶婆羅多》都要長，有二十多萬行。史詩的主人公就是吉爾吉斯的民族英雄瑪納斯。史詩中，瑪納斯和他的兒孫帶領著吉爾吉斯人，不斷反抗一個又一個敵人。

乾隆在位時期，吉爾吉斯人曾經臣服於清朝。當時，清朝軍隊殲滅了蒙古準噶爾汗國，平定了大小和卓之亂。不過到了十九世紀二〇年代，浩罕汗國的勢力開始滲入到楚河河谷和天山地區。遊牧的吉爾吉斯人發現，他們被孤立於偏遠的天山牧場之間。為了守護通往喀什的商路，浩罕汗國建立起一系列城堡哨所，比斯凱克就是邊境線上的哨所之一。

浩罕汗國是從烏茲別克人建立的昔班尼王朝中衍變出來的小國，中心位於今天烏茲別克斯坦境內的浩罕。我去過浩罕，參觀過浩罕的可汗宮。那是一個並不怎麼氣派的院落，有著孤立的小國君主所特有的浮誇和侷限。可以想像，當時作為前哨站的比斯凱克，是一個更為荒涼的地方。

中亞史學家巴托爾德稱十八世紀的中亞正處在「政治、經濟和文化的墮落期」。在腐敗的伊斯蘭毛拉的影響下，整個地區的道德和信仰水準急轉直下。此前，西歐國家開闢出全新的海上貿易線路，古老的絲綢之路日趨衰落，整個中亞陷入更深的隔絕與疏離，成為地圖上的一個黑洞。

烏茲別克人的統治十分殘暴，令吉爾吉斯人無法忍受。與此同時，為了開闢前往印度的通路，俄國在中亞的擴張逐漸加強。十九世紀六〇年代，俄國已經牢牢控制了整個哈薩克草原。與比斯凱克一山之隔的阿拉木圖，成為俄國的軍事堡壘。

一八六二年，吉爾吉斯人邀請浩罕的將軍赴宴，將其殺死，隨後向比斯凱克的浩罕駐軍發起進攻。由於缺乏現代化武器，吉爾吉斯人選擇向阿拉木圖的俄國人求助。在俄國重炮的轟擊下，比斯凱克很快陷落。俄國人順水推舟地接管了整個楚河地區。正是在俄國和蘇聯的統治下，荒涼的比斯凱克逐漸成為地區的行政中心，在吉爾吉斯獨立後成為首都。

在莫斯科飛往比斯凱克的飛機上，我意外發現比斯凱克的機場代碼依然寫作 FRU——「伏龍芝」（Frunze）的縮寫。這多少道出了如今存在於這個國家內部的衝突。

伏龍芝是比斯凱克在蘇聯時代的舊稱。這位布爾什維克將領，出生在今天的比斯凱克。他平定了中亞地區反對蘇聯統治的「巴斯瑪奇運動」，讓中亞與俄國的捆綁關係又維持了將近七十年。

伏龍芝死後，史達林將中亞地區分割為五個民族共和國。在他看來，應付五個小共和國，顯然比對付一個突厥斯坦自治共和國容易得多。然而，這樣的劃分方式，也讓中亞出現很多切開族群的奇怪界線。吉爾吉斯南部的奧什地區，位於費爾干納盆地，歷史上一直是烏茲別克人的聚居地，卻被劃入吉爾吉斯斯坦。這為日後的政治動盪和族群分歧埋下了伏筆。

在比斯凱克這座城市，全球化的衝擊或許還沒大到成為問題的地步。這裡沒有遍佈世界各地的國際速食店，商場裡也見不到任何耳熟能詳的品牌。某種程度上，比斯凱克仍然是一座蘇俄城市，有著棋盤一樣規劃整齊的街道、高大的行道樹、雕像眾多的公園，以及每個俄國城市都有的芭蕾舞劇院和馬戲團。走在街上，我有時會產生一種恍惚感，覺得眼前的街景似曾相識。

然而，蘇聯已經離去，成為歷史的棄兒。獨立近三十年來，蘇聯留下的遺產正在無可奈何地磨損、折舊，甚至漸漸淪為廢墟，成為懷舊的對象。所以，阿拜是對的，也是錯的。如果說吉爾吉斯人正在廢墟上尋找著可以依賴的東西，那廢墟也並非全球化衝擊的結果。恰恰相反，全球化有意無意地放棄了這裡，甚至放棄整個中亞。廢墟，只是蘇聯離去後留下的遺跡。

比斯凱克的街道兩側，原本是蘇聯時代的混凝土排水溝，但由於疏於管理，大都扔滿了垃圾。蘇聯時代的供電系統也處於慢性電力不足狀態。夜幕降臨後，除了楚河大道，整座城市顯得照明不足。坑窪不平的路面，莫名失蹤的人孔蓋，讓夜間行走變得驚心動魄。在比斯凱克的最初幾日，我的行程幾乎全都沿著楚河大道展開。不過，我知道，我必須走到更遠的地方，才能發現這座城市的秘密。

3

一天傍晚，我決定步行前往一家遠離市中心的餐廳。這家傳統的吉爾吉斯餐廳開業於一九九八年。在變幻不定的比斯凱克，幾乎算得上恆定的存在。我繞過路邊的壕溝，穿過柏油開綻的馬路，經過有些破敗的蘇聯公寓。一隻眼窩潮濕的公狗悻悻地尾隨著我，乾咳般地叫了幾聲，然後消失在坑窪的街巷裡。

我想去的餐館，在馬路一側的小巷裡。當我終於找到那裡時，發現餐館沒有營業。太陽就要落山，天空呈現出一種兑水威士忌的顏色。這時，我發現就在這家餐館對面，有一家規模更大、但有些可疑的餐廳。透過窗玻璃，我看到餐廳裡擺著幾張大圓桌，桌上堆滿乾果點心，擺著漂亮的茶具。每張桌子旁都坐著衣著古板的吉爾吉斯人，像是家庭聚餐，只是沒人開動。我突然意識到，現在是齋月，他們大概在等待日落時分的降臨。

此前，比斯凱克並沒有給我強烈的宗教感——我沒有聽到過宣禮聲，在市中心也沒看到過清真寺。在我所熟悉的楚河大道上，散落著一些追求情調的餐廳，追求時尚的年輕人進進出出。沒人在意齋月的問題，隨時隨地有人進餐。然而，在稍微偏僻的郊區，我卻感到迥然不同的氣氛：這裡有一屋子正在虔誠等待開齋的吉爾吉斯人。

我走進餐廳，裡面有些昏暗。我在門口的一張小桌子旁坐下來。一個年輕的吉爾吉斯姑娘走過來，以標準的美式英語問我要吃點什麼。我問她有沒有菜單，她轉身去找。她穿著白棉布襯衫、淡藍色牛仔褲，非常瘦，但顯得活力十足。她拿著一本菜單走過來，抱歉地告訴我，菜單沒有英文，但她願意給我翻譯。

我能看懂菜單，但是出於好奇，我讓她幫我翻譯。她有一張小巧的瓜子臉，小麥色的皮膚，黑色的眼睛，濃密的眉毛，鼻樑堅挺。然而，從她的五官中，我卻難以判斷她來自何處。她像吉爾吉斯人，也像維吾爾人，甚至有點像墨西哥人。她年紀不大，但威嚴十足。她用吉爾吉斯語命令服務生拿來餐具，又用俄語命令另一個服務生去廚房看看，然後用英語向我解釋，什麼是laghman，什麼是manty。

我點了拉條子和烤串——我的標配晚餐。她說烤串要等一段時間，我問她有沒有酒。

「沒有，」她抱歉地一笑，彷彿感到了我的失望，「我們這裡不供應酒水。」

我點了一小瓶可樂。她親自拿過來，為我倒上。她說她叫佐伊，是這家餐廳的老闆。餐廳剛剛開業四天，一切還在磨合之中，所以有點混亂。

我一邊喝著可樂，一邊看著忙前忙後的佐伊。她時而指揮服務生，時而自己上陣。在我看來，她的英語、俄語和吉爾吉斯語全都無懈可擊。如果在中國，想必早已成為精英人士。可是，在比斯凱克，她卻在郊區開著一家剛剛起步的本地餐廳，為我這樣偶然進來的外國人講解什麼是拉麵，什麼是蒸包。

佐伊為我端上拉條子時，我問她是不是吉爾吉斯人。她告訴我，她出生在吉爾吉斯，但在沙烏地阿拉伯長大，又在美國佛羅里達讀了兩年大學。她的母親是吉爾吉斯人，後來嫁給了一個荷蘭男人。

「他是我的繼父，在石油公司工作。」佐伊說，「我從小跟著他一起在世界各地生活。」幾年前，佐伊的父母離婚。佐伊帶著母親和未成年的妹妹離開美國，回到比斯凱克。她開了這家面向穆斯林家庭、不賣酒精飲料的餐廳——沒去爭搶楚河大道上的繁華地帶——是因為她注意到整個國家漸趨保守的氛圍。她的思路看起來頗為正確。剛剛開業不久，餐廳已經口耳相傳，湧進大批以家庭為單位的顧客。

這時，餐廳內突然出現一陣騷動。我看到圍坐在桌邊的人們，紛紛舉起雙手，開始喃喃祈禱。窗外，太陽已經落山，天色黯淡下來，遠處的棚戶區露出歪歪扭扭的剪影。祈禱結束後，盛大的晚餐開始了。服務生手忙腳亂地穿梭在大廳裡，把一盤盤烤肉和麵條端上桌來。

佐伊說，她要去廚房監工。不過，等送走這些客人後，她想請我去楚河大道上的酒吧喝一杯——如果我願意的話。

「這麼說，你自己喝酒？」

「不喝一杯的話，我就沒辦法把身體的零件裝回去。」佐伊說。

4

我們去了一家有戶外座位的酒吧，就在楚河大道南側。有人在我們旁邊抽著水菸，一副醉生夢死的樣子。佐伊點了一杯喬治亞白葡萄酒，輕輕晃著杯子，然後啜飲一小口，臉上露出放鬆下來的表情。

我問佐伊：「每天都這麼神經緊繃？」

她說：「這些天就像打仗一樣。」

這是她第一次開餐館，從裡到外都要親力親為，還要不斷面對「突發事件」。前一天，後廚的食材竟然全都用完了，佐伊不得不向那些已經點菜的顧客道歉。第二天一早，她和廚師一起去市場，買了多一倍的食材回來。這天，餐廳一共招待了兩百五十多位客人。如果照這樣下去，一個月大概會有六千美元的現金。

我向她祝賀，說這是很好的起步。

「我需要照顧母親，需要交房租，需要給妹妹交學費。她今年十四歲，在比斯凱克念國際學校。她和我同母異父，是我母親和荷蘭繼父生的。不過，對我來說，她就像個小天使。每天晚上睡覺前，我都會對她說，你知道我愛你，對不對？她以前會說，姊姊，我也愛你。現在，她只是看我一眼，帶著無可奈何的神態——她正在叛逆期。」佐伊笑起來。

我問佐伊，她的生父在哪兒。

佐伊說：「他住在托克馬克附近的村子裡。我母親也是那裡的人。那時，母親家裡很窮，而父親是有錢人家的孩子。母親十八歲時懷上了我，但父親一家不想讓兒子娶一個窮人家的女兒。後來，母親的家人就找到父親家裡，說這裡是伊斯蘭國家，他們的女兒已經懷孕，男方不能不負責任。」

佐伊喝了一口葡萄酒：「他們結了婚，不過關係很不好。尤其是父親得知母親懷的是女孩後，他堅決要求打胎。母親不同意，她不顧反對，生下了我。」

三歲那年，佐伊的父母離了婚。母親帶著她來到比斯凱克，從此佐伊再也沒有見過自己的生父。佐伊十歲時，母親認識了一個荷蘭裔的印尼人，他在中亞的石油公司工作。母親和他結了婚，成為家庭主婦。一家人先是搬去荷蘭，後來又因工作需要搬去沙烏地阿拉伯。

在沙烏地阿拉伯的美國軍隊學校裡，佐伊讀完了中學，學會一口流利的英語。假期時，一家人會去歐洲度假。她最喜歡西班牙，希望有一天能去那裡生活。她也喜歡旅行，去過很多地方，但還沒有去過中國。她覺得中國太過神秘。

「比斯凱克有很多中國人，做生意，承包工程。」佐伊對我說，「但你看上去和他們不太一樣。」

「是嗎？」

「他們都很實際，很有目標，但你似乎無所事事……你是來尋找什麼的嗎？還是逃避什麼？在餐廳裡，我看到你一直在記筆記。或許你是作家？這讓我覺得，可以對你說很多話。」

我告訴佐伊，我的確是作家，我的大部分時間都花在了寫作上。這些年來，我用自己的方式旅行、寫作。

佐伊微微一笑。「我也想過當作家。直到有一天，我和母親失去了經濟來源。」高中畢業後，佐伊去了佛羅里達大學。大二那年，母親的第二次婚姻到了無法維繫的地步。她和荷蘭人離了婚，然後發現她們連房租都交不起，更別提在美國立足。

佐伊退了學，帶著母親和妹妹回到比斯凱克。這裡的物價水準很低，她們的積蓄還可以維持。那是二〇一一年，革命的狂熱還未退卻。南部的奧什地區又剛剛發生了吉爾吉斯人與烏茲別克人的族群衝突，造成數百人死亡。一天，佐伊在比斯凱克的計程車上被人攔住。一個吉爾吉斯青年拉開車門，憤怒地質問她：是不是烏茲別克人？為什麼要跑到這裡來？

「因為我的眉毛很濃，像烏茲別克人。」佐伊微微側過臉，給我看她的眉毛，「實際上，我有吉爾吉斯、維吾爾、塔吉克和土庫曼血統。」

藉著酒吧外昏暗的燈火，我看著佐伊的臉，尋找著突厥、蒙古和波斯的痕跡。那是一張中亞的民族熔爐塑造出來的面孔，但眼神不是。佐伊眼神中波動的光以及隨之細微變化的神態，完全是美國式的。

回到比斯凱克後，佐伊在這裡繼續上學，仍然是英語文學系，可她的英語比學校裡的任何一位老師都好。學校讓佐伊給其他同學補課，她堅持了一個學期。有一天，上完補習課，天已經黑了。她走在回家的路上，突然想到：不對，我是來花錢上課的，不是來免費教課的！

佐伊說，每個人的一生中都會有恍然大悟的時刻。她恍然大悟時，家裡的積蓄剛好捉襟見肘。於是，她決定退學。她先是和一個女朋友合夥，開了一家翻譯公司。然而，因為錢的問題，兩人發生矛盾，最終分道揚鑣。這讓佐伊認識到，盡量不要與好朋友做生意，因為那遲早會消耗掉雙方的友誼。

回顧過去幾年的生活，佐伊發現自己交往的都是年紀大於自己的人。比如，現在餐廳的合夥人是一個哈薩克中年商人。他們至今都算不上朋友，只是看重對方的才能。在阿拉木圖，哈薩克商人開了幾家成功的餐廳。他想進軍吉爾吉斯市場，因而選擇佐伊作為合作夥伴。

我問佐伊，是否想過進入一個相對穩定的體制，比如政府。

佐伊說，她的確認識很多吉爾吉斯官員。其中一位高官想讓她進入外交部工作，負責與那些讓人頭痛的美國人打交道，但她拒絕了。

「我始終覺得政治太過骯髒。」佐伊說，「我也不想屬於任何體制或派系。在這裡，你要麼屬於北方勢力，要麼屬於南方勢力，但我不屬於任何地方。」

我問佐伊，在比斯凱克是否容易找到傾心交談的朋友。

她搖搖頭。

「更多的情況是，在我說完一句話，表達完一個想法後，對方會懷疑地盯著我問，這話是誰說的？因為他們從沒這麼想過，也不相信有人會這麼想。他們總是需要一個權威來佐證。於是，我經常對他們開玩笑說，這話不是任何人說的，這話是佐伊說的。」

我笑著點點頭，但沒說話。

「十歲之前，我一直是一個不愛開口說話的孩子。我記得，有一段時間，我無法和任何人交流。母親把我抱到親戚朋友面前時，我總是轉身就跑，一句話也不想說。後來，我去了沙烏地阿拉伯，在那樣的環境裡長大。軍隊學校就像沙漠裡的綠洲。我在那裡學會閱讀，從此就像發現了不停冒出的泉水。我喜歡閱讀，有時候也把自己的想法寫到紙上。」

佐伊喝了一口葡萄酒，拂了一下眼角邊被風吹亂的頭髮：「我在很多地方生活過，可到哪裡都沒有歸屬感。美國不是我的家，沙烏地阿拉伯不是，吉爾吉斯斯坦也不是。我不屬於任何地方。有時候，我甚至覺得自己可能不屬於這個星球……你會有這樣的感覺嗎？」

我告訴她，我一直有這樣的感覺。在內心深處，我始終覺得自己流淌著遊牧民族的血液——不是草原遊牧民族，而是當代遊牧民族。這樣的人總是不停移動，從世界的一個地方到另一個地方，缺乏歸屬感，家只不過是當下的落腳之處。對他們來說，旅行不是為了去任何地方，只是為了旅行。最重要的事情是移動。

「當代遊牧民族。」佐伊深吸了一口氣，「我大概就是這樣的人。」

我們喝完酒，晚風正吹著路邊的楊樹葉，發出嘩嘩的海浪聲。

我們離開酒吧，穿過阿拉套廣場。路邊有做生意的小販，也有很多無所事事的青年。走過射氣球的攤位時，一個胖嘟嘟的小男孩衝我喊道：「叔叔，你要是能打爆六隻氣球，我就送你一隻泰迪熊！」佐伊把男孩的話翻譯給我，然後笑起來。

另一個攤位上，一群吉爾吉斯年輕人正圍著一只沙袋拳打腳踢，與沙袋連通的音箱，隨之發出人的哀嚎。

在沙袋的砰砰聲和哀嚎聲中，佐伊挑起眉毛：「現在你知道我為什麼不喜歡跟這裡的年輕人一起玩了吧？」

我發現那種略帶譏諷的笑容，完全是美國式的。在比斯凱克，這讓她與眾不同，也令她倍感孤獨。

5

來比斯凱克之前，我在莫斯科的一家旅館裡，碰到了一位吉爾吉斯姑娘。當時，我不知道她正遭遇不幸。

我花了一個月時間，沿著西伯利亞大鐵路，從海參崴到達莫斯科。當我找到這家位於特維爾大街上的旅館，把行李塞進房間，走到公共廚房，想弄杯袋泡茶喝時，我看到一個亞洲臉的姑娘，正在做白汁雞肉。

廚房不大，我們聊起來。

姑娘叫阿麗莎，來自比斯凱克。我告訴她，我正打算去吉爾吉斯斯坦旅行：比斯凱克、伊塞克湖、天山，然後南下奧什。

阿麗莎不理解我為何要去奧什。雖然奧什是吉爾吉斯的第二大城市，但她從來沒去過。

「奧什有很多烏茲別克人，」阿麗莎警告我，「那裡很危險。」

「比斯凱克危險嗎？」

「比斯凱克都是吉爾吉斯人，很安全。」

我告訴阿麗莎，我之所以要去奧什，是打算從那裡出發，沿著吉爾吉斯斯坦和烏茲別克斯坦的狹長邊境線，繞過幾塊飛地，前往塔吉克斯坦。

「你要去塔吉克斯坦？為什麼？」

「旅行。」

「塔吉克斯坦有什麼？」

「帕米爾高原和瓦罕走廊。」

「有朋友在那邊？」

「沒有。」

「一個人去？」

「對。」

「塔吉克人都是瘋子！你到那兒會被人殺死的！」阿麗莎此刻真的在驚呼了，彷彿旅館裡正有一個塔吉克瘋子，揮舞著砍刀衝過來。

「不要去奧什！更不要去什麼塔吉克斯坦！」阿麗莎認真地說。「如果你非去不可，至少找個朋友一起。」

「那會不會把朋友也害了？」

阿麗莎噗嗤一笑，繼而憐憫地望著我。從那眼神中，我看出自己大概命在旦夕。阿麗莎認為，只有去歐洲才叫旅行。除了伊塞克湖，她甚至從沒想過在自己的國家旅行。她對幾個斯坦鄰居更是充滿隔閡，毫無興趣。這倒是讓我覺得，或許只有外來者，才能超越偏見地觀察這片土地。

阿麗莎盛了一份白汁雞肉，又盛了一份米飯，端到我面前，說是給我吃的。她坐在我對面，依然一副憂心忡忡的樣子——我不知道她自己也有煩心事。

阿麗莎說，她有個好朋友住在比斯凱克，叫拉克希米。她會跟拉克希米說一下我的事，讓她好好關照我。

「拉克希米這個名字怎麼聽上去像是印度人？印度教中有個女神就叫拉克希米。」我說。

「拉克希米是吉爾吉斯人，但信奉印度教。」阿麗莎說，「她還是素食主義者。」

這是我第一次聽說，在吉爾吉斯有人信奉印度教，而且吃素。我一邊吃著白汁雞肉一邊想，對於遊牧民族來說，如果吃素的話，究竟能吃些什麼？

到了比斯凱克，我與拉克希米取得聯繫。她邀請我第二天中午去她家裡做客。第二天，我在住所樓下的蛋糕店買了一個十吋的蛋糕，然後叫了一輛計程車，前往拉克希米的社區。

那是一片蘇聯時代的高層住宅區，位於一條還算寬闊、乾淨的巷子裡。巷口停著一輛報廢的拉達轎車，漆面鏽跡斑斑，像得了皮膚病，車廂裡堆滿雜物。我在驕陽下尋找著公寓入口。和所有蘇聯時代的住宅區一樣，這片住宅區也像一座巨大的迷宮。經過歲月的磨損，公寓門牌號已經模糊不清。

我正站在明亮的、滿是塵土的院子裡不知所措，樓上突然傳來一聲呼叫。我抬頭，看到一個留著黑色長髮的姑娘站在陽臺上——這片公寓住宅全是那樣的陽臺，從我的位置看上去，就像一排排俄式劇院的包廂。陽光照在那個姑娘的臉上。她不說話，只是微笑著，向我招手。

我上了樓，找到拉克希米家的房門。剛才那位黑頭髮的姑娘站在門口，臉上帶著笑容。房間是一房一廳公寓，牆邊擺著一張玻璃餐桌，兩邊各有一把黑色椅子。拉克希米穿著一件緊身的黑色套頭衫，一條洗得發白的破洞牛仔褲，光著腳在地板上走。她剛才正在做飯，平底鍋裡冒出飯菜的熱氣。現在，她走過去把電磁爐關掉，把蛋糕放進冰箱裡。

房間裡的傢俱不多，顯得有些空曠，但擺在四處的小裝飾，還是多少透露出一點主人的品味。一面牆上掛著一張拉克希米童年時期的黑白照片，梳著娃娃頭，露出兩個小酒窩。梳妝檯上還有一張拉克希米母親小時候的照片——同樣的髮型，同樣的神態——可以看出母女二人在童年時期幾乎長得一模一樣。

房間出乎意料的涼爽，窗戶向外敞開著。風輕輕吹動淡紫色的窗簾，陰影隨之舞動。我發現窗戶旁邊有一個小小的神龕，上面擺著香爐，還有象頭神迦尼薩的雕塑紀念品。

拉克希米端上飯菜。她特意為我做了雞肉，自己吃蘑菇炒蛋。此外，我們還共用一盤番茄黃瓜沙拉和一些朝鮮泡菜。

為了打破僵局，我率先談起阿麗莎，談起我們在莫斯科旅館的相遇，以及阿麗莎說去奧什有多危險，去塔吉克斯坦會被殺。拉克希米笑得瞇起眼睛，眼角露出兩條很深的魚尾紋。她告訴我，其實阿麗莎那時正傷心欲絕。她去莫斯科，是因為丈夫要和她離婚。阿麗莎的丈夫常年在莫斯科打工，認識了別的女人。那個女人懷上了孩子，丈夫便提出離婚。

「阿麗莎還好嗎？」我問。

「她還在莫斯科，想在那邊找個工作。」拉克希米說，「可能是不甘心放棄她的丈夫，也可能只是不想一個人回來。」

「這種事多嗎？聽上去有點像小說裡的情節。」

「不是小說，」拉克希米說，「這樣的事很多很多。吉爾吉斯有三分之一的男人去俄羅斯打工，妻子就留在國內。很多男人在那邊認識別的女人，又成了家，之後就不再聯繫國內的妻子。妻子去俄羅斯找丈夫，發現丈夫早已不在原先的城市。俄羅斯那麼大，想在另外的地方重新開始生活，真的太容易了。」

我想起我在俄羅斯旅行時碰到的那些吉爾吉斯人：有計程車司機，有建築工人，有餐館服務生，有開小商店的……也許每個人背後都有類似的故事。

「相比那些突然失蹤的丈夫，阿麗莎的丈夫是不是還算好的？至少他沒有不辭而別。」

「也不盡然，」拉克希米說，「有的妻子會騙自己，寧願相信失蹤的丈夫是在俄羅斯死了，這會讓她們的心裡好受一些。就像戰爭年代，丈夫上了前線，沒有回來一樣——你感到傷心，但不會感到背叛。對有些女人來說，背叛和拋棄造成的心理創傷，可能更難癒合。」

「可憐的阿麗莎！」

「她會好起來的，我相信這點。昨天我們通了電話，她說她已經好多了。她還問你有沒有聯繫我。」拉克希米下意識地捲起袖子。我發現她的左手腕上戴著兩個細細的銀鐲。

「這是從印度買的嗎？」我問。

她抬起手腕看了看，笑著說是的。她告訴我，她去過好幾次印度。上一次在瑞詩凱詩待了三個月，學習瑜珈和冥想。

「你真的是印度教徒，還是只是喜歡那種生活方式？」

「我真的是印度教徒，」拉克希米說，「從兩歲開始。」

「你的父母也信印度教嗎？」

「我母親信。因為這個，父親後來和她離婚了。」

年輕時，拉克希米的母親在莫斯科上大學。有一天，她在圖書館讀到一本介紹印度教的書，被其中的哲理深深吸引，埋下了信仰的種子。大學畢業後，她母親回到比斯凱克，在醫院工作，認識了一個在報社上班的吉爾吉斯男人。兩人相愛，結婚，生下拉克希米。

拉克希米本名叫「艾格麗姆」，在吉爾吉斯語裡是「滿月」的意思。我後來查到，「艾格麗姆」源自十九世紀的一首哈薩克詩歌。詩人用「艾格麗姆」一詞形容妻子的美貌。

「那你是怎麼變成拉克希米的？」

「兩歲那年，比斯凱克來了一位印度上師。母親抱著我去聽上師的講座。大學時代埋下的種子，此時再度發芽。講座結束後，母親找到上師，想讓我和她一起皈依印度教。上師問了我的名字。母親回答，艾格麗姆。」

「不，從今天開始，她應該叫拉克希米。」上師說。然後在母女倆的額頭上點上吉祥痣。從此，比斯凱克多了兩個印度教徒。母親在家裡供奉起印度教的神靈，並且開始吃素。

拉克希米的父親不能理解妻子的行為。在他看來，在吉爾吉斯斯坦信奉印度教，絕對不夠理智。更過分的是，妻子不僅自己不吃肉，也拒絕給他做肉。這意味著，他每天下班回家後只能自己下廚，而且也沒法帶朋友回家作客。對於吉爾吉斯男人來說，這是不可想像的。

拉克希米的母親非常堅定。她對丈夫說：「你不能理解我，是我們之間的業力所致。如果我阻礙了你的幸福，你就去另尋他人吧。」這話頗有印度氣息。一氣之下，拉克希米的父親選擇了離婚。

「不過，除了信仰方面的原因，父親其實很愛母親。離婚之後，兩人仍然是朋友，仍然不時見面，而且都沒有再次組建家庭。」

「他們現在在哪兒？」

「十五年後，他們重新結婚了。現在他們一起生活在伊塞克湖畔的小鎮。」說到這裡，拉克希米笑了。父母一生的情感糾葛，聽起來充滿了浪漫的迴響。不過，我內心的好奇還沒有完全得到解答。

拉克希米是由母親帶大的，這是否意味著她從小到大都沒吃過肉？在印度，或許這不是問題，但吉爾吉斯並不以食物的豐富性著稱，更缺乏素食的傳統。和其他遊牧民族一樣，吉爾吉斯人只是把有限的幾樣菜（全是肉菜）儘量發揮到極致。

「我沒吃過肉，」拉克希米笑著回答，「也許兩歲前吃過，但完全忘了。」

「這麼說，像烤肉、納仁、抓飯、羊肉包子這些吉爾吉斯食物，你都不知道是什麼味道？」

「肯定會聞到。畢竟大街小巷，走過任何一家餐館，都會有烤肉之類的味道飄出來，然後你就大致明白是這個味道。但我自己從來沒嘗過。」

我表達了欽佩之情。

拉克希米告訴我，中亞的素食沒有我想像的那麼少。「比如，比斯凱克有很多朝鮮人，是蘇聯時代從遠東地區遷徙過來的。他們的泡菜都是素食。」

午飯後，拉克希米泡了紅茶，我們一起分享蛋糕。這是星期五下午，外面非常安靜，只有知了不停地叫著。我問拉克希米，會不會耽誤了她的工作。她說不會。她在給一個美國藝術家做私人助理。這位藝術家長期住在吉爾吉斯，經常跑到山裡寫生，不過他目前正在哈薩克斯坦辦展。

「等他回來，我才開始工作。」拉克希米說。

這份工作為她帶來每月一千美元的收入，而公寓的租金不到兩百五十美元。拉克希米正打算買一輛雪佛蘭轎車。在我們交談期間，她接到車商打來的電話。她告訴我，整個吉爾吉斯都沒有雪佛蘭的官方經銷商，買車需要經過一套較為複雜的「運作」。

我問拉克希米是怎麼找到這份工作的。

「是我的前男友介紹的，」拉克希米說，「他是一個美國大兵。」

我想到了比斯凱克曾經的美軍基地——為美軍提供配套服務，一度構成這個國家重要的收入來源。很長一段時間裡，吉爾吉斯的國民經濟就是靠赴俄打工者寄回來的盧布和從美軍基地賺取的美元支撐起來的。

我問拉克希米，怎麼認識美國大兵的。拉克希米說，要講清楚這些，必須從最開始講起：

「我八歲開始學習小提琴，夢想去俄羅斯做一名小提琴演奏家。直到十七歲那年，我才意識到自己沒有這方面的天賦。意識到這一點時，我沒有難過，反而感到巨大的解脫。以前，我總是覺得世界上只有成為演奏家這一條路。放棄之後，我才發現，道路其實有千萬條。因為學琴，我沒有考上大學。十八歲那年，我去美國空軍基地裡當餐廳服務生。」

在那裡，拉克希米認識了一個二十三歲的美國大兵。接下來的事，拉克希米不說，我也可以猜到。一個身在中亞的美國大男孩，遇到一個不戴頭巾、素食主義、會拉小提琴、又有靈性追求的年輕姑娘，他會做什麼？

「我們在一起五年，直到他要退役回國。」拉克希米說，「他想讓我和他一起去美國，但我拒絕了。」

「為什麼？」

「二十二歲那年，我第一次去印度。在瑪亞普爾的節日上，我瘋狂地愛上了一個有婦之夫。他是澳大利亞籍的孟加拉人。那是我第一次體驗到愛一個人的滋味。自從認識他的那一刻起，我就無時無刻不在想他。我發瘋似地想見他，但是我們不能約會，甚至不能長時間交談。因為他已經結婚，而且是帶著家人一起來的。」

拉克希米失魂落魄地回到比斯凱克。就是在那時，美國大兵說想帶她一起回美國。然而，她無法答應他。

「我心裡裝的全是另外一個男人。」拉克希米說，「我告訴他，我在印度愛上了別的男人。他問我，是不是他做錯了什麼。可他越是這樣追問，我就越不愛他，甚至開始鄙視他。我知道我們的關係沒辦法維持下去了，因為我無法和一個不再愛的人遠走他鄉。」

美國大兵一個人回了美國。他們還會聯繫，像普通朋友那樣。有一次，美國大兵說他有一個回來工作的機會。他離開了軍隊，但仍然在一個為軍隊服務的公司工作。這個公司承包了比斯凱克美軍基地的一些專案。他問拉克希米，他是否應該抓住這個機會。

「我知道，如果他回來，我們可能重新開始。我也知道，他期待我給他一個肯定的回答。但我只是說，我真的不知道，這取決於你。於是，他留在了美國。後來有一天，他打電話給我，說他認識的一個藝術家要來吉爾吉斯斯坦，需要一個懂英語的人當助理。他推薦了我。這是我們最近的一次聯繫。」

「對這件事，你的朋友怎麼說？」我問。

「她們說我浪費了大好機會，我應該跟他去美國，我一生的命運都會改變。」拉克希米笑起來，眼角的魚尾紋再次出現，但很迷人，「我不想被感情束縛，而且我不害怕一個人。」

「有沒有交過吉爾吉斯男朋友？」

「交過一個，在一次舞會上認識的。不過那是一個渣男，我不想談論他。」

拉克希米的語氣頗為堅決，我決定不再追問。

我看了下錶，五點了。我們已經聊了將近五個小時。陽光從窗外鑽進來，照在地板上，象頭神緘默在陰影中。我問她是否願意去哪兒喝一杯。她答應了。

我們很快走出公寓，置身於停著廢棄拉達轎車的巷子裡。走到巷子的盡頭，我們又回到了熟悉的比斯凱克。

1　二〇〇五年，吉爾吉斯人出於對時任總統阿卡耶夫的不滿，強佔總統府，阿卡耶夫逃往國外。此次革命被稱為「鬱金香革命」。隨後，反對派領導人巴基耶夫接任總統。巴基耶夫來自吉爾吉斯南部，上任後大量任用南方派系官員，導致北方派系不滿，加之經濟危機爆發，以及在處理美國空軍基地問題上同時開罪美俄，最終於二〇一〇年再次被革命推翻。革命爆發後，比斯凱克街頭出現大規模群眾抗議，南部重鎮奧什發生了吉爾吉斯族群與烏茲別克族群的衝突。

2　中亞美國大學（American University of Central Asia），建於一九九三年，由美國政府及非營利組織主辦，是中亞第一個按照美國模式運行的高等教育組織。

滯留者

1

楚河河谷位於外伊犁阿拉套的山麓，比斯凱克就是楚河河谷中的一座城市。中國人更為熟悉的，或許是河谷中的另一座城市——比斯凱克以東七十公里的托克馬克，古稱「碎葉城」。據說，詩人李白就誕生於此。

在《大唐西域記》中，玄奘大師記載了遊歷楚河河谷的見聞。當時，唐朝勢力還未深入中亞，西域地區仍是突厥人的天下。玄奘大師看到，碎葉城內商胡雜居，種植黃米、小麥、葡萄，人們穿著毛氈製作的衣服。碎葉城以西，還有數十座城市，都屬於突厥管轄。

在碎葉城，玄奘遇到了西突厥的統葉護可汗。可汗剛剛畋遊歸來，戎馬甚盛。他身著綠綾袍，露髮一丈許，頭上裹著帛練，隨行官員多達兩百餘人，都身著錦袍，圍繞左右。可汗的大帳裝飾著炫目的金花，官員侍坐兩側，身後站著威嚴的衛兵。玄奘大師不禁讚歎：「觀之雖穹廬之君，亦為尊美矣。」

此時，我乘坐的小巴正經過托克馬克。然而，眼前出現的是一座毫無特色的工業城市。路邊有一些髒兮兮的小餐館，掛著像素模糊的食物圖片。還有一些物流公司和汽車修理廠——日復一日的油污已將門面侵蝕，奪去它們應有的光彩，和那些餐館一樣，淪為今不如昔的注腳。

走在這條路上，我的腦海中還滾動著另外兩個名字：八剌沙袞和虎思斡耳朵。它們分別是喀喇汗國和西遼帝國的首都，其實是同一個地方，都位於托克馬克附近。

和很多遊牧民族的政權一樣，喀喇汗國和西遼帝國的興起和衰落都像風一樣迅速，以至於存亡年代、疆界何在，都成為學界的爭論點。它們的成就並不是那麼顯赫，也缺乏引人矚目的事件。如今，唯一留下來的遺跡是一座石頭宣禮塔，然而其主體部分還是蘇聯時代修復的。唯一確定的是，西遼帝國吞併了喀喇汗國，最終又被成吉思汗摧毀，從地圖上徹底消失。

小巴沿著楚河而行，但大部分時間裡，窗外並沒有楚河的身影。它逶迤流淌在樹林與荒草之間，甚至聽不到一點聲音。當它終於暴露在窗外的大地上時，我意外地發現，河面竟然那樣狹窄，最多不過二十米寬。在我的想像中，楚河應該是一條近似於額爾濟斯河或伊犁河那樣的大河才對。

我們超過一輛運送馬匹的卡車，開始進入峽谷地帶。幾分鐘前生機勃勃的寬闊河谷，毫無過渡地變成了高高聳立的禿山。山腳下有一些蒙古包，牧馬啃著枯黃的蕨類植物。在這裡，楚河的河道更窄，變成一條氣勢洶洶的急流。

在聖彼得堡的亞歷山大公園裡，我曾看到俄國探險家尼古拉．普熱瓦利斯基的雕像。普熱瓦利斯基生於白俄羅斯的貴族家庭，曾在華沙軍事學院教授地理。從青年時代起，他就立志要前往拉薩探險，然而一生都未能實現。

一八八八年，普熱瓦利斯基在比斯凱克附近獵虎，染上致命的斑疹傷寒。他知道自己命不久矣，讓人將他抬到天山腳下的小鎮卡拉科爾，最後死在那裡。在俄國和蘇聯時代，那座小鎮也一直被稱為「普熱瓦利斯基」。

有一則流傳甚廣的政治八卦說，史達林可能是普熱瓦利斯基的私生子。這不僅是因為兩人高度相似的相貌，也因為普熱瓦利斯基是個浪子。不過，沒有證據表明普熱瓦利斯基去過喬治亞，或者曾在那裡拈花惹草。

這位探險家有句名言：「我永遠不會背叛我的理想，這是我一生的追求。一旦我寫完所有必要的東西，我就會回到沙漠……在那裡，我將會比在婚姻這座鍍金沙龍裡幸福得多。」

小巴經過破敗的小鎮巴雷克奇，兩側出現一排排販賣燻魚乾的小販，全是戴著頭巾的吉爾吉斯女人。她們皮膚黑黃，和比斯凱克的女人不同。我打開車窗，鹹魚味撲面而來。女人們向我招手，笑著，露出亮閃閃的金牙。

巴雷克奇是伊塞克湖的門戶。到了這裡，山谷突然敞開，像兩條胳膊一樣，擁抱一片藍色的高原湖水。小巴沿著伊塞克湖的北岸行駛，沿岸幾乎未經開發，遍佈樹叢和雜草。只有經過村子時，才能看到刷過漆的木屋，戴著白色氈帽的吉爾吉斯人。

隨著小巴的顛簸，我的思緒回到了很多年前。我採訪過一個中國的地產大亨，他以極限登山和浪漫詩情聞名於地產界。他告訴我，他曾考慮購買伊塞克湖畔的大片土地，開發成面向中國遊客的豪華度假區。為此，他邀請不少吉爾吉斯政要來北京商談，費用由他買單。政要全都被安排住進北京的五星級酒店。他後來發現，房間裡的各種酒精飲料很快被一掃而光，每天要補充數次，導致酒水的消費遠高於房費。

最終，這位地產大亨放棄了開發伊塞克湖的意向。

伊塞克湖北岸是蘇聯時代的度假勝地，至今仍有不少懷舊的前蘇聯公民來這裡避暑。在夏季最熱的月份，這裡常常一房難求。很多時候，度假客們只能寄希望於從站在村口的巴布希卡（俄語「老奶奶」之意）那裡租賃民房。

然而，我發現，這裡幾乎沒有真正的旅遊業，酒店管理也是一項聞所未聞的事業。西方的旅行指南往往把這裡定調為「不來也不會遺憾」的地方。的確，在這裡的幾天裡，我沒有看到一個原蘇聯公民之外的遊客。

2

我打算去的小鎮叫喬朋阿塔，它是伊塞克湖北岸最大的城鎮，看上去同樣荒涼。

小巴把我扔在一尊銀色的列寧像下。四周散落著松樹，根部翻出的泥土，像開裂的傷口。列寧像背後是一片鋪著灰色鍍鋅板的平房，房頂插著衛星電視接收器。作為巨大背景的天山，褶皺清晰可見，峰頂籠罩在一片不祥的烏雲中。

我知道，翻過這座山脈，另一側就是哈薩克斯坦的大阿拉木圖湖。在阿拉木圖時，我和塔季揚娜一起攀登過另一側的山峰。我還記得塔季揚娜對我說，蘇聯時代，他的前夫會帶著小兒子去山裡徒步、露營（帶著她準備的三明治）。他們用三天時間翻過天山，到達伊塞克湖畔的喬朋阿塔。

我在鎮上一家臨湖的旅館投宿。旅館是兩層小樓，有紅色瓦片搭蓋的斜屋頂。從旅館的房間裡看不到湖和山，只能看到庭院的景象。庭院中央是一片種滿鬱金香的花圃，旁邊有兩把刷過藍色油漆的長凳，還有三座帶頂棚的木榻，鋪著遊牧民族的坐毯。老闆是一個光頭的吉爾吉斯男人，始終斜挎著運動小包。我從他那裡買了一瓶兩升的冰鎮啤酒，看到他把錢塞進小包裡。

午後的陽光很強烈，我帶上浴巾，穿過一片晾曬著衣服的菜園，向湖邊走去。在旅館的地圖上，菜園的位置被標記為天文觀測站——那是蘇聯時代的事了。

伊塞克湖就在那兒，在陽光下輕輕搖晃，像大海一樣浩渺。湖岸上鋪著細軟的沙子，目力所及處是白雪覆蓋的天山，彷彿直接從深藍的湖面上升起來的。湖上有座船屋，湖水泛著漣漪。我踩著一塊木板走到船上，但這裡沒人。一個在岸邊晃蕩的小男孩似乎跟這裡有點關係，我讓他去找管事的人。他用俄語大喊一聲，給人的感覺好像是船屋失火了。

一個胖胖的女人急匆匆地走出來，手在圍裙上擦了擦，有點異樣地看著我。我問她這裡是餐廳還是酒吧——無論哪種，我都打算坐一會兒。胖胖的女人說，這裡是三溫暖，下午五點以後才開始營業。我問了一下價格。一小時兩百塊人民幣。

我回到沙灘上，準備先找個涼快的地方坐下。這時，兩個身穿比基尼的女人叫住了我。她們正躺在旁邊的沙灘上，屁股底下鋪著粉色條紋的浴巾。兩人都戴著墨鏡，一個紅髮，一個黑髮。

「你，中國人？過來！過來！」紅髮女人拍著身邊的空位。

「你在跟我說話嗎？」

「對，對，過來！過來！」

我走過去，坐下來。她們好像沒料到我真過來了，喜出望外地挪動屁股，給我更多的空間，然後摘下墨鏡，上下打量我。

浴巾上有沙粒和松枝，還有兩個喝空的啤酒瓶以及一個喝空的白蘭地酒瓶——吉爾吉斯坦牌。我懷疑，她倆的熱情與這些空瓶不無關係。

借助破碎的英語和俄語，我得知紅髮的叫娜迪亞，黑髮的叫達莎。她們都是出生在喬朋阿塔的俄羅斯人。蘇聯解體時，兩人剛上小學，是同班同學。如今，娜迪亞在鎮上賣化妝品，達莎在附近的軍用機場上班。

我問她們，家族以前是從俄國哪裡來的。她們要麼沒聽懂，要麼不知道答案，只是反覆對我強調，她們就是喬朋阿塔人——出生在這裡，長大在這裡。不過，年輕時，她們都去俄羅斯打過工，在同一家餐館當服務生。她們用了「年輕時」這個詞，意指那是幾年前的事了。

我問她們去的是哪座城市。

「新西伯利亞。」

「我也去過。」

「是嗎？」她們興致陡增，彷彿在閉塞的喬朋阿塔，這點共同之處非同小可，足以令我們的關係更進一步。

「齜」的一聲，娜迪亞擰開我帶來的啤酒，用免洗塑膠杯為我倒了一杯，然後也給自己倒上。接著，她們跟我聊起新西伯利亞，是那種雖然身處小地方但是見過大世面的口氣。我猜她們在新西伯利亞可能過得並不好。當服務生本來就是苦差事，而且新西伯利亞比喬朋阿塔冷得多，冬天漫長到令人絕望。

她們問我，在新西伯利亞時住在哪裡。

我像打撈沉船一樣，仔細打撈著記憶：「好像是列寧大街。」

「我們打工的餐廳就在列寧大街！」達莎驚呼起來。然後她們朝我舉起了酒杯。

「既然你倆是俄羅斯人，為什麼不留在新西伯利亞呢？」我問。

「我們是俄羅斯人，但我們沒有俄羅斯國籍。」娜迪亞說，「我們的護照是吉爾吉斯的。」

「新西伯利亞的房租太貴，後來我們就回來了。」達莎說。

她們告訴我，蘇聯解體後，這裡的俄羅斯人大部分回了俄羅斯，還有一部分搬到比斯凱克。如今，整個伊塞克湖地區只剩下不到兩千個俄羅斯人。說這話時，她們的口氣多少有點奇怪。給我的感覺是，雖然她們出生在這裡，卻不屬於這裡，而且陰差陽錯地滯留了下來。

我問她們有沒有結婚。

達莎沒有結婚。娜迪亞早就離婚，獨自撫養一個十三歲大的兒子。「他是特別棒的男子漢。」娜迪亞把這句話重複了三遍，是那種讓我務必相信的口吻。能看出，作為一個「滯留」下來的俄羅斯人，兒子是她唯一的希望。

為了證明兒子的確很棒，娜迪亞拿出手機，給我看他的照片。一張照片裡，虎頭虎腦的兒子正蕩舟在伊塞克湖上；另一張照片裡，他拿著魚竿，釣起了一條大魚。

娜迪亞說，她想讓兒子去俄羅斯參軍，然後她賣掉這裡的房子，跟著兒子搬回去。

「搬到哪裡？」

「任何地方都行。」

「這裡的房子能賣多少錢？」

她說了一個數字，相當於人民幣三萬塊。

這時，達莎摘下墨鏡。我發現她其實精心化過妝。睫毛燙過，塗了睫毛膏，給人一種眼淚隨時可能奪眶而出的感覺。她比娜迪亞顯得年輕，妝容也更時尚。她為什麼沒有結婚？

談起這裡的男人，她們的語氣頓時充滿鄙夷。

「既粗野又俗氣。」

「個個都是酒鬼。」

最後她們說：「我們喜歡外國人。」

「有外國人來這裡嗎？」我問。

「很少。」

一陣風吹過湖面，捲來一片褐色的積雨雲。一瞬間，沒有太多鋪墊，雨點就從天而降，湖面上飄起一種近似於口哨的聲音。娜迪亞和達莎披上浴巾，招呼我搬家。我們拿起地上的家當，搬到一棵大松樹下。天上仍有太陽，雨點在陽光下滴滴分明。

現在，我坐在兩個身穿比基尼的俄羅斯女人中間，她們輪流為我倒酒，自己也一杯一杯地乾掉。雖然她們嫌棄這裡的男人都是酒鬼，可她們自己好像也挺能喝。

「你喝起酒來就像俄羅斯人。」娜迪亞以不可思議的眼神看著我，「我想知道，你的教養是不是像歐洲人？」

「我的教養像中國人。」

「中國人從來不喝醉。」

「是嗎？」

「我們這麼聽說的。」

「中國男人為什麼都戴眼鏡？」達莎問。

「因為他們工作太辛苦。」我說。

「這裡的男人不工作，只會喝伏特加。」

「喝完伏特加就打老婆。」
「中國男人會打老婆嗎？」
「不會。」我說，「一般不會。」
她們點點頭：「我們喜歡中國人。」

3

一瓶兩升的啤酒很快喝完，我覺得到了告辭的時候。不過娜迪亞表示，我們應該換一個地方繼續。小鎮上有一家專門吃伊塞克湖魚的餐廳，味道棒極了。作為遊客，我難道不應該去嘗嘗？

見我一臉猶豫，娜迪亞又說：「我們都是正經人家的姑娘，我們不要錢。」

我看著她們抖落浴巾上的沙子和松枝，塞進鼓鼓囊囊的背包。

娜迪亞套上一件奶油色帽衫，達莎穿上一件白色T恤，上面印著「我愛布魯克林」。我們把酒瓶扔進垃圾桶，沿著一條土路，穿過一片平房。雨已經停了，陽光照著洗刷一新的鐵皮門，空氣中泛著泥土的氣息。

我們走到公路上，達莎招手攔車。一輛日本淘汰的二手皇冠停了下來。不是計程車，是順便賺點錢的黑車。司機是一個年輕的吉爾吉斯男人，達莎用俄語跟他說：「去鎮上的那家魚餐廳。」

我們掠過一片荒地，掠過銀色的列寧像。娜迪亞和達莎在後面商量著什麼，然後我感到後背被戳了一下。

「我們想先回家換一下衣服。」

「請便。」

在空曠的公路上，皇冠來了個故作瀟灑的急轉身，就像三流警匪片裡那樣，輪胎發出吱吱的摩擦聲。窗外的景色倒帶般地重現。我們又一次掠過銀色的列寧像和荒地，然後越開越遠，越開越偏。我有點警覺地看著皇冠車拐進一個破敗的蘇聯社區。

那裡有兩棟灰色的集合式建築，牆皮已經開裂。前面有一個小小的花壇，但明顯只是擺設。花壇的水泥台碎了，裡面長滿雜草。花壇旁邊還有一個「兒童遊樂園」：掉漆的鐵滑梯、簡易的蹺蹺板。除此之外，周圍空空蕩蕩。

娜迪亞和達莎讓我在車裡稍坐，說去去就回。她們下車，朝著一個歪歪扭扭的公寓門走去。黃昏在不知不覺中降臨，花壇和滑梯投下長長的陰影，周圍有一種被遺棄的感覺。我的感覺沒錯：她們「滯留」在了這裡。

看著她們的背影，年輕的吉爾吉斯司機突然用英語對我說：「你帶她們吃點好的，她們什麼都肯幹。」

我一愣，以為自己聽錯了。「你說什麼？」

他微笑著，做了個下流手勢。

「多少錢？」

「用不著錢。」

「哦，」我說，「可我沒有那方面的想法。」然後為了不顯得太過一本正經，又加了一句，「她們不是我的菜。」

「嗯，兩個老女人，」司機很理解似的點點頭，「那個黑髮的好像還行。」

我乾燥地笑了一聲。過了一會兒，司機「啪」地擰開車燈，儀錶板的白光突然映在他的側臉上。他不耐煩地看了一下手機，放下車窗。

終於，娜迪亞和達莎從公寓門裡走出，好像話劇幕間休息後再度登場的演員，帶著一臉興奮。她們重新化了妝，有一種大都市裡出門過夜生活的隆重感。路上，司機和她們若無其事地聊天，而她們當然不知道司機跟我說了什麼。

我們再次駛過荒地和雕像，然後經過一座紀念衛國戰爭的小公園。鎮上路燈昏黃，一切都已經融入低垂的暮色。

鎮中心十分蕭條，要去的餐廳有一種鄉村客棧的味道。院裡的葡萄架上綴著五顏六色的小燈泡，閃爍著。一個長得像中國人的吉爾吉斯女服務生，把我們引上二樓的露臺。菜單照例只有俄文，我就讓娜迪亞和達莎點菜。

「吉爾吉斯斯坦牌的白蘭地，非常好。」娜迪亞說。

「比伏特加還好？」

「伏特加不好，白蘭地好。」

我說好。

娜迪亞高興地點了一壺白蘭地。

「我們都是正經人家的姑娘，不是為了錢。」她說。

帳單過來後，我買了單。看到我買單，她們似乎放下心來。過了會兒，娜迪亞又把長得像中國人的吉爾吉斯女服務生叫過來，語速飛快地交代了半天，女服務生心領神會地點著頭。我們又點了一輪菜，加了三壺白蘭地。

院子裡，一個小型樂隊開始演奏俄羅斯的流行歌曲。達莎讓我點首歌，我想了想說，柳拜。很快，〈輕輕呼喚我的名字〉響了起來。小鎮沉浸在一片黑暗中，山峰的背影沉默而巨大。這首歌原本是寫給衛國戰爭中死去的無名戰士，此刻聽起來卻如同喬朋阿塔的輓歌。

娜迪亞和達莎的臉上帶著醉意。她們說，這是鎮上最好的餐廳，但她們已經很久沒來了。蘇聯時代，這裡有很多度假的外國人，現在沒人來了。

「沒有外國人，沒有中國人，只有吉爾吉斯人。」

「俄羅斯人呢？」

「我們不喜歡俄羅斯人，」娜迪亞做了個手勢，「那些人鼻孔朝天。」

此時，酒足飯飽的食客們開始三三兩兩地走到庭院裡，隨著音樂扭動腰肢。用餐時間一過，這家餐廳就變身為舞廳。Papito Chocolata響了起來。這是一首羅馬尼亞女歌手唱的西班牙語歌，卻莫名地流行於整個中亞。我在街上、車上、餐館裡不止一次地聽到過。

半醉的娜迪亞和達莎在我面前跳起舞來，不僅動作投入，還含情脈脈地對我唱著：「寶貝，寶貝，寶貝，把你的靈魂交給我！」彷彿有一台攝影機正對著她們，而她們是真正的明星。然而白蘭地沒讓我喝醉，反而更清醒地意識到自己身在何處。我多少體會到一絲荒謬。

像中國人的吉爾吉斯女服務生走過來，把帳單遞給我。我看了一眼：一個很大的數字——有點過大了。我突然想起，剛才娜迪亞和女服務生的一番「交代」。那些當時不甚明瞭的俄語單詞，現在逐漸串了起來：這是一個局，她倆還是決定從我身上撈一筆——雖然也就是兩百塊錢，可能還要和吉爾吉斯女服務生分賬。

我並沒有生氣，反而有一種水落石出的輕鬆感。等娜迪亞和達莎重新坐下，我告訴她們帳單有問題。是嗎？她們看了一眼，說沒問題。我要來一支筆，把不該付帳的部分圈了出來。她們大概也奇怪，原來我能看懂帳單。

出了餐廳，我們走在黑乎乎的小鎮上，兩側是傘一樣的白楊樹。娜迪亞說：「再給我們買兩瓶啤酒。」在一個小超市裡，她們每人拿了兩瓶百威，終於感到不虛此行。

「我們喜歡中國人！」她們半醉著說，「我們不為了錢。」

我攔下一輛黑車，看她們坐進去。司機等著我也上來。我對他揮了下手：「你們先走。」汽車的光影很快就被小鎮的黑暗吞沒。

天山遊記

1

第二天一早，我離開喬朋阿塔，向卡拉科爾出發。

油膩膩的小巴超載嚴重，司機六十多歲，戴著白色氈帽，長著一張吉爾吉斯牧民的臉——他騎馬的歲月很可能比開車的更長。我身邊是一個年紀輕輕的男子，抱著一個花花綠綠的小包裹。直到小包裹裡發出一聲微弱的嗚咽，我才發現裡面是個嬰兒，可能剛剛出生，甚至還無法睜眼。男子輕輕拍打著小包裹，但臉上看不出任何表情。

窗外是低矮的村子，比喬朋阿塔更荒涼。在村與村之間的過渡地帶，可以看到伊塞克湖在空氣中閃著藍光。小巴經過哥薩克村莊阿納耶沃，它以一位蘇聯烈士的名字命名。在一場與德國人的慘烈戰役中，這位烈士和七百名來自伊塞克湖地區的哥薩克士兵全部陣亡。阿納耶沃村因此失去了所有的男性人口。小巴掠過一座戰爭紀念碑，一座古樸的東正教堂，村子寂靜得如同一潭死水。我身邊的男子在這兒下了車，緊抱著小包裹，裡面是阿納耶沃村未來的希望。

「哥薩克」一詞來源於突厥語，意為「自由人」，指那些逃亡的農奴和不願忍受苛捐雜稅的人。他們逃往邊疆地區，過起遊牧生活。大部分哥薩克人信仰東正教，但其生活方式與當地的遊牧民族已經難以區分。沙皇俄國的擴張離不開這些不怕死的匪徒。

在《天山遊記》裡，謝苗諾夫描寫過與他隨行的哥薩克人。在天山地區考察時，謝苗諾夫無法點燃從瓶子裡倒出來的酒精。他發現，原來是哥薩克人偷喝了一半，又摻了一半水，沖淡了酒精。謝苗諾夫寫道，為了防止哥薩克人偷喝，必須當著他們的面，把最劇烈的毒藥摻入酒精，然後給一隻狗喝一點，狗立刻死了。只有用這種辦法，才能確保哥薩克人不敢偷喝珍貴的科學考察材料。

謝苗諾夫主管俄國地理學會長達四十餘年。他鼓勵人們探索亞洲內陸，受其影響的後輩就包括普熱瓦利斯基。三個小時後，小巴抵達了昔日的普熱瓦利斯基，如今的卡拉科爾。我意外地發現，這竟是一座規劃整齊的小鎮，遍植著楊樹和雲杉。

卡拉科爾位於伊塞克湖的最東側。近在咫尺的天山，宛如一道雄偉的屏障，將吉爾吉斯與新疆的阿克蘇地區隔開，也讓卡拉科爾成為徒步天山的大本營。相比喬朋阿塔，這裡的西方旅行者明顯多了，因此也出現了不少面向外國登山者的旅館和旅行社。你可以在這裡雇用嚮導，租賃設備。如果付出足夠的金錢，甚至可以雇用一架直升飛機，將你直接送到天山最高峰——汗騰格里峰的腳下。在那兒的蒙古包裡，你將度過昂貴而難忘的一夜。

我住進一家舒適的旅館，弄到一個梵谷《在亞爾的臥室》似的小套房。房間的窗子正對天山，旅館院子裡拴著一隻羊，院外傳來雞鳴聲。一陣狂風從山口的縫隙中吹來，楊樹葉嘩嘩作響。天空變成藍寶石顏色，我隨即聞到雨的氣息。天山如同陰沉著臉的巨人，聳立在那裡，覆蓋著積雪。我開始擔心它反覆多變的天氣，因為我正打算在天山深處徒步幾日。

CBT的辦公室位於一棟蘇聯時代的國民住宅的一層。房間的牆上掛滿地圖，桌上雜亂地堆放著書本和資料夾。CBT意為「社區旅行」（Community Based Tourism），創辦的初衷是為了讓旅遊業帶動當地居民的收入，因此受到推崇。我走進辦公室時，正有一對比利時情侶諮詢騎行天山的補給問題。他們是從布魯塞爾一路騎到這裡的。

「沒問題，沒問題，沒問題。」辦公桌後的男人連說三遍。等比利時情侶走了，我就向他諮詢雇用嚮導的事。

他說了一個價格，相當於每天一千多塊——我還沒見過這麼貴的嚮導。顯而易見，這裡的CBT已經偏離了社區旅行的初衷，成為一個騙人的噱頭。我出門朝瓦倫蒂諾家走去。瓦倫蒂諾是本地俄羅斯人，是不到兩千個俄羅斯人中的一個。他很早就從事天山嚮導的工作。最初帶著蘇聯人，現在則是外國人。

瓦倫蒂諾家有個大院子，但院門緊閉，也沒有任何標誌。我剛敲幾下，裡面就傳來兇悍的狗吠聲。我又敲幾下，狗叫得更厲害了。

大門開了，一個穿著毛背心的老人站在門口，應該不是瓦倫蒂諾。老人嚴厲地喝退惡犬。院子裡種滿花花草草，不過更引人注目的，是那些到處堆放的報廢汽車和摩托車零件，彷彿一座鋼鐵機器的屠宰場。車庫門敞開著，裡面停著一輛組裝的汽車和幾輛組裝的摩托車。我應該沒找錯地方。我聽人說過，瓦倫蒂諾以前是蘇聯軍隊的汽車維修專家。

我問瓦倫蒂諾在不在家。

「我是他的老丈人，」老人說，「瓦倫蒂諾去山裡了。」

因為一顆牙都沒有，老人說話的聲音有點奇怪，彷彿是一種獨特的「無牙國」語言。

我指著那些組裝車，豎起大拇指。

「都是垃圾。」老人平淡地一揮手。

我說，冒昧打擾，我是來諮詢徒步路線的。既然瓦倫蒂諾不在家，我只有先行告辭。

老人讓我等一下。他轉身走回房間，然後又拿著一張快散架的地圖走出來。這是蘇聯時代的軍用地圖，標注著附近的徒步路線。老人用被香菸熏黃的手指，指著其中一條線路：

從卡拉科爾到附近的小村阿克蘇，再沿著阿克蘇山谷挺進（大約六小時），直抵天山深處的阿爾金—阿拉善——那裡有吉爾吉斯人的大帳，還有美妙的硫磺溫泉。

2

我把大件行李寄存在旅館，告訴老闆我幾天後回來。我隨身只帶了一個背包，裡面有簡單的洗漱用品、雨傘、瑞士軍刀、一小瓶吉爾吉斯斯坦牌白蘭地，還有一本謝苗諾夫的《天山遊記》。

出發的清晨下著小雨，天山籠罩在一片雲霧中。我坐著鄉村小巴來到阿克蘇，穿過寂靜的村子，向著山谷深處走去。山間飛起漫天的烏鴉，彷彿一場大火後被風吹起的灰燼。它們怪叫著掠過灰色的天空，紛紛揚揚地落在一片草坪上，然後雕塑般定格在那裡。

山谷中是急促的卡拉科爾河，泛著白色浪花，像鼓聲一樣響動。山谷本身則是美妙的：到處是雲杉、圓柏和花楸樹；草地上開滿紫色的薰衣草和白色的忍冬花。

開始時，道路較為平坦，但很快就變成難以下腳的卵石路。那些被河水沖刷的卵石有大有小，很多時候甚至需要手腳並用，才能爬過一段險坡。

最初的一個小時，我沒遇到一個人，只有我獨自走在大山深處，周圍是還沒有被征服的風景。不久，天色變得越來越暗，山谷裡陰雲密佈，隱隱傳來滾動的雷聲。

第一滴雨點落下來的時候，我抬頭看了一眼天空。陰雲在頭頂繚繞，空氣中飽含著水汽。雨水像遊牧民族的大軍，成批地落下來。氣溫頓時驟降，即便穿著外套，依然寒氣逼人。山間的樹林變得更加幽暗，河水翻滾著衝擊石頭，掀起巨大的浪花，聲音也似乎更響。

雨很快呈瓢潑之勢，山消溶在遠處，一度甚至看不清眼前的道路。即便我撐著雨傘，也無法阻擋被寒風裹挾的雨水，從傘下面鑽進來。我加快腳步，希望身子能暖和起來，更希望儘快到達落腳之處。我始終留意著路上有沒有馬糞，有馬糞就說明我走在正確的道路上，前面——雖然不知道還有多遠——有吉爾吉斯牧民，有住處，有食物。

一個徒步的外國人迎面而來。直到十米之內，我們才在大雨中互相看到對方。他是專業徒步者，裝備齊全，揹著大行李，穿著防水夾克。雨水順著他的大鬍子滴滴答答往下淌。

長時間的艱難行走，讓他的面容變得嚴肅而沉默：他瞪著眼睛，緊閉著嘴唇，彷彿一個宗教受難者。我們點了一下頭，然後在山路上錯身而過。

我轉過頭喊：「到阿爾金—阿拉善還有多遠？」

他也只是喊了一聲：「很遠，至少還有五個小時。」

我已經走了三個小時。這只能說明，在大雨中徒步，讓我喪失了時間觀念，也大大降低了速度。晴天時，這條路需要六個小時，但在雨中變得無法估測。

漸漸地，走路變成一種機械運動。我甚至感受不到冷，也無所謂雨水的肆無忌憚。我的鞋和衣服早就濕透，這讓打傘的行為多少顯得有些滑稽可笑。我一直在向上走，不時繞過山丘。我時常幻想，下一座山丘背後就是開闊的阿爾金—阿拉善山谷。正是這樣的幻想，維持著我的機械運動。我也幻想著一頓熱呼呼的午餐：大量的碳水化合物、熱茶、我的白蘭地。在《天山遊記》裡，謝苗諾夫寫過他的晚餐——羊尾油煎泡軟了的黑麵包乾——聽起來真好。

五個多小時後，一片綠色的山谷終於在我面前打開。遠處有一片白色的蒙古包，宛如海市蜃樓。一個牧民家的男孩騎馬跑過來，見我一身狼狽就邀我上馬。草地已經吸足雨水，成了一片小沼澤，馬蹄踏上去噗嗤噗嗤響。男孩把我送到河邊的定居點前，只見河岸高處的空地上，散落著幾座蒙古包，還有一棟冒著炊煙的木屋。

聽到馬聲，一個吉爾吉斯男人從木屋裡走了出來。他穿著夾克，戴著帽子，腳下是一雙沾了泥的登山鞋。他把我迎進木屋旁邊的「餐廳」——那是一個用防水塑膠布圍起來的空間，裡面擺著木桌和長條凳。他說他叫穆薩，是這家客棧的老闆。他手下還有一個幫工，兼做廚師。廚師好像是東干人，戴著穆斯林小帽。他為我送上一壺熱茶，又端上一盤抓飯。雨已經停了，空氣依舊濕冷，山谷內升起一團白霧。

見我一副很冷的樣子，穆薩指著河對岸的一個小木屋告訴我，那就是泡溫泉的地方。狼吞虎嚥地吃完飯後，我拿著穆薩給的鑰匙，跨過一座小橋，走到木屋前。所謂溫泉，就是在泉眼附近挖了一個蓄水池。泉水不停注入池中，溢出的水則通過排水管流進河裡。溫泉有股硫磺味，冒著輕微的氣泡，我半躺在池裡閉上眼睛，耳邊只有卡拉科爾河的流水聲。經過八個小時的長途跋涉，溫泉如同上天的饋贈。

等我回到穆沙那裡，他正坐在餐廳的長凳上，拿著望遠鏡窺視對岸的人。原來，幾個歐洲女人剛從溫泉出來，穿著比基尼。穆薩不好意思地放下望遠鏡，嘿嘿笑了一聲，說帶我去蒙古包。他把鋪在蒙古包穹頂上的羊氈扯掉，讓光線從上面灑進來。他又抱來一捆木柴，在爐膛裡升起火。爐子很快熱了，我把濕鞋放在旁邊烘烤。一串白色的水汽瞬間騰起，鞋子發出吱吱的響聲。

蒙古包裡暖和起來，我一邊小口喝白蘭地，一邊閱讀《天山遊記》。一八五七年第二次天山旅行時，謝苗諾夫也到過阿爾金—阿拉善，也在靠近溫泉的地方安營。

當時溫泉的木門上有保存完整的藏文題詞。泉水同樣流入一個長二米、寬一米、深一米的水池，池子的四周由花崗岩圍著。他測量出的水溫是攝氏四十度，而營地的絕對高度是一千八百一十米。他寫到自己的興奮，因為這是他「深入天山中心遇到的第一條山谷」。

在一盞油燈下（「把乾糞塊插在一大塊羊尾油上」），他開始寫日記，把當天採集到的珍寶——外伊犁高山植物群的稀有植物——夾在吸墨紙裡。

傍晚時分，我闔上《天山遊記》，走到蒙古包外。那位東干廚師正跪在空地上，向著麥加的方向祈禱。他還能說簡單的漢語，帶著甘肅口音。他告訴我，他的祖上是陝甘地區的回民。同治年間，陝甘回變，一批回族遷徙到中亞，很多就定居在伊塞克湖地區。他夏天來這裡幫工，冬天回到卡拉科爾。他的老婆孩子都在那裡。

「你想過回中國嗎？」我唐突地問。

「我是吉爾吉斯人，」廚師說，「中國離我太遠了。」

中國就在天山的另一側，可不知為什麼，我也感到自己身在一個遙遠的地方。

說話間，我的蒙古包裡又住進兩個從卡拉科爾徒步過來的旅行者。他們是瑞士大學生，女孩叫莫妮卡，男孩叫尼古拉。他們似乎不是一般意義上的情侶。短髮的莫妮卡似乎在關係中扮演著男性角色，尼古拉的舉手投足則有些女性化。

他們洗完溫泉回來，一邊晾著頭髮，一邊商量第二天的行動。他們問我是否有興趣去附近的高山湖。他們聽說，徒步到那裡只需要三個小時。

「應該是一場輕鬆愉快的散步，」尼古拉說，「你可以和我們一起。」

睡覺前，我從外面抱回一捆木柴，手上全是松木的清香。我把爐火燒旺，除了門口附近的爛泥，別的地方都開始變得乾燥。尼古拉脫掉外套，只剩一件鬆鬆垮垮的內衣。他把眼鏡折起來，放進眼鏡盒，塞在枕頭下，把身子陷在褥子和毯子的坑裡。睡在旁邊的莫妮卡穿著一件男士背心，翻著一本瑞士人寫的旅行文學——《世界之道》。

爐火噼啪作響，但紅光會漸漸暗下去，越來越暗，直到我們被黎明的輕寒凍醒。

3

第二天早上，我走出蒙古包，發現自己置身於一座迷人的山谷。霧氣已經消散，到處是鮮亮的綠色。雲影投射在白雪皚皚的山峰上，陽光下的卡拉科爾河跳躍著。馬群像碎芝麻一樣，散落在起伏的山水間。

我和尼古拉、莫妮卡結伴而行，沿著卡拉科爾河的一條支流溯流而上。山路時而陡峭，時而平緩。有的地方滾動著落石，有的地方被河水截斷。然而風景始終美好，視線所及處皆是幽綠的森林。我們聊著天。我好奇，作為瑞士人，他們為什麼會來「中亞的瑞士」旅行？

尼古拉說，來中亞是他們一直以來的心願。他和莫妮卡從中學開始就是同學。當時他們問過彼此，如果有一筆錢，最想去哪裡旅行，兩人都覺得是中亞。他們的旅行從哈薩克斯坦開始，吉爾吉斯斯坦之後還要去烏茲別克斯坦。他們不是專為登山而來，更期待一場「文化之旅」。

「不過，既然來了吉爾吉斯，我們決定不浪費機會，順道來天山看看。」莫妮卡說。

我問他們覺得天山和阿爾卑斯山相比如何。

「有些地方確實很像，但天山更野性。」莫妮卡說，「在阿爾卑斯山，你總能看到房子，知道裡面有一整套現代化的舒適設備。但這裡，什麼都沒有。」

不過，也正是「什麼都沒有」讓他們感到滿足。尼古拉說：「在天山，你能想像出阿爾卑斯山幾百年前的樣子。」

一個吉爾吉斯牧民騎馬趕著一群山羊下山。與我們擦肩而過時，他好奇地打量著我們，面孔黑亮。他走了一條更近也更陡峭的小路。途中，馬蹄滑了一下，馬打著顫，眼珠一個勁兒地轉動。吉爾吉斯人從容地勒住韁繩，嘴裡發出嘖嘖的聲音，就靠這點力道和嗓音，讓馬重新鎮定下來。我們看著他消失在山谷的遠方。

「住在這裡的是『喀喇吉爾吉斯人』，」我說，「在突厥語裡，『喀喇』是『黑色』的意思。」

莫妮卡微笑著說：「他確實很黑。」

「天啊！快看這是什麼？」尼古拉突然喊起來。我們走過去，發現地上有一朵白色的小花。

「這是瑞士的國花——雪絨花，」莫妮卡說，「在阿爾卑斯海拔三千米以上才能看到。」

「我們現在的海拔是多少？」

「應該有三千米了。」

我們已經走了三個小時，傳說中的高山湖泊不見蹤影，眼前依舊是一成不變的山谷。

莫妮卡說，她是在卡拉科爾的CBT辦公室聽說的高山湖泊。她在手機地圖上標出了湖泊的位置，然而這裡沒有信號，她只能通過離線地圖看到當初的標記。至於離這個標記還有多遠，卻無從知曉。

我們爬到一個山坡上眺望。一片寬闊而平坦的山谷，像沙盤一樣展現在眼前。我們沒有看到湖泊，但看到一個白色的帳篷，孤獨地紮在山谷中。我們決定先走到帳篷處。

帳篷看似不遠，可實際又用了半個小時才走到近前。一個穿著紅色棉坎肩的吉爾吉斯女人正在外面生火。看到我們，她放下手中的柴火，嗓子眼裡發出呵呵的聲音。她不能說話，得過小兒麻痺症，走起路來一跛一跛。她的臉又黑又紅，佈滿風吹的裂痕。

啞女人嘶啞著嗓子，請我們進去坐坐。帳篷裡的陳設極為簡單：一個火爐，一塊地毯，一堆被褥。除了一把手電筒，看不到任何現代生活的痕跡。帳篷裡有兩個五六歲的小男孩，正在地上拍洋畫。尼古拉試著跟他們說話——用英語——但似乎把他們嚇到了。他們扔下洋畫，躲到角落裡。透過堆成小山的被褥，看著我們這群不速之客。

啞女人為我們端來三碗發酵的馬奶酒。尼古拉和莫妮卡猶豫著，我一口氣喝完。

「她難道就一個人生活在這裡？」尼古拉小聲問我和莫妮卡。

莫妮卡聳聳肩。

「她的家人可能在山上放牧，」我說，「你看，這裡有很多條被褥。」

幾百年來，這些喀喇吉爾吉斯人就在高山高寒地帶過著艱苦的遊牧生活。在這裡，時間彷彿凝固了。

泊。

莫妮卡問啞女人湖泊在哪兒。她聽不懂。後來她指著前面，但說不出多遠。

我們決定繼續往前走。莫妮卡很自信地表示，只要一直沿著河水走，最終就能到達湖泊。

「可我們已經走了四個小時，還沒看到湖的影子。」我說。

尼古拉說：「也許是因為我們走得太慢了。」

我們和啞女人告辭，繼續上路。河谷很寬，也很平坦，但我們已經爬到了海拔很高的地方。兩側的山峰上可以看到還未融化的積雪。馬群散落在這片高山牧場上，靜靜地吃草。除了隱約傳來的水聲、風聲和我們的喘息聲，周圍沒有一點聲音。

我們又走了一個多小時，河水在前方拐了一個彎，從兩座山的縫隙間鑽過去，山間瀰漫著霧氣。此時，離我們出發已經有六個多小時。我們依然沒有看到湖泊。每個人都感到絕望。這本是一場「輕鬆愉快的漫步」，結果變成了一次長征。

「大概還有一公里，可能翻過前面那座山就是。」莫妮卡看著手機說，口氣已經沒那麼自信。

「你是說那座山嗎？」尼古拉指著前面問。

「對。」

那是一座雪山，雪線在山體一半的高度。

「我覺得湖就在山那邊，」莫妮卡說，「看上去像。」

然而，我們都知道，我們身上的非專業裝備不足以應付可能發生的狀況。這讓我們沉默下來，感到進退維谷。

「聽著，湖並不重要。我們已經走了六個小時，回去還要再走六個小時。我們一路上已經看到了美景，也見識了真正的吉爾吉斯人的生活。我們用不著非走到湖才覺得完美。」我說。

莫妮卡和尼古拉看上去鬆動了。我們準備往回走，卻發現回去的路上一片漆黑，一場山區常見的暴風雨正在醞釀。遠處的天空已經變成青黑色，雲層迅疾翻滾著，而我們即將進入青黑色的邊緣。

「如果我們現在往回走，肯定會趕上暴風雨。」尼古拉說。

「如果我們往山上走，可能會碰到更危險的東西。」我說。

「我們翻過這座山，如果看到湖，就在湖邊吃飯。如果沒有，我們就返回。」

「我不想一個人，」尼古拉對莫妮卡說，「我跟著你。」

「那我們走吧。」莫妮卡說。

我試圖勸阻他們，但他們不聽。最後我們商定，我先回去，在啞女人的帳篷處與他們匯合。

我看著他們向雪線處走去，彷彿長征電影中悲愴的長鏡頭。過了一會兒，他們進入了雲霧區，從視線中徹底消失。

4

此時，天空陰沉得如同密封的罐子。一陣狂風襲來，夾雜著第一批冰雹。大自然好像震怒了，看上去面目猙獰。我渾身發抖地往回走，實在有點不知所措。這時，我看到遠處有三個吉爾吉斯牧民。他們正迎著風雨，驅趕馬群回家。我大聲呼喊，聲音瞬間被風捲走，變成無力的哀鳴。我盡量大幅度地揮手，終於被牧民看到。他們甩著鞭子，騎馬向我跑過來，三隻牧羊犬跟在身後。

年紀大的牧民戴著白色氈帽，穿著雨衣，騎著白馬；兩個騎棗紅馬的年輕牧民穿著短大衣，把帽子拉起來。三匹馬把我圍在中間，噴著響鼻，唾沫和雨點夾雜在一起，牧羊犬躁動不安地在馬蹄間打轉。

我用破碎的俄語加手勢告訴他們，我想返回前面的帳篷。那個年紀大的牧民聽懂了。他點點頭，拍了拍身後的馬屁股。我爬上去，坐在他的身後。

我們在暴風雨中轉場。年輕的牧民不時大聲吆喝著，招呼散落在山谷中的馬匹加入隊伍。在灰色的世界裡，馬群向前奔馳，牧羊犬跟在側翼。我們的隊伍越來越浩蕩，如同一支威風凜凜的大軍。一匹棗紅馬不聽口令，兀自在遠處吃草。年輕牧民咒罵了一句，揮鞭朝那裡奔去，嘴裡發出威脅性的呼喊，直到棗紅馬乖乖地向我們跑來。

馬背上，三個吉爾吉斯牧民神色自若。在這片荒涼的高山牧場，他們才是真正的主人。他們熟悉這裡的每一個地方——小河、山脊、可以充當標誌的樹木。我在現代社會賴以生存的智慧，在這裡毫無用處。

我們回到白色帳篷，結果這就是三個牧民的家。他們是父子三人，而啞女人是大兒子的老婆。看到男人們回來，啞女人咯咯笑起來。她立刻生起爐子，趴在地上用嘴吹著火苗，然後向爐膛裡添進柴火。她把一個早已熏黑的大水壺放在爐子上，開始燒水沏茶。

一縷光線飄進帳篷，帶來外面世界暴怒的迴響，三個牧民魚貫而入，雨滴順著帽子往下落。等門簾垂下，世界又被關在了外面。牧民父子脱掉鞋子，把濕外套掛在爐子上方。水滴滴答答落在爐子和水壺上，齜齜地響著。

在地毯中間，啞女人擺上自製的麵包、一碗蜜餞和大塊奶油，然後為我們倒上熱茶。老牧民的大兒子掰下一塊麵包，挖起一勺奶油，抹在上面，又塗上蜜餞汁，大口吃著。小兒子若有所思地吸溜著碗裡的熱茶。那兩個五六歲的男孩，坐在旁邊，看著大人們。

我告訴老牧民，我在等我的朋友回來，但他們似乎聽不太懂。我拿出手機，給他看裡面的照片。他一張一張地翻著，眼睛瞪得很大。我不時告訴他，照片拍攝的地點。可是那些城市的名字，就像扔進河裡的小石頭，激不起什麼反應。只有提到「莫斯科」時，老牧民才恍然大悟地點點頭——「莫斯科」也曾經是他的國家的首都。

喝完茶，吃完麵包，暴風雨也過去了。我跟著兩個小男孩走到帳篷外面，看雨後的山谷。太陽把山谷照得金光閃閃的，河水歡快地奔湧著，馬群在不遠處彎腰吃草。

牧民的大兒子走出來，伸了個懶腰，然後帶著他的兩個兒子去捕兔子。他拿出生鏽的鐵夾子，敲敲打打一番，然後用錘子試驗效果。啪的一聲，鐵夾子闔上了，兩個小男孩笑著拍手。

我跟在他們身後，去找兔子洞。我們爬上一個小山坡，很快發現一個洞口。牧羊犬激動不安地跑過去，把半個身子探進洞裡，一個勁兒地刨土，因為鑽不進去而懊惱地叫喚著。大兒子呵斥了一聲，牠乖乖地退出來，搖著尾巴走了。

大兒子把鐵夾子放在洞口，把固定用的鐵釘深深釘進旁邊的土裡。他讓兩個兒子去拔草，然後用草葉小心翼翼地覆蓋住鐵夾子的機關，故意把最誘人的一團草放在會觸動機關的位置上，只要兔子忍不住湊過來，就會被當場夾住。設置完機關後，我們回到帳篷。老牧民招呼兩個兒子繼續放牧。他們懶洋洋地騎上馬，呼喚著牧羊犬，又像帶兵的將軍一樣，趕著馬群走了。

在帳篷外，啞女人準備烤饢。她升起火，把一口大黑鍋架在火上，烤得滾燙。她拿出一個生麵團，揉成饢的形狀，然後把它平鋪在鐵鍋裡，蓋上鍋蓋，烤了一會兒，又把爐子底下的炭火撥出來，用鐵鏟鏟到鍋蓋上。這樣大鐵鍋就變成了兩面加熱的烤箱。十分鐘後，她揭下鍋蓋，裡面已是一個烤得焦香鬆軟的大饢。她把饢拿進帳篷裡，用布蓋上，留作晚餐。

我在帳篷裡等到黃昏，尼古拉和莫妮卡依然沒有回來。我爬到高處眺望，一路上也看不到他們的身影。我給他們留了個字條，決定趁天亮趕回阿爾金—阿拉善。我向啞女人和兩個小男孩告別，他們一直朝我揮著手，直到看不見為止。

等我回到阿爾金—阿拉善，最後一抹天光已經不見，只在河面留下幾處極淡的微光。我找到穆薩，向他說明事情的經過。穆薩聽完後，搖了搖頭，表示現在沒有辦法，只能等天亮以後再說。

那晚，我獨自睡在蒙古包裡。我蹲在爐火邊，把木柴扔進爐膛，看著火苗舔舐著木頭的邊緣，明亮地躥跳，然後漸漸蔓延。我想著尼古拉和莫妮卡，不知道他們此時身在何方。

等我醒過來時，蒙古包裡仍然一片昏暗，但我聽到了身邊低沉的呼嚕聲。我以為自己聽錯了，轉頭去看，只見尼古拉和莫妮卡正睡在各自的鋪位上，連外衣都沒脫，尼古拉甚至還戴著眼鏡。

吃過早飯，我回到蒙古包，他們已經醒過來。

「能活著真好。」尼古拉看到我說。

「我也這麼想。發生什麼了？」

原來，與我分手後不久，他們就遭遇暴風雪。他們一度打算回撤，但山體陡峭，下山困難。他們只好咬牙前行。到了雪線的地方，腳下全是厚厚的積雪，而他們只穿著普通運動鞋。最後，他們用了一個小時才翻過那座山。

沒有湖泊，前面是另一座荒涼的山谷，淹沒在一片霧氣中。

他們休息片刻，因為太冷，開始往回走。雪已經覆蓋石頭，看不到上山走的那條路了。他們在接近冰點的溫度裡，小心試探著，結果還是一腳踏空，失足滾了下去。他們記得自己一路翻滾，最後卡在一塊石頭上。所幸，兩人都只是輕微擦傷。

回到山下，暴風雨已經過去，但草地上全是積水。他們深一腳淺一腳地往回跋涉，終於在天黑以後回到啞女人的帳篷。此時，他們都已經精疲力盡。他們在帳篷裡吃了烤饢，喝了熱茶。最後，老牧民的兩個兒子騎馬把他們送回來。那時已是深夜，他們累得顧不上脫衣服，就倒在了鋪位上。

「我們打算在這裡好好休息一天。」莫妮卡說，「你呢？」

「我打算回卡拉科爾。」

「真高興認識你。」莫妮卡走過來，抱了抱我，然後是尼古拉。他比莫妮卡瘦得多。

我找到穆薩，準備雇馬下山。穆薩告訴我，瓦倫蒂諾在這裡，他有一輛自己改裝的蘇聯吉普車，還剩一個座位。我想像了一下吉普車開在山路上的情形，那應該和鑽進滾筒洗衣機差不多。

「我還是騎馬吧。」我說。

我雇了一匹馬，和一個吉爾吉斯嚮導一起，用了三個小時，回到卡拉科爾。

加加林療養院

1

我沒有在卡拉科爾久留，而是坐當天下午的小巴離開。我聽說伊塞克湖南岸的塔姆加有一家蘇聯時代的療養院。第一位進入太空的太空人尤里・加加林從太空返回地球後，在那裡療養過數月。療養院沒有正式名字，當地人只是籠統地稱之為「軍事療養院」。我打算去那兒休息幾日，緩解疲憊。

三個小時後，小巴把我扔在塔姆加的鎮中心。白晃晃的日光下，此地宛如馬奎斯筆下的〈星期二午後的小鎮〉：無精打采的商店、破敗的集合式建築。我沿著一條破碎的柏油路，一直走到小鎮的邊緣——療養院就在那裡。

初看上去，療養院像個家屬大院，沒有任何標識。藍色的鐵門旁有一間傳達室，窗臺上養著幾盆鮮花。我小心翼翼地敲了敲窗戶，一個正在看報的大媽抬起頭，又低下去一點，從老花眼鏡上方看了看我。她搖晃著身子走出來，我問她這裡是不是軍事療養院，她說沒錯。於是我拖著行李往裡走。

道路兩側種著高高的楊樹，松柏掩映的小花園裡，有一尊蘇聯軍官的雕像。走在林蔭道上，很像走在大學校園裡，只是沒有那麼熱鬧。我走了一段路，依然沒看到辦理入住的地方。

一輛豐田帕傑羅開過來，司機搖下車窗問我是否需要幫助。從車牌看，他是從哈薩克斯坦開過來的，車上還坐著一個金髮的俄羅斯姑娘。他告訴我，往前走，再向左轉，就是辦理入住的地方。

那棟房子看起來像是上世紀七〇年代的大學宿舍，沒有前臺，只有樓長的辦公室。樓長是一個穿著白大褂的吉爾吉斯大媽，戴著頭巾，鷹鉤鼻，看上去倒是頗為和善。她打開一冊大本子，讓我登記，還把我的名字寫在一塊黑板上。我在這裡小住兩晚，房費每晚一百塊人民幣，還包含三餐——蘇聯時代的價格。

登記完畢，樓長帶我爬到四樓，穿過一道長長的走廊。走廊上鋪著狹長的地毯，空蕩蕩的，又沒有開燈，好像整層只有我一人居住。房間相當斯巴達風格，只有兩張單人床和一張寫字臺。椅子倒扣在寫字臺上，就像暑假裡的教室。牆上貼著繪有百合花圖案的淡綠色壁紙，窗子足有一面牆那麼寬。透過窗玻璃，可以看到風中抖動的楊樹葉和遠方的伊塞克湖。

我問樓長洗手間在哪裡。她指著走廊告訴我，廁所在這層走廊的盡頭，而淋浴房在下一層。樓長走後，我推開窗戶，讓湖上的涼風吹進來。一隻松鼠從窗臺上跑過去，跳到對面的楊樹上。藍色的伊塞克湖像一片靜靜的大海。我開燈試了試，不出所料，燈泡是壞的。收拾停當後，我就下樓去找樓長報修。樓長拿起辦公桌上的電話——那是一台古老的撥盤電話——撥了個號碼，說電工師傅一會兒就來。「坐！坐！」她指著牆邊的老式沙發說。

我在沙發上坐下來，可是等了半小時也沒有師傅出現。抬頭一看，連樓長也不知去向。我走出公寓，四處轉，也沒看到人影。

類似的公寓樓附近有好幾座，風格略有不同，但都是四層樓高。有的陽臺上晾著衣服，顯然是自己手洗的——這地方想必沒有客房服務。

道路的盡頭有一座半荒廢狀態的體育館，周圍亂生著雜草。體育館當年應該是一座氣派的建築，依舊保留著蘇聯風格的巨型浮雕，以半抽象的形式，描繪了為國爭光的體育健兒。從建築的大小來看，裡面至少能包含游泳館、羽毛球館和籃球館。如今卻任其荒廢在那裡，就像曾經風光無限的商界精英，不幸老後破產，晚景淒涼。

我正在暗自感嘆，突然聽到遠處有人喊我：「尿！尿！（你好！你好！）」原來是樓長和電工師傅出來找我了。我看到他們站在公寓樓右側的十字路口，正向我揮手致意。我快步走過去，電工師傅興奮地和我握了握手。他穿著灰色工裝背帶褲，戴一頂卡其色鴨舌帽，留著兩撇小鬍子，簡直就是從布里茲涅夫時代的蘇聯電影中走出來的。

上樓時，我和電工師傅簡單地聊了兩句。他對我十分熱情，表示在這裡還沒見過中國人。進門後，他擰下舊燈泡，換上新的，然後啪的一聲按下開關——燈泡亮了。我們又親切地握了一番手，他這才哼著小曲，下樓去了。

2

我原以為療養院已經沒什麼人氣，沒想到人們只是去伊塞克湖游泳，這裡每天有定時往返的班車。現在，穿著泳衣、扛著泳圈的人們，開始陸續回到公寓。

一群十來歲的男孩擠在大廳裡看電視、吃雪糕；一個穿著黑色連身泳衣的俄羅斯大媽，海豹一樣地站到體重秤上；二層的房間被葉卡捷琳堡柔道學校的小學生包場了。他們的教練是一個滿臉鬍茬的高加索男人——他不時大聲呵斥那些在走廊上追跑打鬧的孩子。

在一樓大廳裡，我遇見了療養院的院長——吉爾吉斯人，四十來歲，光頭，穿著牛仔褲和棉布夾克。我在登記入住時見過他。他走過來，問我住得可好。我說，相當不錯。

「聽說尤里．加加林在這裡住過？」

「是的，很多蘇聯太空人、作家都在這裡療養過。」院長開始自豪地掰著手指頭，說出那些蘇聯時代大名鼎鼎的名字，就像在一片無人問津的海灘上，撿起漂亮的貝殼。

院長告訴我，蘇聯時代療養院遍佈各地——從遠東到黑海，從中亞到高加索。大體來說，療養院的宗旨是讓人們在一個氣候溫暖的地方，過一段舒適的日子。舒適性是建立在規律性上的。比如，進入療養院後，吃飯、運動、治療（「我們有很多特色項目，比如按摩、電擊等」）都有固定的時間。一旦住進這裡，你就必須按照這個時間表作息。此外，療養院的收費並不昂貴。在蘇聯時代（「包括今天」），這是普通工人階級也能負擔得起的享受。

「人們習慣每年夏天來療養院住上一段時間，這是我們的傳統。」院長說。

「我在Google地圖上沒有看到這家療養院，人們是怎麼找到這裡的？」

「這是一家歷史悠久的療養院了，人人都知道。」院長回答，「我們還有一個小博物館，我帶你去看看！」

我們避開游泳歸來的人流，沿著林蔭路，穿過一個小公園，來到一座小禮堂前。禮堂的一層是劇場，二層是一個空曠的大廳，鑲有社會主義風格的壁畫。院長說，蘇聯時代，這裡是舉辦舞會的地方。

博物館位於舞廳隔壁，上著鎖。院長打電話叫人開了門。櫥窗裡塵封著療養院的歷史：它建於二戰結束後不久，修建者是日本關東軍戰俘。在荒僻的伊塞克湖畔，戰俘們清理出土地，一磚一瓦地建起這座療養院。

櫥窗裡有日本戰俘的黑白照片，也有蘇聯解體後他們再次回到這裡的彩色留影。兩組照片之間相隔將近半個世紀，彷彿時光一閃而過，省略了過程。年輕的戰俘變成耄耋老人，而當年俘虜他們的帝國也已經化為碎片。櫥窗裡還有一本日文書——《日本戰俘的足跡》，作者探訪了那些日本戰俘修建的建築。我第一次知道，這樣的建築竟然遍佈在蘇聯帝國的各個角落。

在療養院，每頓飯的就餐時間是固定的，且只有一個小時。從禮堂出來，我看到人們正紛紛走向餐廳。偌大的餐廳裡坐滿等待開飯的人，四人一桌，落單的會被安排與其他人併桌。枝形吊燈灑下黃色光暈，透過白色的薄紗窗簾，可以看到外面搖曳的樹影——我感到一種往日的夢幻。

這裡與其說是餐廳，毋寧說更接近於食堂。既不是自助餐，也不能單點，更沒有酒水。所有人的餐食都是一樣的——就像那些服務生臉上的表情——具有社會主義的一致性。

我與一對阿拉木圖來的情侶一桌。男孩很瘦，有長長的睫毛，臉上稚氣未脫。女孩微胖，正在想留長髮的尷尬階段。她告訴我，父母年輕時經常來這裡，如今輪到他們了。

晚餐只有馬鈴薯酸黃瓜湯、加了起司的義大利麵和兩塊小圓麵包。哈薩克情侶吃了兩口就不動了，大概覺得味道不好。我倒是都吃完了，最後只剩下小圓麵包——我猜那可能是甜點。

我拿起一個小圓麵包，掰開。

「沒餡兒。」哈薩克女孩突然說，臉上帶著一絲悽楚的微笑。

我還是把麵包塞進嘴裡。「這裡晚上一般做什麼？」

「在房間裡喝伏特加，」女孩說，「療養院的傳統。」

那天晚上，我躺在床上喝啤酒，看契訶夫的《第六病房》。夜色中的伊塞克湖漂亮得像一塊深藍色的布。

3

我被一隻蜜蜂吵醒，天已經大亮。蜜蜂是被牆紙上的百合花吸引來的，正一個勁兒地往牆上撞。

餐廳裡，那些昨夜痛飲伏特加的男人沒有出現。來吃早餐的多為上了年紀的女人。她們互相攀談，很多就是在這裡才認識的。哈薩克情侶也沒來，也許他們昨晚同樣喝多了。

早餐後，一個亞洲臉的女人走上來，向我問好。她和丈夫、兒子一起來這裡度假。她說昨天就注意到我，一直在猜測我從哪裡來，現在終於忍不住上來求證。我很快發現，這種好奇心是職業性的。因為她告訴我，她叫阿謝麗，職業是塔羅牌算命師。

她的臉盤很大，戴著近視眼鏡，穿著淡綠色的裙子，梳著長長的辮子，臉上有種塔羅牌算命師的古靈精怪。

「我正在學習中國風水，非常有趣。」她說。

「風水在這裡也流行嗎？」

「吉爾吉斯人相信風水。」

我們交談時，阿謝麗的丈夫始終讚許地望著妻子。他叫安德列，是一個光頭壯漢，穿著綠格子襯衫。阿謝麗說，安德列是莫斯科人，但他們住在比斯凱克。

出乎意料的是，他們的兒子竟然看不出什麼混血特徵，是百分之百的亞洲臉。和阿謝麗一樣，他的視力也不太好，總是瞇著眼睛，睨視一切。他穿著一件印有日文的T恤。

「我們的兒子正在學習日語。」阿謝麗告訴我。安德列讚許地望向兒子。

我仔細看了看那件T恤，上面寫著「人間失格」，意為「失去做人的資格」。

一個醉醺醺的吉爾吉斯人走過來，熱情洋溢地和安德列寒暄起來。當他聽說我是中國人後，馬上說他兒子上周剛從北京培訓回來，「充滿了美好印象」。他不停地與我和安德列握手，因為酒醉而吐字不清。等他走了，安德列告訴我，這人是他們在街上雇的司機，明天送他們回比斯凱克。

「我們不知道他是酒鬼。」阿謝麗沉著臉說。

「這個雞巴。」安德列附和地搖頭。

阿謝麗問我：「你打算什麼時候離開？」

「也是明天。」

「我們可以一起走，分攤車費。」

「沒問題。」

阿謝麗笑了。一個女巫般的笑容。

晚上，我去禮堂看了一場演出。阿謝麗一家也在，但我沒有驚動他們。演出開始後，先是四個穿著長裙的俄國大媽合唱。接著，布幕抖動著闔上。再打開時，佈景變成了街心公園。一群蘇聯打扮的青年男女坐在樹下，有的看書，有的喝酒，有的抱著吉他。他們素不相識，但看起來都是單身——這是他們來公園的原因。抱吉他的青年坐到看書姑娘對面，撥弄琴弦，唱起歌來。看書姑娘顯得很生氣，但也用唱歌的方式回敬對方。圍觀群眾紛紛加入唱歌的行列，連醉漢也手舞足蹈。這些歌曲都是蘇聯時代的老歌。很多觀眾小聲跟唱，彷彿時光倒轉，一如當年。

走出禮堂時，夜色中的療養院像被石灰洗過一樣白花花的。公寓樓前的松樹下，竟然真有一群男女在喝酒彈琴，就像剛才演出的翻版。這家療養院的一切彷彿都定格在了蘇聯時代，在平行世界中運行不止。

第二天午後，我和塔羅牌夫婦一起返回比斯凱克。司機清醒了，但是安德列買了啤酒。夫婦兩人在車裡你一口我一口地喝著，「人間失格」的兒子憤世嫉俗地望著窗外。

路上，阿謝麗說她開了一家店鋪，賣一些「具有宇宙生命能量」的首飾。她極力要我關注這家店鋪的社群帳號，因為「我們不想失去你」。

我問他們為什麼來這裡度假。阿謝麗說，他們本想去中國海南，但那裡過於昂貴，「如果我是你，我會去海南，而不是這裡。」

窗外突然下起大雨，雨和霧彌漫在楚河河谷，需要關上車窗以抵擋寒氣。我們經過荒涼的托克馬克，小餐館和汽車修理廠顯得更加破敗。在離比斯凱克還有一段距離的地方，塔羅牌夫婦要求下車。路邊一無所有，只有破爛的棚戶房舍和瘋長的雜草。

阿謝麗說：「我們就住在這裡。」

安德列讚許地點點頭。

他們的兒子瞇著眼，睨視著我。

我們握了握手，然後他們消失在比斯凱克郊外的雨中。

鄧小平大道與蘇萊曼聖山

1

我不時想起阿麗莎的警告：不要去奧什。她自己從沒去過奧什。我在比斯凱克認識的朋友也沒人去過。

「為什麼要去奧什呢？」每當談到我接下來的旅程，對方都會不解地問。搞得我也想不失天真地反問：「為什麼不能去奧什呢？」

作為旅行者，想去任何地方都是自然之事，為什麼奧什是個例外？對於想通過陸路前往塔吉克斯坦的我來說，奧什又是必經之地，不得不去。

不過，我也多少能夠理解比斯凱克人的不解：天山腳下的比斯凱克，居民是吉爾吉斯人，周圍是典型的遊牧文明帶；而南部費爾干納山谷中的奧什，長久以來就是烏茲別克人的天下，屬於典型的農業文明帶。

蘇聯時代，史達林富有創意地將費爾干納山谷一分為三，給了三個新成立的加盟共和國——吉爾吉斯斯坦、烏茲別克斯坦和塔吉克斯坦——也由此播下了日後衝突的種子。一九九〇年和二〇一〇年，奧什地區兩次發生吉爾吉斯人與烏茲別克人的族群衝突，導致數百人喪生。當族群利益與政治算計糾纏在一起，情況就會變得更加複雜。無怪乎人們說，在吉爾吉斯斯坦，一切政治上的衝突，本質都是南北勢力的衝突。

話雖如此，當我打聽到首都比斯凱克與第二大城市奧什之間，沒有公共交通（除了飛機），只能拼黑車時，還是感到有些不可思議。我還打聽到，拼黑車的地點有兩個：一個在大巴剎附近，另一個位於鄧小平大道。後者的名字引起了我的興趣——鄧小平大道？

一大早我就拖著行李，叫車前往鄧小平大道。它在比斯凱克的西郊，是楚河大道（過去叫「列寧大道」）的延長線。當列寧將道路拱手讓給鄧小平後，周圍卻愈加荒涼——眼前完全是一片社會主義大郊區的景象。

在一家車行前，一群黑車司機正在攬客。我剛打開計程車的後車箱，就有幾個人圍上來，搶奪我手中的行李，要往自己的車上搬。他們全都皮膚黝黑，留著鬍子，頭髮亂糟糟的。他們的車全都是飽經滄桑的四驅越野——日本人淘汰下來的。在一番拉扯和討價還價後，我鎖定一輛帕傑羅的副駕駛座，價格是一千二百索姆，相當於人民幣一百二十元。司機會說幾句中文，也不知是跟誰學的。

我問他會說什麼。

「操他媽！滾犢子！打洞嗎？」

「就這些？」

「還會數數：一二三四五……」

我們又湊足四名乘客：一位是有肚腩的老大爺，一位是精瘦的中年眼鏡男，一位是結婚不久的少婦，另一位是她戴著頭巾的母親。我們穿過烈日下的小鎮卡拉－巴爾塔，隨後一路向南，崎嶇的公路伸向海拔三千五百八十六米的阿蘇山口。

在到達山口之前，我們需要穿過一條二點六公里長的隧道。隧道裡沒有照明，一片漆黑，彌漫著重型卡車的尾氣。幾個外國騎士不知所措地停在隧道口，希望有車把他們載過去。這些騎士也是去奧什的。他們要麼從奧什進入帕米爾高原，要麼通過伊爾克什坦山口前往喀什。

穿過隧道後，眼前豁然開朗。蘇薩梅爾盆地像沙盤一樣呈現在面前，遠處是蘇薩梅爾雪山白色的雪頂。公路像一條灰色的帶子，起伏的高山牧場上散落著棕色馬群和白色蒙古包。俄國地理學家伊凡・莫希凱托夫形容這裡是「銀色中的一塊綠寶石」。蘇聯時代，這裡有大片集體農場，每年夏天放養著四百萬隻牲畜，如今畜群的規模僅為原來的五分之一。這使得蘇薩梅爾盆地成為吉爾吉斯斯坦最偏遠也最貧窮的地區。

一些牧民在路邊擺起小攤，販賣奶疙瘩和馬奶酒，一幅遊牧市集的景象。我們在這裡停車休息。小媳婦站在路旁，對著雪山自拍。精瘦男子給了司機兩支菸。司機點燃一支，把另一支插在耳朵上。他穿著拖鞋，一副吊兒郎當的樣子。有肚腩的老大爺買了一袋奶疙瘩，嘎嘣嘎嘣地嚼著。

再次上路後，我在路邊看到一座紅色的瑪納斯雕像。在這裡，一條道路分叉出去，穿過荒涼的奧特梅克山口，直抵吉爾吉斯斯坦與哈薩克斯坦的邊境城市塔拉斯——傳說中英雄瑪納斯的安息之地。

那裡也是「怛羅斯之戰」發生的地方。七五一年，當時世界上最強大的東西兩大帝國——阿拉伯與唐朝——在塔拉茲地區發生軍事衝突，唐軍大敗。隨後，唐朝又爆發安史之亂，元氣大傷，從此徹底退出中亞舞臺。我決定再找時間，去哈薩克斯坦一側的塔拉茲[1]遊歷一番。

翻過另一座山口後，宛如一片藍色湖泊的托克托古爾水庫出現在道路右側。這是中亞地區唯一的常年性水庫，五座水電站幾乎要為吉爾吉斯斯坦供應全部電力，而下游的烏茲別克斯坦和哈薩克斯坦則要依靠這座水庫灌溉棉田。

矛盾也由此產生：烏茲別克斯坦和哈薩克斯坦希望夏季放水以便灌溉，而吉爾吉斯斯坦想在冬天放水以便發電。蘇聯時代，統一的官僚體系尚可命令吉爾吉斯人夏天放水，再從烏茲別克人和哈薩克人那裡換取油氣發電。蘇聯解體後，這項資源切換式通訊協定也壽終正寢。吉爾吉斯人認為，水和油氣同樣是一種商品，應該付費；烏茲別克人則宣稱，水是免費的福利，下游國家無需付款。吉爾吉斯人與烏茲別克人的關係原本就十分微妙，如今圍繞放水問題更是險些動手。「托克托古爾」原本是一位吉爾吉斯詩人的名字，如今卻成為難題的代名詞。

繞過托克托古爾水庫後，我們終於衝出天山餘脈，進入費爾干納山谷。突然之間，幾乎沒有過渡，眼前的風景由遊牧文明變成農耕文明。道路兩側突然出現農田，大朵的向日葵在陽光下怒放，氣溫也比山區高出不少。

我們經過一座不知名的小鎮，路邊全是賣西瓜和哈密瓜的烏茲別克農民。司機在路邊停下，乘客們紛紛下車買瓜。除了我，幾乎每個人都買了四五只大西瓜——看來西瓜是此地特產。烏茲別克瓜農在樹下支起吊床，優哉遊哉地納涼。吊床不遠處就是一道長長的鐵絲網——那是吉爾吉斯斯坦與烏茲別克斯坦的分界線。

車內的每個角落都塞滿大西瓜，我不得不像猴子一樣地蹲坐在副駕駛座上。為了繞過烏茲別克斯坦的領土，我們還得兜上一個大圈子，多走上百公里。司機一邊抽菸提神，一邊把音響開大。等到達賈拉拉巴德時，我們已經開了將近十個小時。

黃昏就要降臨，城內響起清真寺的宣禮聲。那個男性詠嘆調，令周圍充滿靜穆的氣氛。我們在郊區的一家餐館吃飯，脫掉鞋子，坐在鋪著地毯的木榻上。燒烤攤上飄出誘人的香氣，但出於謹慎，我只點了一碗拉條子。飯後，我們準備各自付帳。

「還有茶水錢，誰來付？」戴頭巾的服務生用吉爾吉斯語問。

「讓他付。」那個有肚腩的老大爺一邊剔牙，一邊使了個眼色。

我聽懂了，但沒有爭辯。兩壺茶水不過幾塊錢而已。

夜色像一條大毯子，慢慢蓋住外面的世界。或許是這個原因，越靠近奧什，我就越感到蕭瑟。司機將車上的人逐一送回家中。他們都住在奧什郊外的村子裡。每家都是烏茲別克式的黃泥院落。車一停下來，就有成群的兒女出來迎接。肥胖的妻子穿著長袍，托著一塊饢，走到每個人面前。作為禮儀，我必須掰一塊饢吃掉，然後表示感謝。每到一家，孩子們就歡聲笑語地抱走車內的大西瓜。院子裡點著昏黃的燈火，映著村中清真寺尖頂上的彎月。更廣闊的世界，是一片沉沉的深藍色。

最後，車裡只剩下我和司機。他說就把我放在這裡。我說還沒到奧什。

「奧什在哪兒？」他故意試探我。

「往那邊再走五公里。」

最終，在奧什巴剎附近的停車場，司機把我放了下來。周圍彷彿被遺棄的樣子。除了我們之外，也沒有別的車輛。我下車，拿出行李，遞給司機一千二百索姆。

「不對，一千六。」他用中文說。

「說好的一千二。」

「一千六！」

「一千二！」

「操他媽！」

「滾犢子！」

「好吧，一千二！」

他接過錢，哼著小調：「我去打洞，你去不去？」

「祝你玩得開心！」

巴剎旁邊，是一條奔流的小河。相對於河道的寬度，它的聲音顯得有點過大。我拖著行李，跨過小橋，走在照明匱乏的列寧大道上。蘇萊曼山的巨大陰影像一隻黑暗中的駱駝，俯臥在城市中央。

我住進一家剛開業不久的青年旅館。它就在蘇萊曼山對面的巷子裡。

2

除了我之外，旅館房間裡只有一個人——一個金髮男子。他好像病了，蜷縮在床上，面朝牆壁，一動不動。床下是一個打開的行李包，衣服攤了一地，包上掛著一頂西部牛仔帽。

第二天清晨，我早早起來，發現金髮男子依然保持著一動不動的睡姿。我走到廚房，一個戴頭巾的吉爾吉斯姑娘為我做了早餐：烤饢、果醬、煎蛋、紅茶。吃完早餐，我步行前往蘇萊曼山。

此前，我對奧什的全部印象，都來自一部叫作《蘇萊曼山》的吉爾吉斯電影。主人公是一位四十五歲的卡車司機，他與妻子和情人一起生活在卡車上。妻子是薩滿巫師，忍受著丈夫的自私與暴力。為了挽救這段感情，她宣稱自己從孤兒院裡找回了失散多年的「兒子」。卡車司機非常興奮，但這也讓懷孕的情人感到沮喪。這位「中亞渣男」徘徊在兩個女人之間，還要面對陌生的「兒子」。後來，妻子不慎從蘇萊曼山上墜落，卡車司機也趕走了情人，只留下那個並無血親的「兒子」，成為情感的羈絆。

蘇萊曼山以穆斯林先知的名字命名，具有神聖的意味。對中亞的穆斯林來說，蘇萊曼山是僅次於麥加和馬迪納的聖地之一。蘇萊曼的五座山峰上有八個神聖的洞穴，不同時代的聖徒曾在這些洞穴中苦修，人們甚至相信先知穆罕默德也在這裡祈禱過。上山路旁的灌木叢上，繫著朝聖者的布條，那是祈求好運用的，同樣是伊斯蘭教的傳統。

蘇萊曼山並不算高，周圍也沒有其他山脈，好像平地上突兀地隆起了五個山包。我買了價格微不足道的門票走進去，沿著髮夾一般別在山體上的石階往上爬。朝聖的人群早已將石階踩得十分光滑。我不時遇到穿著長袍的烏茲別克大媽，為了神聖的目的，呼哧帶喘地攀登著。

山頂只有籃球場大小，但可以俯瞰整個奧什。這座城市沒什麼高大的建築，到處是平鋪的小巷。山勢較為平緩的山坡上，遍佈著數量驚人的墓地，人人都想把自己的骨頭埋葬在這座聖山附近。墓地一直綿延到山腳，那裡坐落著一座銀色的蘇萊曼清真寺，壯麗得如同海市蜃樓。天際線的盡頭處是帕米爾高原的雪山，令人生畏又充滿誘惑，那是我最終想要抵達的地方。

朝聖者們汗流浹背地爬上山頂，大都是為了進入一個小小的洞穴。一四九六年，少年巴布爾在這個洞穴中閉關沉思。巴布爾生於安集延，是帖木兒的後裔。被烏茲別克人趕出費爾干納山谷後，他在中亞和阿富汗四處征戰，後來遊蕩到印度次大陸，建立起統治印度數世紀的蒙兀兒王朝。

可是，即便征服了印度，巴布爾依然懷念奧什。在《巴布爾回憶錄》裡，他寫到奧什的渠水奔騰，寫到處處盛開的鬱金香和玫瑰。蘇萊曼山下有一座清真寺，外面的草地陰涼喜人。常有當地的無賴打開渠口，把毫無戒心的納涼人沖個落湯雞。巴布爾寫道：「在費爾干納地區，就氣候和景致而言，沒有其他城鎮能與奧什媲美。」

巴布爾洞穴門口鋪著地毯，散落著幾雙鞋子。我脫了鞋走進去，看到一位中年毛拉正帶著五個少女祈禱。少女中有三個是吉爾吉斯人，兩個是烏茲別克人。我坐到她們對面，打量著洞穴內部。洞穴已經不是巴布爾時代的樣子。它很新，很規整，鋪著整齊的磚石，像一個建在洞內的小型清真寺。毛拉的祈禱聲，迴盪在狹小的空間裡。少女們看著我，面露狐疑之色。我終於感到了自己的僭越，於是起身退了出去。

巴布爾洞穴後面，有一條下山小路。幾個年輕的當地女子正排隊從一個光滑的石頭斜坡上溜下去。兩個穿著長袍的烏茲別克大媽駐足觀看，帶著旁觀者的熱情。看到我停步不前，一個大媽過來和我攀談。她用手比劃著「大肚子」，又指指這些年輕女子。我終於搞懂，這些年輕女人都是在等待生育的新婦。按照當地習俗，如果一個女人在斜坡上溜下去七次，她就會生下強壯的孩子。見我恍然大悟，烏茲別克大媽笑起來，露出亮閃閃的金牙。年輕時，她大概也這樣溜下去過。

我又路過數個小洞穴或者石間的裂縫。朝聖者們把肘部、手臂甚至腦袋，放進這些早已磨平的石頭凹槽裡。據說，這些裂縫各具神力，可以治療身體不同部位的疾病。所有這一切，共同構築了蘇萊曼山的神聖。

3

回到旅館，金髮男子剛剛起床，正光著膀子坐在床沿上，一副若有所思的樣子。他說，他叫維克多，奧地利人。

「奧地利哪裡？」

「一個小地方——菲拉赫。你肯定沒聽說過。」

維克多告訴我，他已經在床上躺了一周，思考問題。

「思考什麼？」

「思考該做什麼。」

我沒說話。

「昨天我去吃了個抓飯，非常好的抓飯，但吃完了噁心。所以又在床上躺了一整天。」

「一個人在中亞旅行？」

「當然。」

「大學生？」

「劍橋大學。」

「聽說過。」

「你去過俄國嗎？」維克多突然問，「俄國妞很漂亮，是不是？」

「還可以。你喜歡俄國妞？」

「沒有，沒有。我還沒去過，很想去一次。」維克多說，「西伯利亞大鐵路很酷，是不是？」

「還不錯。」

「風景很棒，是不是？」

「幾千公里的白樺林。」

他試著在腦海中想像了一下。這時門開了，一個胖乎乎栗色頭髮的姑娘探進半個身子。

「維克多，你準備好了嗎？」

「我還要收拾東西。」

「我只有一個小時的時間。之後我約了那個司機，帶我去看核桃樹林。」

「那你可以先走。」

「我還以為你也想去看核桃樹林。」

「我是想去，但我需要時間收拾東西。」

「大概需要多久？」

「不知道，也許很快。」

「那我要不要等你吃飯？」

「不用了，昨天的抓飯讓我噁心到現在。」

「那我自己去吃了？」

「如果你回來，發現我不在，不用等我。」

「你昨天說你想去看核桃樹林的。」

「我想再考慮一下。」

「好……」姑娘聽起來有點失望。

我出門，冒著烈日，往奧什大巴剎的方向走。大巴剎位於市中心，橫跨阿克布拉河兩岸。河西岸有一排傳統茶館，在閒適的氛圍中供應茶水、拉條子和抓飯。我點了抓飯，因為費爾干納的抓飯遠近聞名。

奧什的抓飯果然沒有令我失望。米飯上撒著羊肉碎和鷹嘴豆，配以新鮮的番茄洋蔥沙拉，非常可口。我正吃著，那個栗色頭髮的姑娘也走了進來。她看到我，點了下頭。過一會兒，她端著一盤抓飯坐了過來。她是比利時人，在奧什已經住了半個月。這是她第三次來吉爾吉斯斯坦旅行。出於某種原由，她對這個國家產生了莫名的好感。她還沒去過中亞其他國家，每次都在吉爾吉斯斯坦待上幾個月。

「這裡的人特別善良。」她環顧著四周。

「你和維克多早就認識嗎？」

「不，我們在旅館裡碰上的。維克多啊，生活太邋遢了！」說這話時，她笑起來，眼神充滿柔情，好像母親在外人面前責備孩子，其實語氣中並無一絲責備的成分。

「你們要去的核桃樹林在哪兒？」

「離奧什大概五六十公里。對了，我應該給司機打個電話，把時間往後推一個小時。不然維克多肯定趕不上。」她放下勺子，開始打電話。顯然，她被金髮維克多迷住了。

吃完飯，我和比利時姑娘告別，獨自去巴刹裡閒逛。長久以來，奧什的巴刹就是喀什以西最著名的市場。因為地理位置便利，中國、印度、伊朗和中亞國家的貨物全都在這個十字路口匯集。

這是一個充滿活力、擁擠不堪的地方。絡繹不絕的購物者穿梭其間。手推車裡滿載著貨物，推車人一邊高喊「讓一讓！讓一讓！」，一邊從人群中緩慢地擠過去。無論是視覺上還是聽覺上，這裡都是綠洲文明和遊牧傳統的混合體，有一種迷人的喧囂。任何現代化的入侵——音響也好，俄羅斯的流行樂也好——最多只是一種表面現象。

這裡販賣的東西繁雜多樣：從蔬菜水果到盜版光碟，從土耳其茶具到帕米爾刀具。有些店鋪本身就是作坊。熟練的工匠仍然使用古老的技術來製作馬蹄鐵，叮叮噹噹的聲音迴盪在巴刹裡。

這裡有吉爾吉斯人，也有烏茲別克人和維吾爾人。這從他們的帽子上可以大體區分：吉爾吉斯人戴著高高的白色氈帽，烏茲別克人戴著小圓帽，維吾爾人的帽子看起來很像上世紀三〇年代的歐洲帽子。我發現，許多貨攤都是用舊貨櫃或者舊集裝箱改建的。店主一看到外國人就熱情招呼，雖然他們肯定知道，他們賣的東西多半不是遊客需要的。

傍晚時分，我才回到旅館。維克多仍然躺在床上。

「你沒去核桃樹林？」

「沒有，那地方毫無樂趣可言，是不是？」

「也許。」

「我叔叔明天過來。我們準備開車去卡拉科爾。」
「比利時姑娘跟你一起？」
「她？不不不，恐怕沒有足夠的座位，是不是？」維克多瞪著核桃一般的雙眼。

1　吉爾吉斯斯坦一側叫「塔拉斯」（Talas），哈薩克斯坦一側叫「塔拉茲」（Talaz）。兩地原先聯繫緊密，常有經濟來往；蘇聯解體後，兩國實行嚴格的邊境管制，兩地關係大不如前。

——第二部——

塔吉克斯坦

西進亞歷山大城

1

奧什有一家老牌客棧，名叫「奧什旅館」。房間破敗陳舊，卻是外國旅行者的天堂。我去到那裡，想找能和我拼車去塔吉克斯坦的人。

從奧什去塔吉克斯坦有兩條路：一條路向東，經帕米爾高原，到達塔吉克最東部的小鎮穆爾加布；一條路向西，沿著費爾干納山谷的南沿，抵達塔吉克斯坦的邊境小城伊斯法拉。

在奧什旅館，我發現所有想拼車的人都選擇第一條路：奧什到穆爾加布是帕米爾公路的一部分。雖然要翻過高海拔的雪山，但路線較為成熟。與之相比，去伊斯法拉的道路雖然無須翻越高山，卻要繞過幾塊烏茲別克斯坦的飛地。

蘇聯時代，費爾干納山谷被吉爾吉斯斯坦、塔吉克斯坦和烏茲別克斯坦共同瓜分，界線犬牙交錯，但畢竟三個加盟共和國同屬於蘇聯，因此界線並無實際意義。蘇聯解體後，三個國家分別獨立，各自拿出蘇聯不同年代的地圖，作為劃界的依據，導致費爾干納地區的國界線至今仍是一筆糊塗賬。

我和旅館老闆說了我的計畫。對於是否需要穿越飛地，他毫不瞭解。他只是告訴我，想去伊斯法拉，我必須先坐長途小巴，到達吉爾吉斯一側的巴特肯——雖然他自己也沒去過。

第二天清晨，我拉著行李箱，來到郊外的汽車站。小巴司機長著一張亞洲臉，留著兩撇小鬍子，波浪狀的灰髮梳得一絲不苟。他穿著領子雪白的襯衫，套一件帶有很多口袋的卡其色背心。如果不是那輛看上去瀕臨報廢的賓士牌小巴，司機本人儼然就是東京銀座開旅遊巴士的大叔。

我把行李箱塞進座位底下，看那些與我同行的乘客：有在奧什辦完事回家的牧民，有提著籃子、穿著長袍的大媽，有扛著貨物的商人，有看樣子像回家探親的少婦——但是沒有旅行者。

小巴開動後，車廂突然安靜下來。清晨的空氣尚有一絲寒意，可天空晴朗得無可救藥。有那麼一瞬間，我甚至感到了一種在中亞旅行時極為罕見的愜意，就好像我知道什麼壞事都不會發生——既不在這裡，也不在我要去的地方。

小巴基本沿著國境線飛馳。有時候，它會毫無徵兆地離開大路，拐上小路。這麼做多半是為了繞過烏茲別克斯坦的邊境線。儘管小巴始終走在吉爾吉斯一側，可我的手機還是會不時收到烏茲別克的信號。

窗外是一片被遺忘的世界。由於蘇聯時期的過度灌溉和烏茲別克一側運河的關閉，原本肥沃的土壤已經鹽鹼化。生鏽的工廠廢棄在路邊，難以想像會有什麼工作機會。小巴經過關閉的牛奶廠、石油廠和釀酒廠。政府沒有試圖恢復它們，而是任其荒廢在那裡。我感到自己好像在目睹一座廢墟的形成：一個有人居住的城鎮正在化為塵土。

在一個鄉村飯館前，小巴停下來休息十五分鐘。一些人去了遠遠就能聞見味道的廁所，出來後用一個阿拉伯風格的細嘴壺洗手。兩個商人模樣的精瘦男子下了車，上來一個穿著藍色三件套西裝的男人。那套西裝剪裁得相當得體，可在這樣的環境裡，西裝主人的任何努力似乎都化為烏有了。

小巴再次上路後，窗外偶爾出現荷槍實彈的吉爾吉斯士兵。幾年前，這裡曾有烏茲別克的恐怖組織活動，綁架了數名吉爾吉斯官員和四名日本地質學家。吉爾吉斯政府出動軍隊尋找人質，並與恐怖分子發生激戰。幾名日本外交官也抵達吉爾吉斯斯坦，試圖與恐怖分子談判。儘管日本和吉爾吉斯兩國都堅稱沒有向恐怖分子支付贖金，但西方外交官報告稱，日本秘密向吉爾吉斯官員提供了兩百萬至六百萬美元，後者將這筆款項轉交給恐怖組織。

這時，我突然感到腳下的空間變得有點寬敞。我低頭一看，發現原本塞在座位下面的行李箱不見了。我心裡一驚——那個行李箱裡裝著我的相機和大部分現金。如果弄丟，事情就慘了。我四下尋找行李箱，但所見之處全都不見蹤影。我仔細回想它是在哪裡不翼而飛的，最後覺得只可能是在上次停車的地方。當時，我在車下四處溜達，東張西望，也許就是在那時候，行李箱被人拿走了。

三個小時後，窗外出現了一個混亂的邊境小鎮，色調就像發黃的舊照片。所有人的臉上都帶著困頓的神色。在塵土飛揚的巴特肯車站，小巴停了下來，人們紛紛下車。小巴司機從背心口袋裡掏出香菸，點上，狠狠地吸了一口。我等他過完菸癮，這才指著我的座位問他：「我的行李呢？」他看了我一眼，做了個淡定的手勢，然後叼著菸捲，繞到小巴的後面。他打開後門，把行李一件件地取出來。乘客們紛紛圍上來，拿走自己的行李。最後，我的行李箱出現了。不知道是誰把它從座位下拿走，放到了後面。行李箱上落滿一路上的塵土，彷彿一件剛剛出土的文物。我長長地鬆了一口氣：不管怎麼樣，行李箱沒丟，我還可以繼續顛沛流離的旅程。

我轉身要走，幾個當地司機圍了上來。就像大草原上的鬣狗，他們已經餓了很久，終於見到獵物。其中一位司機開著一輛破舊的載貨廂型車，衣服很久沒洗了，眼神像他討價還價的聲音一樣充滿了憤怒。

最後我們談妥，以四百索姆的價格，送我到十六公里外的邊境。這相當於四十塊錢——比我從奧什到巴特肯的價格還高。

通往邊境的道路坑坑窪窪，兩邊全是荒地，沒有農田，也沒有人家。一路上，我也竟然沒有看到一輛汽車。這多少折射出吉爾吉斯斯坦和塔吉克斯坦交往的現狀——根本沒什麼交往。

吉爾吉斯的邊境哨所更像是一個道路檢查站。兩個身穿迷彩服的士兵在鐵絲網後巡邏。和我一起過關的只有三四個當地人，全都沒帶行李。我不知道他們是怎麼過來的，又要去塔吉克斯坦幹什麼。

海關官員問我去哪兒。我說，伊斯法拉。他仔細審視著我的護照，饒有興味地翻著每一頁簽證。我感覺他是在等我遞上小費，但我按兵未動。雖然我身上還有一些很快就要成為廢紙的吉爾吉斯索姆。

「你離開吉爾吉斯就不能再回來了。」

「知道。」

他拿起官印，咣咣蓋了兩個章。

穿過一片土路，我又在塔吉克一側重複了剛才的過程。塔吉克的官員同樣感興趣地翻著我的護照，問我去塔吉克幹什麼。

「旅行。」我說。

然而，這個字眼似乎並未激起任何漣漪，他好像不太理解這個詞的意思。他狐疑地看著我，於是我又報出幾個塔吉克斯坦的地名：伊斯法拉、苦盞、杜尚貝……

「好了，好了。」他用力蓋了兩個章，疲倦地向我揮了揮手，好像蓋章的動作已經耗盡了他的全部力量。

因為生意實在不多，海關外只有一輛黑車。我們這批過關的人全都不約而同地朝它走去。相比從巴特肯到邊境，從邊境到伊斯法拉的價格公道得令人吃驚。我們坐上車，像逃離火災現場一樣，迅速開走。過了不久，我們就進入一片曠野。

塔吉克一側似乎富庶一些，也更具風情。路兩邊全是杏子林，金黃色的杏子掛滿枝頭。衣著豔麗的塔吉克婦女坐在樹下，晾曬杏乾。一個塔吉克婦人從窗外閃過，她驚人地漂亮，就像伊朗電影中的女演員。與伊朗人一樣，塔吉克人同為波斯人後裔，塔吉克語和現代波斯語源自同一種語言。

我們進入一個熱鬧的小城，這就是伊斯法拉了。路兩邊盡是混凝土建築、店鋪和招牌。一個看上去有點像商場的建築上掛著塔吉克總統拉赫蒙的巨幅畫像。一九九七年，塔吉克內戰結束，此前默默無聞的拉赫蒙成為總統。當時人們普遍認為，他不過是一個過渡性質的軟弱領導人。沒人預料到，他成功地生存下來，並在隨後的二十多年裡，證明了自己的掌權能力。

我在巴剎附近下車，旁邊是長途汽車站，對面是一排餐館。燒烤攤豎起高高的煙囪，從一排柳樹的樹冠上排出煙氣。塔吉克的飲食融合了中亞特色，也和伊朗有幾分近似。這裡的燒烤不是肉串，而是把羊肉打碎，混合香料後，捏成扁長條的形狀。

餐館裡是一張張鋪著坐毯的木榻，塔吉克男人歪歪扭扭地斜倚在木榻上，上面全是烤饢的渣子。我要了一份午市套餐：兩條烤肉、一小碟番茄洋蔥沙拉、一塊烤饢、一壺磚茶，合人民幣十五元。他們不收吉爾吉斯索姆，只收塔吉克索莫尼。我問他們，到哪裡能換錢？

「巴剎！巴剎！」我身邊的每個人都知道，也都急著解釋。

我正打算去巴剎，一個男人叫住我，說可以和我換錢。他叫努什卡，在烏魯木齊學過中文，如今給這裡的中國工程隊當翻譯。我和他換了一些錢，支付了午餐。

「來這裡做生意嗎？」他問。

「來玩兒的。」

「你是我見過的第一個中國遊客。」

「以後會越來越多的。」

午飯後，努什卡陪我走到混亂的汽車站，指給我開往苦盞的小巴。苦盞是亞歷山大征服的最東方的城市，著名的錫爾河穿城而過。

一路上，乘客們不舒服地擠在一起，忍受著旅途的煎熬。窗外是杏林、水庫、荒涼的公路，遠處是突厥斯坦的群山。一個塔吉克小女孩趴在奶奶的腿上睡著了，臉上壓出一道印兒。

這就是世界真實的樣子，充滿瑣碎的細節，而我用盡所能來理解它們——這讓我感到自由。

2

苦盞是一座乾燥而酷熱的城市。在城外汽車站下車的一瞬間，我幾乎被迎面而來的熱浪擊倒。同車的乘客很快散去，躲進城市千瘡百孔的角落。我走進一家昏昏欲睡的小商店，買了一瓶可樂，站在樹蔭下喝完。等頭腦清醒過來，才走向路邊，打了一輛老舊的計程車——在這個「汽車站」外，只停著這麼一輛計程車。

窗外是一座古怪的城市：既不熱鬧，也不蕭條，既不蘇聯，也不中亞。很難想像「苦盞」古老的名號，竟會與這樣一幅市景搭配。人們好像是被隨手扔在這裡的，於是也就認命地在這裡繁衍生息。苦盞——連同它的歷史和想像——如今只剩下一具驅殼。

旅館位於一棟辦公大樓的五層，沒有電梯。年輕的小夥計開門後，帶我穿過長長的走廊，然後詭秘地一笑。我推開白色的房門，馬上明白了他笑的原因。房間裡有兩張上下鋪，其中一張的下鋪上坐著一個中國人：二十多歲，個頭不高，酷似哈比人，留著稀疏的鬍子，一隻襪子的大拇指處有一個破洞。他平時戴著一條迷彩頭巾——那條頭巾現在放在床上——因為戶外曝曬，額頭上已有一道清晰的白印兒，好像涇渭分明的國界線。顯然，和我一樣，他已經在外面旅行一段時間了。

房間裡只有我們兩個人，兩張上下鋪又分別擺在房間相距最遠的兩頭，因此顯得很寬敞。窗外是一座拔地而起的黃色禿山，褶皺和肌理全都清晰可見，就好像這是一道舞臺布景，而我們是剛剛登臺的演員。禿山擋住了毒辣的太陽，可還是有一部分光線，透過兩扇百葉窗射進來，空氣中飛舞著塵埃。作為裝飾，白色的牆壁上掛著一幅苦盞的老照片，可能是一百年前由某位西方探險家拍攝的。

「你是中國人？」坐在床上的男人以試探的口氣開始對話。

「是啊。」我說。

他如釋重負地鬆了一口氣：「你是我這一個多月以來見過的第一個中國人！」

「你也是。」

和我一樣，他先去了吉爾吉斯斯坦。然後走了從奧什進入帕米爾高原的那條路。他在杜尚貝待了兩天，坐車來到苦盞。接下來，他打算從這裡過境，前往烏茲別克斯坦的浩罕。

他來自江西的一座小城市，在瀋陽師範學院學習。這是他的畢業旅行。因為暑假過後，他就會回到他出生的那座小城市，當一名中學語文老師。一年拿到手的錢，包括代課費和補助，大概有十萬塊。他已經能夠看到自己的未來。

「為什麼來中亞旅行？」

他用穩定的音調說：「因為讀過《史記》和《大唐西域記》，對這裡產生了興趣。」

「中亞和你此前想像的是否一樣？」

「完全不一樣。」他說。他並沒有想到，這裡的每個人都會跟他打招呼、合影，這實在累人。

「為什麼我從來沒碰到過要求合影的？」

「從來沒碰到過嗎？」他顯出不可思議的神情。

他告訴我，他從國內帶來一袋老壇酸菜牛肉麵，但是不到最後一刻，他是不會捨得吃的。雖然這邊也有賣泡麵，但缺乏中國泡麵的「化學味道」——那味道接近於「鄉愁」。也是因為「鄉愁」，他一般選擇青年旅社入住，這樣就可以從巴剎買回肉、蔬菜和調料，用旅社的廚房做中餐。不過這次他被騙了。這家旅社沒有廚房。他是住進來之後才發現的。

等陽光沒那麼強烈了，我們一起去看錫爾河，河水正在夕陽下奔湧。那是西元前三二九年，中國處於戰國時代，而亞歷山大的軍隊已經擊敗了波斯帝國，次年在苦盞建築城堡，將此地命名為「亞歷山卓．埃斯哈塔」，意為「極邊的亞歷山大城」。現在，苦盞的博物館裡收藏著希臘和巴克特里亞時期的錢幣，佐證了亞歷山大的史詩性遠征。

錫爾河一直被認為是遊牧草原與綠洲盆地的分界線，河的右岸住著遊牧的斯基泰人，左岸則分佈著一些定居粟特人的城市——粟特人就是今天塔吉克人的祖先。到了十三世紀，錫爾河見證了又一位征服者的暴虐。成吉思汗將敢於抵抗的粟特人屠殺殆盡，整座苦盞城也被蒙古軍隊徹底摧毀。

在錫爾河畔，在近乎紅色的夕陽下，我看到了當年城牆的殘骸。那是一段殘破的土坯，生長著雜草。牆下是一家生意不錯的烤包子店，炊煙從煙囪裡冒出，隨風而逝。

在城牆所在的公園裡，有一座帖木兒．馬利克的雕像，他正是當年抵抗成吉思汗的粟特領袖。公園的大喇叭播放著鏗鏘有力的塔吉克傳統音樂。在這樂聲中，我嘗試著堅持了一段時間，最後不得不選擇逃離。公園對面，是最後一位征服者的遺跡——俄國人的芭蕾歌劇院。這座新古典主義建築令人眼前一亮，但它所透露的趣味、所表現的信心，如今已顯得那麼怪異，跟街上的人群格格不入，屬於另一個已經消逝的時代。當我走近歌劇院時，發現大門緊閉，也沒有演出公告，只有一對塔吉克新人，在被夕陽拉長的廊柱陰影間，拍攝婚紗照。

這座古老的城市沒什麼新建樹，只剩下不同年代的遺跡。它還是生存了下來，甚至算是這個國家最富有的城市。然而，你還是可以感到它的孤立。苦盞與烏茲別克斯坦近在咫尺，但與首都杜尚貝之間僅有一條狹窄的山路連接。一年中還有好幾個月通行困難。兩地之間沒有直接的鐵路，多年來唯一可靠的交通工具是飛機。我在一本書上讀到，苦盞的孤立感根深蒂固，以至於飛往杜尚貝的苦盞商人經常會說他們是去塔吉克斯坦。

在塔吉克斯坦，苦盞人的名聲並不太好。他們以務實著稱，但也癡迷於賺錢，很多人喜歡欺騙和賭博。有意思的是，從一九四六年到蘇聯解體，塔吉克斯坦的總書記全都來自苦盞。苦盞人也控制著工業和貿易，甚至享有繞過杜尚貝直接對外貿易的特權。在塔吉克內戰期間，苦盞因為孤懸於外，得以自保，甚至一度宣佈「獨立」。

3

在苦盞逗留兩日後，我坐車前往杜尚貝，得以親身體會苦盞的孤立——兩座城市之間沒有公共陸路交通，只能拼車。出發前，司機帶領大家向真主祈禱——我覺得這很有必要。這輛小小的歐寶汽車的後車箱，已被改裝成一排座位，以便再擠進三個大漢。除了我，沒人繫上安全帶。過去，這是一條坎坷不平的爛路，因為開不快，安全還有保障。如今，在中國修建的新公路上，司機時常開出一百公里的時速。當對面有車駛來時也不減速，而是製造一種呼嘯而過的刺激效果。有人告訴我，在塔吉克斯坦這樣的國家旅行，可別計較這類事情，但這話對我沒什麼安慰作用。

前往杜尚貝的路上，我始終穿行在大山的縫隙間。塔吉克斯坦的山區面積佔國土面積的百分之九十三，一半以上的地區海拔高於三千米。各個區域的發展水準因此差別巨大：像苦盞這種位於費爾干納盆地的北方城市相對工業化；中部和南部則能堅持自給自足的農業；至於帕米爾高原，人們仍然採用古老的農業方法，在生存的邊緣搖搖欲墜。

作為中亞最小也最窮的國家，塔吉克人喜歡把問題的原由歸結到烏茲別克人身上。一九二九年，塔吉克斯坦從烏茲別克斯坦中獨立出來，升級為共和國。儘管苦盞被劃分給塔吉克斯坦，但是塔吉克人最重要的兩個文化、精神和經濟中心——撒馬爾罕和布哈拉，仍留在烏茲別克斯坦境內。

為了得到這兩座深具象徵意義的城市，烏茲別克領導人一度將首都臨時從塔什干搬到撒馬爾罕。在隨後的人口普查中，他們要求兩座城市裡的塔吉克人將自己登記為「烏茲別克人」，否則他們可能會被派往「兄弟般的塔吉克斯坦」，幫助其「克服落後狀態」。

沒有了這兩座凝聚人心的歷史名城，塔吉克人不得不從頭開始建立身份認同。事實證明，此事困難重重。一位塔吉克學者寫道：「生活在希薩爾山區的塔吉克人並不瞭解居住在苦盞的塔吉克人。澤拉夫尚山谷的塔吉克人對帕米爾高原上的塔吉克人一點也不熟悉。」但更明顯的是婚禮禁忌。經過瓦爾佐布山區時，同車的人告訴我，瓦爾佐布人永遠不會與南部的庫洛布人結婚，儘管他們都是山地塔吉克人。

有一句諺語以戲謔的方式道出了這種分裂：「在我們的國家，可沒人閒著：苦盞人統治，庫洛布人守衛，庫爾干秋別人犁地，帕米爾人跳舞。」

杜尚貝複調

1

在塔吉克語裡，「杜尚貝」的意思是「星期一」。這個多少有些古怪的名字，揭示了這座城市的前世：位於阿富汗和布哈拉汗國邊境上，每逢週一開放的集市。

相比赫赫有名的撒馬爾罕和布哈拉，杜尚貝始終默默無聞。一九二一年春天，當布爾什維克挺進這座古國的前哨站時，他們統計出三千一百四十名居民。當他們最終佔領這裡時，還剩下大約三百人。

對蘇聯人來說，杜尚貝如同一塊乾淨的畫布，是亞洲第一座沒有清真寺的伊斯蘭首都。他們以包浩斯風格重新包裝這座昔日的集鎮。一些前衛的建築由德國建築師設計——他們滿懷熱情地來到塔吉克斯坦，希望幫助建立共產主義。後來的設計則較為平民化，但在雄偉山景的襯托下，那些白色的廊柱、精美的浮雕，依然散發出新古典主義的光暈。

當然，花費也是巨大的。塔吉克人蓋房所用的黃泥和稻草派不上用場，當地盛產的白楊和刺柏的木質也太軟，不足以支撐蘇維埃的恢弘。每一根木材，每一塊玻璃，甚至每一顆釘子，都需要從蘇聯帝國的遙遠角落運來。它們被塞進火車，運到烏茲別克斯坦與阿富汗的邊境帖爾米茲，在那裡捆到駱駝身上，再由全副武裝的紅軍戰士護送到杜尚貝。據說，那條山路實在太過崎嶇，以至於每根木料運到杜尚貝後都縮短了一截。

一九二九年，鐵路終於修到了杜尚貝。每一根枕木都是從西伯利亞的森林中運來的。塔吉克人在鐵軌邊排起長龍，觀看由亞美尼亞司機駕駛的第一列火車，駛入嶄新的杜尚貝火車站。那一年，塔吉克斯坦也獲得了獨立於烏茲別克斯坦的蘇維埃社會主義共和國的地位。為了紀念這一事件，杜尚貝被重新命名為「史達林納巴德」——史達林之城。

到了上世紀五〇年代末，杜尚貝的規模翻了四倍，湧入數以百萬計的移民。這些移民中有希臘人、印古什人、車臣人、麥斯赫特土耳其人——二戰期間，史達林擔心這些人與納粹德國合作，於是將他們驅趕到遙遠的中亞。更多的移民則是斯拉夫人，他們來到溫暖的南方，希望碰碰運氣。

杜尚貝的發展尤其受益於德裔移民。在這座城市的南部，至今依然聳立著一座灰色的路德教堂。哥特式的尖頂彷彿是當年五萬多名德裔移民的紀念碑。他們中的一些人來自戰俘營，更多的人則是從俄國腹地被驅逐到這裡的。塔吉克內戰期間，這些移民的後代大都逃離杜尚貝，回到德國。

從相對開放的比斯凱克來到杜尚貝，你會覺得時鐘又向前回撥了數年。即便是一國首都，杜尚貝也給人空氣滯悶之感。我原以為塔吉克斯坦既然這麼閉塞，住宿應該相對便宜。事實不然。杜尚貝幾乎沒有旅遊業：酒店是前蘇聯標準的，但從輝煌時代又衰落了二十年，還維持著令人咋舌的價格。小旅館真的也就是小旅館，只能提供極為有限的設施。

所幸，我在租房網站上找到一個短租公寓。在杜尚貝，這個公寓算得上鶴立雞群。價格有點高，卻是公寓套房，位於中心區域。房東叫安東，會說英語。即便再閉塞的地方，也總有與世界接軌的一小群人——所謂全球化的一代，網際網路的一代。在杜尚貝，這樣的人很寶貴，如同風中搖曳的燭火。

我們約好在中央百貨大樓門口見面。安東穿著牛仔褲和黑色休閒襯衫，袖口挽起來，腳下是一雙時髦的敞口便鞋。他噴了淡淡的古龍水，頭髮很短，但精心打理過，給人一種混跡於大都市的精英人士的感覺。他的英語倒是說得一般，有一種奇怪的口音。不過他很快表示，他其實更習慣說德語。他剛從德國曼海姆大學畢業，之後打算在德國工作。我們一起往公寓的方向走，它就在中央百貨大樓對面。無遮無擋的街上熱浪襲人，社區裡並沒有一棵樹。汽車全停在光禿禿的空地上，就像一塊塊要燃燒的鐵。

「安東」顯然不是塔吉克人的名字，那他是不是俄羅斯裔？

安東告訴我，他的爺爺是被史達林趕到中亞的，他們之前居住在伏爾加河中游地區。在更久遠的年代，沙皇俄國的葉卡捷琳娜女皇（她本人是普魯士小公國的公主）曾把一部分德國人遷徙到伏爾加河流域拓土墾荒，抵抗韃靼人的侵襲。安東說，他的祖先很可能是那時候遷到俄國的。如此說來，兜轉一圈後，安東又要回到德國，只是中間早已相隔數百年，而這數百年間發生了那麼多的災難和苦難。

房子是一房一廳公寓，位於高層，附帶浴室和陽臺。安東向我一一介紹了房間的設施，最後推開陽臺的門。焦灼的熱浪立刻撲進來，但他還是示意我走到外面。陽臺正對著國家博物館。那是一棟前衛的建築，給人一種還沒蓋好就傾倒的感覺。幾年前，那裡是杜尚貝最古老的市場之一——巴拉卡特市場。再遠處是一片土黃色的山脈，形成一道平緩的弧線，籠罩在淡淡的沙塵中。

我問安東是什麼時候買的這套房子。

「三年前，」他說，「當時我有了一筆資金，覺得最好用它置辦點產業——杜尚貝在發展。」

我讚賞地點點頭，不僅僅因為安東的商業頭腦，還因為他的用詞：資金、產業、發展。

我們回到房間裡，關上陽臺門。安東四處環顧了一下，準備走了。

「任何人敲門都別開。」他最後對我說。

我沖了澡，吹了頭，把積攢數日的髒衣服扔進洗衣機。我燒了一壺水，準備泡點茶喝。這時，突然響起敲門聲，很是急促。我想，可能是查水錶之類的。我盡量屏住呼吸，想等敲門人自行離去。然而，那聲音非常執著，沒有猶豫，彷彿確信屋裡有人。

我終於還是把門打開了。不管發生什麼事，躲可不是辦法。一個年輕的塔吉克女人站在門外，穿著碎花連衣裙，滿臉怒氣。看到一個外國人，她大概吃了一驚，也有點不知所措。她不會說英語，於是對我說俄語。我最後終於明白她憤怒的原因：她就住在我的樓下，房間的浴室在不停漏水，而這是我一手造成的。

我向她表示歉意，但也告訴她，我無能為力。我剛住進來，甚至剛到這個國家。最後，我拿出手機，給安東打電話，告訴他這裡出了點問題。女人的怒氣稍微平息了一些，她以防衛的姿勢站在那裡。我問她要不要進來坐坐，她開始沒明白，等明白過來以後，她說不必了。

電梯門哐地打開了，安東滿臉大汗地鑽出來。女人開始連珠炮似的講起塔吉克語——因為還沒怎麼聽過大段塔吉克語，我著迷地傾聽著——安東似乎想爭論和辯解，不過最後放棄了。他衝我招了一下手，讓我跟他一起去女人的公寓看看。

女人房間的格局和我的完全一樣，只是傢俱的擺放位置稍有不同。浴室中央的瓷磚上擺著一個綠色的塑膠桶，正在接納漏水，已經有將近半盆了。安東難以置信地看著那盆水，又抬頭看看房頂，用手按了按。我站在浴室外面，注意到女人家裡很安靜，走廊的鞋架上擺著兩雙高跟鞋，但沒有男人的鞋子。

站在門口，安東承諾儘快找人檢修。女人的口氣也終於柔和下來。我衝她微笑了一下，然後跟著安東上樓。

「你認識這個女人嗎？」

安東撇了下嘴，同時聳了聳肩，答非所問地說：「她要麼離婚了，要麼丈夫在俄羅斯打工。」

「你怎麼知道？」

「這個年齡的女人不可能沒有結婚。不過她住在一房公寓裡，房間裡也沒有男人生活的跡象。我想，她可能離婚了。」

「這裡離婚的人多嗎？」

「大部分男人去俄羅斯打工，然後他們就離婚了。」

我想起了阿麗莎。她也經歷同樣的事。這麼說來，在離婚這件事上，中亞國家倒是頗為類似。

2

意想不到的是，在杜尚貝的年輕人圈子裡，正在流行一種名為「陪你轉轉」的社交活動。

「陪你轉轉」比其字面意義要嚴肅很多，大體相當於兼職導遊，即由熟悉情況的當地人帶你逛逛他們的城市。人們把自己的照片、簡介放到網上，時間則按小時標價。在杜尚貝，不少大學生也在玩「陪你轉轉」，不過大部分人選擇免費：在這個較為封閉的國度，他們可能只是希望結識幾個新朋友，尤其是外國人。

我在「陪你轉轉」上認識了二十二歲的女大學生薩娜芙芭。在塔吉克語裡，「薩娜芙芭」是「冷杉」的意思。我們約在一家波斯風格的茶館見面。這家蘇聯時期的茶館是杜尚貝的地標之一，像一艘巨大的空船，冷眼旁觀這座城市的一切。薩娜芙芭化了妝，穿著黑白條紋的連衣裙，白色涼鞋，束著髮帶。她的眼神明亮，眼珠像某種藍灰色的玻璃珠。她的態度沉著，舉止中看不出緊張。她一直在咳嗽，大概得了熱感冒。

這家茶館倒是呈現了塔吉克人心目中波斯文明該有的模樣。大理石的廊柱，波斯風格的穹頂，只是紅色桌布顯得厚重又難看，反襯出大廳裡的人氣不足。翻開菜單後，我就明白原因了。以本地的消費水準來說，這家餐廳有點貴。

我請薩娜芙芭點菜。她點了櫻桃蜜餞果汁——一種流行於中亞、俄羅斯的冰鎮飲料，又點了兩道俄國沙拉。等菜時，她時而摘下髮帶，時而又戴上，給我的感覺是，她似乎認識到了自己的魅力，只是還不太確定該如何運用它。

所有的菜都出人意料，從裡到外透著不對勁兒，可能是水的問題，敗壞了食物的味道，也敗壞了啤酒。我點的那杯本地產的西姆－西姆牌啤酒，味道真的如同馬尿。薩娜芙芭幾乎沒怎麼動那兩份沙拉。她抿著果汁，不時側過臉，小聲咳嗽。

我喝著啤酒，問起她的家庭。她告訴我，為了躲避內戰，一家人曾搬到西伯利亞住了十年。那個小鎮的名字我從來沒聽說過，它甚至不在西伯利亞大鐵路的沿線上。她家有個遠房親戚在那邊的鋸木廠工作，於是一家人去投奔這位親戚。在鋸木廠，薩娜芙芭的父親找到一份工作。那是當地唯一的工作機會——小鎮上幾乎所有的男性都在那裡度過一生。

薩娜芙芭出生在西伯利亞。在她的童年記憶中，小鎮只有幾排原木屋，冒著炊煙。拓寬出來的土路筆直筆直的，一到冬天就泥濘不堪。然後是大雪、酒鬼……每當電力中斷，母親就在餐桌上點起一根蠟燭。

相比那些滯留在杜尚貝遭受戰亂的人，薩娜芙芭一家算是幸運的，但其實他們是另一群流離失所的人，是蘇聯解體後歷史演變的一部分。當政治的瘋狂爭搶過後，終於出現了某種穩定局面，一家人在二〇〇一年回到了塔吉克斯坦。

我問她更喜歡哪裡，西伯利亞還是杜尚貝？

「杜尚貝，」薩娜芙芭肯定地回答，「這是一座美麗的城市。」儘管她住在杜尚貝的郊區，為了和我見面，坐了將近一個小時的小巴。她以後會去俄羅斯嗎？就像很多塔吉克人一樣。

不，她不想去俄羅斯。她的理想是生活在杜尚貝，找一份工作。「我受過教育，我會說英語，我想找一份可以和外國人打交道的工作。」薩娜芙芭說。

「你可以做PR。」

她沒聽過這個詞。

「公共關係。」我說，「就跟『陪你轉轉』差不多，只是你代表公司，而不是你自己。公司會付給你錢。」

「有這樣的工作嗎？」

「是的，你沒聽說過？」

「沒有。」她俏皮地一笑，認為我在騙她。

她的手機響起來。她拿起來看了一眼。我這才發現她有點輕微的斜視。她對著手機說塔吉克語，語速很快。過了一會兒，她掛掉電話，臉上有點不安。

「是我媽媽，」她說，「她問我在哪裡。」

「她不知道我們見面？」

「我沒有告訴她。她不會同意我單獨和外國人出去。」

「她也不知道你玩『陪你轉轉』？」

「她知道了會罵死我。」

按照薩娜芙芭的說法，她的家庭算不上虔誠的穆斯林，但還是維持傳統價值觀。比如，母親不准她婚前發生性關係，甚至不准她談戀愛——儘管學校裡有不少男生對她表示了好感。

「那你如何拒絕他們？」我問。

「我直接告訴他們，我不會談戀愛。」

「不談戀愛怎麼結婚呢？」

「我會按照傳統的媒約方式結婚。」

「你心目中的丈夫是什麼樣的？」

「關心我、有責任心、熱愛工作。」

「你覺得通過媒約能找到這樣的男人？」

「當然。」對於這一點，她顯得很有把握。

「你要不要回家？省得媽媽擔心。」我招手示意買單。

「下次見面，我可以帶我的朋友一起嗎？」

「你的朋友？」我請薩娜芙芭介紹一下她的朋友。

她叫阿努莎，是薩娜芙芭的鄰居。今年二十二歲，已經離婚，還有一個兩歲大的兒子。她在自學英語，但沒機會練習。她和薩娜芙芭之間倒是經常說英語，不過「說著說著就會笑場」。

薩娜芙芭拿出手機，給我看她朋友的照片。她很年輕，穿著傳統塔吉克服飾，戴著頭巾，但像伊朗女人那樣流於形式，露出了前額和頭髮。

「她挺漂亮的。」

「下次我叫她一起來。」薩娜芙芭說，「我會跟我媽媽說，我們出去逛街了。」

3

魯達基公園位於市中心的魯達基大道旁，有規劃整齊的花壇和噴泉，是杜尚貝最讓人舒服的地方之一。魯達基是波斯人，但被認為是塔吉克文學的奠基者。他發展了民間流行的兩行詩（巴伊特）和四行詩（魯拜）的形式，為波斯的古典詩歌奠定基礎。十二世紀的作家說，魯達基寫過一百多萬行詩，但今天只有不超過兩千行詩作流傳後世。

年輕時，魯達基以歌手的身份馳譽澤拉夫尚河流域，後來成為薩曼王朝的宮廷詩人。他的詩作不僅歌頌自然、青春和愛情，也辛辣地諷刺了一種日落山河的帝國文化：統治者奢侈享樂、勾心鬥角，而他們的領土即將落入外族之手。

魯達基晚年遭受挖眼酷刑，繼而被逐出宮廷，在貧困潦倒中死去。半個世紀後，薩曼王朝便被推翻——突厥民族摧毀了薩曼王朝最偉大的國王伊斯瑪儀・薩馬尼建立的功績，並在隨後的幾個世紀裡徹底征服中亞的塔吉克人。

薩曼王朝的首都在今天的布哈拉，薩馬尼國王的陵寢也在那裡。在薩馬尼治下，薩曼王朝最終擺脫阿拉伯人的控制，成為橫跨中亞和伊朗的大帝國。對塔吉克人來說，薩馬尼的地位如同帖木兒之於烏茲別克人、瑪納斯之於吉爾吉斯人。在這套話語體系裡，薩馬尼的時代被宣佈為塔吉克人（以及所有波斯人）的黃金時代，是他們在政治、文化和經濟成就上的一個高峰。你會發現，波斯文明的中心也微妙地向東移動，塔吉克的部分得到放大。與此同時，對突厥—蒙古侵略者進行了顯而易見的抨擊。

薩曼王朝的統治對整個波斯文明都意義深遠。它不僅促成波斯人信仰上的全面伊斯蘭化（他們此前信奉拜火教），也完善了以阿拉伯字母為基礎的波斯語書寫系統。今天，伊朗人和阿富汗人依然沿用阿拉伯—波斯字母，只有塔吉克人因為蘇聯的統治，改用西里爾字母。這就造成一種尷尬的局面：在口語方面，塔吉克人可以與波斯兄弟們無礙交流，但書面語不行。走在魯達基公園裡，我突然意識到這樣一個事實：除非和我一樣閱讀翻譯作品，否則塔吉克人同樣無法看懂魯達基的詩歌。

在談到薩曼王朝被突厥民族推翻時，一位塔吉克政治家寫道：「在這場可怕的屠殺中倖存下來的塔吉克人，永遠不會忘記他們歷史上的悲慘事件。」不過，這只是一種話術、一種修辭，想藉此賦予塔吉克人一點猶太民族在他們自己歷史中找到的那種悲愴感。相比一個王朝的覆滅，文化根基的喪失更加悲慘。

塔吉克人原本還有可能在俄國的文化傳統中另闢一條新路，但是隨著蘇聯解體，塔吉克斯坦獨立，這種可能性最終也消失了。於是，塔吉克人發現，他們如今在用俄國人的字母拼寫波斯人的文字。結果是除了他們自己，再沒有人能夠理解他們。在這個封閉的山國，他們只好任由宗教情緒和部族仇恨不斷發酵，直至最後的攤牌。

第一起嚴重騷亂發生在一九九〇年二月。當時有傳言稱亞美尼亞難民將被安置在已經住房短缺的杜尚貝。人們走上街頭，憤怒抗議，局勢逐漸失控，而當時整個蘇聯也已經風雨飄搖。一九九一年九月，塔吉克斯坦宣佈獨立，魯達基公園附近的列寧像成為中亞地區第一座被推倒的列寧像。

在老照片上，我看到了當年的情景——讓人想到後來伊拉克人民推倒海珊的雕像。無事可做的男人們一臉仇恨，他們舉著拳頭，喊著口號，彷彿在進行一場遊戲，只是沒人相信這場遊戲會有任何嚴重的後果。隨後，塔吉克爆發內戰，成為蘇聯解體後唯一爆發內戰的中亞國家。杜尚貝更是上演了令人瞠目的殺戮。五年的內戰被證明是災難性的：它不僅摧毀了塔吉克人的生活，也讓這個國家變得滿目瘡痍。

在魯達基公園裡有一根巨型旗杆，是為紀念國家獨立二十周年而建。旗杆高一百六十五米，國旗本身重達七百公斤，因而很難呈現那種高高飄揚的姿態。不過，這倒更像一種無力的宣示，精確地代表了一種挫敗：二〇〇〇年民族和解進程結束時，塔吉克的實際GDP

僅為一九九一年的百分之三十九點二；獨立二十年後，它還沒有恢復到獨立初期的水準。

在那個酷熱無風的下午，我在國旗杆下遇到一個叫「幸運」的大學生。他攔住我說：

「哥，我給你免費當導遊？我正在學漢語！」

4

二十一歲的幸運長得又高又瘦，臉上有青春痘殘留的痕跡。他穿著西裝褲和襯衫，像個還沒出道的業務員。我感覺自己無法拒絕他：一個給自己起名「幸運」、想練習漢語、還管我叫哥的人。

幸運出生在一個普通的杜尚貝家庭，有一個哥哥和一個姊姊。蘇聯時代，父親當過杜尚貝的巡警。幸運說，這是員警的初級職位。內戰爆發後，杜尚貝先是被反對派攻佔，又被政府軍收復。幸運的父親討厭街上的暴亂，於是辭職回家。他在家裡待了幾年，靠積蓄和小買賣維持生活。一九九七年，塔吉克政府和反對派簽署了和平協定，幸運在那一年冬天出生。第二年，幸運的父親決定出去闖蕩。他跟一位兄弟去了俄羅斯南部的克拉斯諾達爾，先當保安和開門人，等攢了一筆錢後，就開了一家雜貨鋪，主要賣塔吉克的乾果。

在俄羅斯，幸運的父親一幹將近二十年。其間，父親的兄弟得病去世，幸運的哥哥被叫過去頂差。父親自己後來也得了病，身體越來越弱。最後，父親回到杜尚貝，讓幸運的哥哥和嫂子留在那裡看店。幸運說，現在他的父親變得沒什麼精神。他做的事情越少，精神就越萎靡。他抱怨在杜尚貝找不到活兒幹，實際上他只是提不起興致。一家人靠幸運的哥哥寄回來的錢生活，日子過得很拮据。

幸運現在已經離開家，搬去和姊姊一起住。姊姊大他十歲，結過婚。五年前，姊姊的丈夫也去俄羅斯打工，從此音訊全無。按照幸運的說法，他的姐夫應該是在俄羅斯重組了家庭。幸運的姊姊沒有再婚，沒有抱怨，只是不再提起那個男人。她平時接些裁縫活，希望以後開一家自己的裁縫店。幸運說，姊姊的手藝相當好。上一次，他在魯達基公園的步道上攔住一個中國女人，免費當導遊，練習中文。最後，那個女人買了幸運姊姊做的兩條裙子。

我問幸運，會不會去俄羅斯打工？他說不會。他不喜歡俄羅斯，他更不願意做塔吉克人在俄羅斯一般會做的那些讓人瞧不起的職業。

「美國呢？」

「我絕對不會去美國！」

「為什麼？」

因為女朋友。幸運剛和交往兩年的女朋友分手，之前連吻都沒接過。女朋友的叔叔在美國，是個生意人。和幸運在一起時，她總把美國掛在嘴邊。她的人生目標就是去美國。她似乎從來沒考慮過幸運或者兩個人的未來。幸運很生氣，感到自己被忽略了。他就像河床上一艘擱淺的小船，無處可去，女朋友卻是大海裡有固定方向的航行者，神氣活現。

或許，在女朋友面前，幸運感到了自卑。他開始學習中文，作為一種對抗。如果女朋友要去美國，那麼他就決定日後去中國：留學，賺錢，出人頭地——我多少能夠理解這種賭氣的心態。

幸運先是自學，隨後又報讀了孔子學院。他準備以後參加漢語能力考試。他說，一旦通過考試，他就有可能申請到中國大學的獎學金，還有每月兩百美元的補助——他是這麼聽說的。

幸運想賺錢，覺得這裡沒有機會。他的口頭禪是「我被困在這裡了，哥！」，以表達他的無助。很多時候，我覺得他說得沒錯。但我只是說，你還年輕，還沒跨越那道「陰影線」——這是約瑟夫・康拉德說的，你感到煩悶、厭倦、不滿、迷茫，這是生活中必將來臨的那個時刻。

幸運說他從沒聽說過康拉德。他是什麼人？

「一個作家，波蘭裔英國人。」

「我喜歡閱讀，可是杜尚貝連個像樣的書店都沒有。」

我也發現了這點。魯達基大街上的那家書店裡沒什麼有價值的書，空氣中飄著塵土的味道，而且無人問津。

這時是下午三點鐘，又乾又熱，我感覺自己就像一塊饢坑烤肉。幸運問我想去哪裡，我想了想說，去城市南邊的薩科瓦特巴剎附近。那裡遠離市中心，是杜尚貝的平民區。我們可以去那裡隨便轉轉，然後找個地方坐下來。

「為什麼去那裡？」幸運問。

我告訴他，我正在看一本叫《死亡商人》的書。那本書講了杜尚貝最傳奇的人物──維克多．布特。他是前格魯烏少校，蘇聯解體後成為軍火販子。他向塔利班和蓋達組織提供武器，也為非洲內戰輸送軍火。他就在杜尚貝的平民區長大，父親是一名汽車修理工，母親是一名簿記員。他靠聽ABBA樂團的歌曲學會了英語，後來又掌握了七八門語言。我告訴幸運，我想感受一下布特成長的氛圍。

幸運不太理解我到底想幹什麼。不過沒關係。他想跟外國人泡在一起，緩解「被困在這裡」的焦慮。他說，他願意跟我一起去，去哪兒都行。

我們走到魯達基大街上的公車站，等待巴士。可是，杜尚貝正在推廣公車刷卡制度，沒有卡的人就算交錢也不行。我們只好改坐可以付現金的黑車。在這裡，公車運輸能力不足的問題十分嚴重，黑車產業應運而生。每當這些黑車經過公車站時，司機就像拈花微笑的佛陀一樣，比劃一個數字手勢。開始，我以為那只是打招呼。不過，幸運說，其實那手勢是一個暗號，代表這輛黑車的行駛線路──與這個數字的公車相同。

我們上了一輛黑車，奔向薩科瓦特巴剎。我發現，越往城市的週邊走，杜尚貝就越是顯出不同的面貌。我所住的市中心，還有些高大、氣派的建築物，但現在整個天際線的規模都變小了。在魯達基大街上，我還能看到一些在附近上班的人，穿著不錯的衣服，但在這裡，階層開始向下移動。

有些路段在施工，柏油開綻，塵土飛揚。公園正在整修，大樹被連根拔除，癱倒在地。幸運說，杜尚貝的新市長是總統的兒子。他有野心，有氣魄。一些蘇聯時代的建築已經拆除，準備為接下來的城市升級留出空間。不過現在，我還看不出有什麼端倪，整片區域在午後的烈日下光禿禿地暴露著。

在薩科瓦特巴剎後面的一條馬路，我們下了車。周圍都是走動的人群，穿著樸素的衣服。和我一樣，他們也在閒逛，或者忙著一點小事。道路另一側的樹木擋住了一片蘇聯風格住宅區。陽臺上晾曬著衣服，豎著白色的衛星電視接收器。淡黃色的牆面已經開裂，有些地方補上了水泥，有些地方則暴露出磚頭。我們路過巴剎外的一個小酒館。所謂小酒館，只是在牆上開了個洞。我和幸運還是決定在洞外坐坐，喝兩杯西姆—西姆生啤。

環顧四周時我想：所以這就是維克多．布特成長的舞臺了。在這樣的環境裡成為一個國際軍火販子，多少有些令我覺得不可思議。一九九一年，也就是蘇聯滅亡之年，布特開始創建自己的帝國。他狡黠地利用了當時政治和經濟上出現的真空：當臃腫的蘇聯機隊突然喪失供血，從聖彼得堡、海參崴到中亞的杜尚貝，數百架笨重的老安東諾夫和伊留申貨機被遺棄在機場和軍事基地，飛機的輪胎磨損，機架破舊，還用金屬片和膠帶打了補丁。利用格魯烏的關係，布特弄到了這些飛機，權勢人物則得到部分包機費用。布特搬到阿拉伯聯合大公國的沙迦，創辦了航空貨運公司。很快，他就住進了一幢寬敞的海濱別墅。

他需要錢，熱愛錢，也毫不掩飾。他往返於非洲、中東和前蘇聯輻射下的曖昧角落，將蘇制武器運送到那些禁運的地方。他並不是隱形人，他知道怎麼處理自己的形象。他沒有局限在他的出生之地——那裡是如此封閉、停滯。在接受西方媒體採訪時，他甚至不時拋出一些聳人聽聞的材料。在《紐約時報雜誌》的採訪中，他曾半開玩笑地說：一天早上醒來，他發現自己在美國的通緝名單上成了僅次於奧薩瑪．賓．拉登的人物。布特與塔利班和蓋達組織的關係，倒是得益於他的杜尚貝出身。塔吉克內戰爆發後，一方是庫洛布人、希薩爾人和苦盞人組成的「人民陣線」，另一方是蓋爾姆人和帕米爾人組成的「塔吉克聯合反對派」。反對派率先攻佔杜尚貝，推翻政府，佔領總統府和廣播電視臺。但是，在俄羅斯和烏茲別克軍隊的幫助下，「人民陣線」又逐步收復了失地。反對派中的伊斯蘭極端分子逃到阿富汗，受到塔利班和蓋達組織的庇護。正是通過這些同胞的牽線，布特開始為阿富汗輸送軍火。

坐在小酒館的外面，我不時看到有男人走過來，簡單地說上一句什麼。這時，老闆就會有點緊張地從櫃子下面拿出一瓶劣質伏特加，倒上一杯，遞給對方，然後再把瓶子藏回去。他拿起一把水果刀，在髒兮兮的案板上切兩片黃瓜、兩片番茄，撒上鹽，再配上一段蔫頭蔫腦的小蔥——這就是給客人的免費下酒菜。那些男人全都用俄國人一口乾的方式喝酒，喝完後就發會兒呆，然後面無表情地離去。劣質伏特加一定灼燒著他們的口腔和食道，但或許這正是他們所需要的刺激。

又有兩個男人進來，懷裡抱著黑皮包。當老闆鬼鬼祟祟地倒了兩杯酒後，他們沒有喝，而是從黑皮包裡掏出證件，在老闆面前晃了晃。幸運說，他們是執法人員，來這裡檢查無證私售烈酒的行為。兩個男人轉到櫃檯後面，把藏在底下的伏特加、白蘭地和威士忌一一取出。那些酒都是便宜的本地牌子，大都半空了。其中一個男人開始在一張單子上寫著什麼，隨後老闆交納罰款。遭到沒收的烈酒大概就歸兩個男人所有了。一番洗劫後，兩個男人夾著皮包，提著一袋酒瓶子走了。老闆鬆了口氣，臉上沒有憤怒，也沒有失望。某種程度上，執法人員和小商販之間是一種共生關係。前者罰款，但不會置後者於死地。在交納了「保護費」後，老闆在下一次暗訪前可以稍微放心地賣酒了。

我問老闆是哪裡人。

通過幸運的翻譯，老闆告訴我，他是蓋爾姆人。

我提到內戰，因為我知道蓋爾姆是內戰時被蹂躪最嚴重的地區。老闆神色驚訝，沒想到我對內戰還有所瞭解。對他來說，那是一段心痛的記憶，不是外人能夠真正理解的。

老闆說，他的弟弟死於內戰。

「他是反對派的士兵嗎？」

「不，他是在街上被人打死的。」

「哪裡？」

「就在這裡，杜尚貝。」

反對派控制首都時曾把庫洛布人、烏茲別克人甚至俄羅斯人作為目標，而當「人民陣線」收復失地後，他們就以「大清洗」的方式發動報復，隨意處死碰到的蓋爾姆人和帕米爾人。

「你為什麼來杜尚貝？」

「這裡能掙到錢。」

——他指的就是現在幹的工作嗎？

就在這條路前面不遠處——那兩個便衣執法人員剛才走過的地方——有穿著橘色背心的老人推著大型三輪車送貨，有胳膊綁著繃帶的男人捏著一罐能量飲料，有戴頭巾的女人挎著籃子按根出售走私香菸。這一切都一覽無遺：在表面之下，人們的情緒和需求、希冀和期望強烈地跳動著。

5

薩娜芙芭發來她朋友阿努莎的電話，說她倆隔天中午可以和我見面。地點是一家叫作「梅爾維」的土耳其餐廳。到了見面那天，薩娜芙芭又說，她的朋友會先「過來」（going to cum first）。我想，她大概是把come打成了cum，也就沒把可能的誤會放在心上。

我下樓，穿過陽光炙烤的柏油馬路，站在路邊，準備打車。此時，離約定時間還有一會兒。薩娜芙芭再次發來短信，說阿努莎已經到了。

「你在哪兒？」她問。

「在中央百貨商店門口，還沒叫到車。」

「她說沒有看到你。」

「我還沒到餐廳。」

「她cum！cum！」

「請她先坐，我馬上到。」

「她已經cum！cum！」

我終於打到一輛黑車，心裡感到困惑：薩娜芙芭的朋友為什麼這麼火急火燎？可是，當我走進梅爾維餐廳，卻沒看到阿努莎。大廳裡只是零星坐著幾桌人，男人全都大腹便便，女人則戴著頭巾，像是家庭聚餐。桌子上鋪著塑膠桌布，擺著分量十足的土耳其菜，還有大玻璃瓶裝的優酪乳。

我給薩娜芙芭發消息：「我到餐廳了，可沒看到阿努莎。」

「她cum！cum！」

「她在哪兒？」

「cum！cum！」

一個陌生的電話打了進來，裡面傳來一個女人憤怒的聲討，聲音很尖，像鐵鏟刮過鍋底。我聽不懂她在說什麼，但聽出她在發脾氣。接著是薩娜芙芭的電話，譴責我得罪了阿努莎：「你為什麼要耍她？她現在非常生氣！」

我究竟做了什麼？我告訴薩娜芙芭，我已經到了梅爾維餐廳，就在這裡等她們。我找了個位子坐下來，要了一小杯土耳其紅茶，一塊蜂蜜果仁做的「巴克拉瓦」。我又瀏覽了一遍我和薩娜芙芭的簡訊：那麼多「cum」，那麼急切。

我喝了兩杯紅茶，薩娜芙芭和阿努莎才走進來。因為等不到公車，她們打了車。我為讓她們多付了錢感到抱歉。薩娜芙芭還穿著上次的衣服，不過咳嗽已經好了。阿努莎穿著入時的塔吉克服飾：紅色長袖連衣裙，繡著深藍色的傳統圖案，淡黃色的頭巾裡面是梳得很高的髮髻。她說話的聲音緩和了下來，不像剛才那麼憤怒。

我問：「我們是不是有什麼誤會？」

薩娜芙芭說：「阿努莎一直在中央百貨商店等你，你卻不理她。她當時很生氣。」

「你不是說她已經來餐廳了？」

「我說的是中央百貨商店！」

我終於明白是怎麼回事了：她一直想說「中央百貨商店」（TSUM），可卻打成「cum」。我拿出手機，給薩娜芙芭看「cum」這個詞的意思。她倆的臉騰地紅了。誤會終於化解，可我還是感到抱歉。我點了幾道分量很大的土耳其菜，結果根本沒吃完。阿努莎要提前離開。

阿努莎說，她在一家婚禮公司工作，負責給新娘化妝。她一會兒要去庫洛布，籌備一場婚禮。公司沒有車，她只能自己去車站坐車。路程不算遠，單程三個小時。公司也沒錢讓她住旅館，她晚上住在新娘家裡。婚禮結束後，第二天早上再坐車回來。

薩娜芙芭說，阿努莎本來不會接這個活兒，怪只能怪我沒給她打電話。「我給了你她的電話號碼，你卻沒有打給她。」

「我不知道還要給她打電話，」我解釋道，「我以為我們已經說好了吃飯。」

薩娜芙芭平淡地一笑，沒再說話。也許，我應該更委婉一些。

吃完飯，阿努莎趕往車站。薩娜芙芭說她打算去中央百貨商店。我告訴她，我準備去帕米爾，然後從那兒的陸路回中國。

「帕米爾？」她眉毛一揚。

「對，你去過嗎？」

她沒去過帕米爾——那裡太遠，也太危險。分別時，她祝我「好運」。

我想起了幸運，覺得應該告訴他一聲。沒想到他馬上就打來電話，說我們晚上得見一面，告個別。

6

我們去了魯達基大街上的一家德式酒吧。那天是週五，酒吧的露天座位幾乎坐滿了人，儘管這裡週六也要上班。穿著白襯衫的侍者走過來。我們點了兩杯啤酒。

「就這些？」

「對。」

侍者不置可否地走了。

我向幸運講了我和薩娜芙芭吃飯的事情。幸運說，這沒什麼可奇怪的。在塔吉克斯坦的語境下，我當初答應一起吃飯，就相當於承認我對阿努莎「有興趣」。因此，我應該在約會的前一天，主動給她打電話。

「是這樣嗎？」

「當然！你搞砸了，哥！」

「不過我並沒有那方面的興趣。我只是想認識一些人。」

「為你的書積攢材料？」幸運說。

「算是吧。」

「你會在書裡寫我嗎？」

「也許。」

「不要寫我被困在這裡！」

「你在學中文，將來會去留學，你不會困在這裡。」

「我小時候學俄語，後來學英語，現在又學中文。我的人生太艱難了，哥！」

「想想你將來就能掙大錢了！」

「每天都在想。」

「如果有了一大筆錢，你會用來做什麼？」

「見莎布娜米．蘇亞悠。」

「她是什麼人？」

「塔吉克最著名的女歌手，我的女神。」

「聽過她的現場嗎？」

「當然！當時，我所有的積蓄只有六十美元，可還是花了五十美元買了一張門票。不過那只夠我站在比較靠後的位置。」

「所以看不清，也摸不到？」

幸運笑起來：「我會永遠記住你這句話的！」接著，就像吐露秘聞似的，幸運告訴我，他聽說與蘇亞悠「幽會」一次需要三千美元。

「多長時間？」

「一小時。」

「她會為了三千美元和別人幽會？」

「我想會的。」

「我覺得不會。你說了，她是這裡最著名的歌手。」

「那又怎麼樣？三千美元一個小時啊，那可是一大筆錢。」

「她是歌手，不是妓女。」

「在這裡，有錢的話，你說了算！」

「那你努力吧！」

可能因為是黃金時間，我們坐在露天的好位置上卻沒點吃的，侍者走來走去招呼別的客人，始終沒給我們端來啤酒。我們催了兩次，但那位狡黠的侍者不為所動。他不知道，我原本打算給他一筆豐厚的小費。現在，我建議我們自己去吧檯，把啤酒端過來。

「哥，你不能自己去拿！」幸運急著阻止我，「那會讓我們顯得像是服務生。我不想做這種低級職業！」

我沒想到幸運心裡其實有那麼多「條框」和「等級」。我突然意識到，當他說「我被困在這裡」的時候，他的痛苦可能遠比我所能理解的多。

我去吧檯把酒拿了過來。坐下後，我們轉變了話題。他問我去帕米爾的事，驚嘆於我即將開始的歷險。他突如其來地表示，他想管姊姊借一筆錢，跟我去帕米爾旅行。他從沒旅行過。

我告訴幸運，這是不明智的。帕米爾很貴，可能是世界上旅行最貴的地方。因為沒有公共交通，很多時候只能租四驅越野車。不應該把錢浪費在這種事上。

「為什麼不？」他沮喪地說，「我生在這個國家，可我沒去過帕米爾，沒去過苦盞。我哪兒都沒去過！」

「有機會去的。」

「什麼時候？」

「以後。」

他不再說話，低頭喝酒。然後，他站起來，走向吧檯，又拿著兩杯啤酒回來，臉上閃著酒後的紅暈。他年紀尚小，還沒怎麼體驗過酒精的偉大，也不知道酒精同樣可以摧毀一個人的生活。

喝完兩杯酒，我們離開了這家酒吧。夜晚的杜尚貝空空蕩蕩，路燈把我們的影子拉得很長，又被樹影刺穿。

我們經過一個俱樂部，裡面隱隱傳來有節奏的音樂聲。幸運說，他的女朋友在這裡慶祝過生日。當時，他們已經在分手的邊緣，所以他沒去。「我不喜歡這種地方。」他說。

但我知道，這只是一個傷心大男孩的倔強。我買了兩張門票，拉著幸運進去。偌大的舞廳裡，只有四個外國人在跳舞。燈光閃爍著，播放著俄羅斯的夜店舞曲。表演臺上是一個穿比基尼的金髮姑娘。她正倒掛在一根鋼管上，舒展大腿。

看著那幾個外國人，幸運大聲對我說：「我真的喜歡這些美國人，他們隨心所欲，想幹什麼就幹什麼，從不在乎那麼多。」

「那些不是美國人，」我說，「你想跳舞嗎？你現在不也可以跳舞嗎？」

我把幸運推進舞池。他穿著西裝褲和襯衫，開始還有些扭捏，但很快就放飛了自我。他高舉著胳膊，搖晃著腦袋，臉上帶著微笑。認識他以來，我第一次見到他這麼放鬆。

現在，臺上的舞女穿著紅色高跟鞋走了過來。她看上去比臺上蒼老一些，畫了很濃的眼影。她倚在吧檯上，要了一瓶礦泉水，擰開，小口地喝。

「你叫什麼？」

「瑞塔。」

「俄羅斯人？」

對，她從莫斯科來。

「為什麼會來杜尚貝？」

「在這裡工作三個月，下一站是土耳其。」她說，「我喜歡土耳其，說不定會留在那裡。」

「我也喜歡土耳其。」

「你是哪裡人？」

「中國人。」

「我覺得你不是中國人。」

「那我是哪裡人？」

「你是哈薩克人。」她瞇著眼，審視著我。還是第一次有人把我當作哈薩克人。

「說兩句中文聽聽。」她說。

「說什麼？」我換成中文。

「隨便說兩句。」

我說：「現在，你覺得我是中國人了嗎？」

「好吧，」她點點頭，「你是中國人。」

她告訴我，她以前在廣州待過兩年，和一個中國人同居，生了一個孩子。現在，她一個人帶孩子，靠跳舞為生。

「你住在杜尚貝嗎？」

「算是吧。」我說。

「有一個在杜尚貝大使館的日本人，經常請我吃壽司。你會請我吃中餐嗎？我很久沒吃中餐了。」

「沒問題，下次請你。」

「你騙我。」她看著我說，「你根本不住在杜尚貝。」

當我和幸運離開俱樂部時，門口停了幾輛要價昂貴的黑車。幸運說，他可以走到某條主幹道上，那裡有可以和他拼車的人。

「你會再來杜尚貝嗎，哥？來看我。」分手前，他問我。不過，還沒等我回答，他就自己搖了搖頭，彷彿想甩掉身上無以化解的失落。他轉頭看了看周圍，看了看這座夜幕下的城市——這個他困守其間渴望逃離的地方。

從帕米爾公路到瓦罕山谷

1

我啟程前往帕米爾高原，但此事並不容易。塔吉克斯坦只有一家飛帕米爾航線的航空公司，運營狀況一塌糊塗。網路上為數不多的評論都說，由於天氣原因或者技術故障，這趟航班常常推延或者取消。

此外，還有別的問題。飛帕米爾的都是一些老舊的蘇聯窄體飛機，只有兩排座位，引擎聲像雷鳴一樣，機翼幾乎就擦著山尖起降。在高處俯瞰群山，固然愜意，但我同時也感到，危險係數太高了——高到和玩俄羅斯輪盤賭差不多。

於是，也就剩下那個累人但還算有保障的辦法——也是當地人的辦法——合乘四驅越野車。如果一切順利，這將是一趟十六到二十小時的跋涉——沿著與阿富汗相鄰的帕米爾公路，沿著終將流成阿姆河的噴赤河谷。

我向安東、薩娜芙芭和幸運打聽去哪兒坐車，他們竟然都不知道。後來，安東又問了一位朋友，這位朋友的某個親戚是一家汽車修理廠的老闆。安東說，這個老闆知道車站在哪兒——那些開帕米爾長途的司機，經常去他的廠裡修車。這件事透露出在塔吉克斯坦打探消息的門道，也透露出這樣一個事實：沒有什麼比去帕米爾高原本身，更能反映出帕米爾高原的隔絕了。

清晨，巴達赫尚車站已是一派忙碌熱鬧的景象。十幾輛四驅越野車雜亂無章地停在一片空地上，司機正忙著把旅客的行李牢牢地綁到車頂。

我以為自己來得夠早，但是當地人顯然更早。那些狀況較好的車上已經堆滿行李，較為舒適的前排座位也給人佔了。這裡的車奉行「滿員即走」原則，其中一輛車上還有一個空位。那是後車箱改成的一排座位，能擠三個人，現在還剩中間那個位子，但我不覺得自己有本事在那道縫兒裡度過二十個小時。

為了盡量舒服，我只好找了一輛空車。空得自有道理。這輛帕傑羅看上去好像經歷過一場「涅槃」，除了帕傑羅的標誌，大概所有零件都換過了。司機穿著條紋T恤，留著兩撇鬍子，也和他的愛車一樣老舊。

我佔了副駕駛的位置，說好了價格，把行李箱扔到車頂。然而，半個多小時過去了，仍然只有我一個乘客。其他越野車紛紛上路，剛才還一派盛景的停車場漸露蕭條的本質。我有點擔憂地問司機，今天會不會走不成了？對此，司機倒是顯得胸有成竹。他說，一小時之內，我們准能出發。

附近有一家灰撲撲的餐館，擺著一些髒兮兮的塑膠桌椅。我無處可去，只好在那裡消磨時間。我吃了一塊饢、兩個煎蛋、一根香腸，還喝了一點紅茶。我小心地看著時間。司機說得沒錯，等我結完賬出來，帕傑羅旁果真又多出幾名乘客。

其中一個女人三十多歲，一頭金髮，穿著牛仔褲和T恤衫，斜挎帆布包，正用俄語和司機熱烈交談。我覺得她是乘客裡最洋氣的一位，後來就和她搭上了話。她叫札莉娜，是一家國際愛滋病NGO的雇員，會說英語。她這次要去帕米爾地區的首府霍羅格，為當地建立愛滋病檢查點。

札莉娜告訴我，由於和阿富汗共用漫長的邊境線，塔吉克成為毒品走私的重災區。阿富汗的海洛因從塔吉克斯坦進入中亞，再沿著帕米爾公路前往俄羅斯和歐洲。因此，很多人把帕米爾公路形象地稱為「海洛因公路」。札莉娜說，根據現有的統計，塔吉克約有十萬名因吸毒而感染愛滋病的人，但真實資料顯然比這更高。

「比如帕米爾地區，由於靠近阿富汗的罌粟產區，有很多吸毒者。可當地的醫院沒有設備進行愛滋病檢查。這些人又沒錢來杜尚貝。很多人染上病卻不知道，這給愛滋病的控制帶來很大的隱患。」

一邊說話，札莉娜一邊用鞋尖玩著地上的小石子，又從帆布包裡抽出一根香菸點上。煙霧順著她的指尖，四下飄散。

「所以，你去帕米爾幹什麼？」她問我。

「旅行，」我說，「然後打算從帕米爾回國。」

「一個人旅行很艱苦，你應該找個人陪你一起。」

「我倒是想，可是沒人願意去帕米爾旅行。」

札莉娜微微一笑：「如果不是工作，我也不會想去帕米爾。不過路上的風景確實壯美，我們會沿著阿富汗的邊境走。」

此時，停車場已經快空了，我們的車也只剩下最後一個位子。司機把菸頭摔在地上，踩滅，向我們招了一下手。我們坐上車，開出停車場，隨後又開進加油站。再次上路後，路邊有人拍氣球似的招手，司機停了下來。是一個十一二歲的小姑娘，獨自搭車。這樣，最後一個位子也填上了。我們離開杜尚貝，向著帕米爾高原出發。

杜尚貝至庫洛布一段的公路品質很好，因為是中國援建的，一條隧道的洞口上寫著紅色漢字「自由隧道」。極目所至，土黃色的山丘跌宕起伏。我們的車時而上坡，時而俯衝進入較為開闊的谷地。不時可以看到散落在山上的黏土磚房以及星星點點的黃綠色田地。

我們經過一片碧綠色的湖泊，像在全是男人的房間裡，突然出現一個漂亮女人。湖泊一側的岩壁上修築了涼亭，裡面是一張張塔吉克人喜歡的木榻，鋪著大紅色的坐毯。

札莉娜說，這裡是努列克水庫，是杜尚貝人鍾愛的度假地。人們可以坐在涼亭裡吃飯、飲酒，還可以在湖上乘坐快艇。不過，那天並非假日。我們經過時，水庫四周沒什麼人，涼亭裡空空蕩蕩。過了水庫之後，大地又恢復了那種男性化的單調感。

這裡的確算是山區，可是道路上還算繁忙。路邊不時出現販賣雜貨的小店，也有趕著毛驢的農民，拉著高高堆起的柴火。路上的警察特別多。每次，我們都會被招手叫停。每次，司機都會掀開儀錶板上的一塊小心折好的淡粉色毛巾，裡面是一摞整整齊齊的鈔票。每次，他都以精準的手法，抽出一筆錢，交給員警。札莉娜說，那差不多相當於三美元——不多不少。

兩個小時內，我們一共交了九次錢。只有一次，兩個員警實在相隔太近，司機放下窗子，摀著胸口真誠地抱怨：「剛交過啦！」於是，那個警察就揮揮手，放我們走了。

通過札莉娜的翻譯，司機問我：「在中國要給警察錢嗎？」

我說：「一般不用。」

司機說：「在這裡是要給的。這是塔吉克的傳統。警察也要養家糊口。」

說這話時，司機的表情並沒有任何不滿，口氣中甚至還帶著幾分理解。警察相信，憑他們的制服，索取是名正言順的事。司機大概也這麼認為。

我想起之前看過的一本書，說要給予警察自由腐敗的空間。因為，「工資這麼少，他們必定會意識到腐敗不僅可以接受也是必須的。然後他們會加倍效忠於政權：首先，他們會感謝政權給他們斂財的機會；其次，他們會明白，如果他們三心二意，將很可能失去特權並被檢控。」

我們在庫洛布停車吃飯。這裡是塔吉克的第三大城市，總統拉赫蒙的故鄉，也是阿努莎幫人家籌辦婚禮的地方。歷史上，庫洛布人以勇敢和魯莽著稱。如今，除了到處懸掛的總統像，庫洛布毫無特色，只是一座熱浪襲人、充滿喧囂的小集鎮。街邊種著不到一人高的小樹，葉子也是小小的，半枯萎的，沒有半點蔭涼。穿著傳統服飾的男女老少，就在太陽無情炙烤的大地上，做著粒子般的「布朗運動」。

我們走進一家簡陋的大餐館。札莉娜、攔車的小姑娘和我坐在一桌。她們都吃不下什麼東西，只是小口地喝著調味過重的羊肉胡蘿蔔湯，而我半吃不吃著一盤油膩的抓飯。

我問小姑娘為什麼一個人。

札莉娜翻譯說：「她去看在杜尚貝打工的父母。」

我又問，她的家在哪兒？

阿里秋爾，帕米爾高原的深處，比霍羅格還遙遠的地方。

旁邊，司機和同車的兩個男人風捲殘雲般吃完了抓飯和麵條。司機開始一臉享受地剔牙，唇上的兩撇小鬍子像毛蟲一般蠕動著。接著，出其不意地，他推開椅子，站起身來，走向餐館門口的洗手池。

我們的午餐時間就此結束。

2

離開庫洛布後，公路很快退化成破碎的土路。路上有騎驢的農民，但周圍一片荒蕪，也看不到村落，不知道他們要騎去哪裡。一小時後，我們開始沿著噴赤河而行，這意味著我們開始進入真正意義上的帕米爾高原。

帕米爾高原是中亞高原體系的中心，將興都庫什山、喀喇崑崙山、天山、崑崙山連接在一起。這片高原三面為高山環抱，只在西南角上沒有山巒屏障，地勢突然下降到噴赤河谷。此刻，河谷森然幽長。兩邊的大山呈拔地而起之勢。河道時寬時窄，水流卻始終急促，打著漩渦，滾著褐色泥沙，看上去令人畏懼。

這時，札莉娜突然喊了一聲：「阿富汗！」

順著她手指的方向，我看到河對岸的那片土黃色的村莊，懸掛在山間。那一側的道路就像一道淡痕，其實算不上道路，只是一條窄窄的土路。此後，阿富汗就像河水的鏡像一般，始終出現在對岸。我甚至可以看到穿著長袍的阿富汗人，在烈日下移動，像某種抽象的符號。有時，這些阿富汗人會站在那裡，向塔吉克一側眺望，但他們從不揮手，臉上也沒有表情。

在這裡，河水不僅是地理意義上的分界線，更像是時間的分界線：塔吉克一側如同七〇年代的蘇聯，而阿富汗一側隱藏在伊斯蘭的面具下，還停留在更久遠的中世紀——我驚嘆於這樣的世界依然完整無缺地存在著。

河上幾乎沒有橋樑（我只看到一座），這表明兩岸官方層面上的交流是罕有的。路上也早就沒有警察，但會遇到扛槍的士兵在公路上巡邏。可是，這條邊境線實在太過漫長，河道最窄的地方不過十幾米，根本沒辦法把守。札莉娜告訴我，別被眼前的景象蒙蔽，其實某些「高科技」已經悄然來到這片土地：現在毒販會用無人機投送毒品，這令緝毒的難度驟然增大。

一路上，司機一直與一個坐在最後一排的男人有說有笑，不時樂得前仰後合。我真想知道他們說了什麼，因為似乎兩人每說一句話，都能精準地搔到彼此的癢處，堪稱「伯牙子期」。現在，通過札莉娜的翻譯，司機對我說，伯牙其實腿有毛病，無法在後面久坐。他想跟我調換位置，兩百公里後再換回來。

以現在的路況和速度，兩百公里至少要開六個小時。那個人看上去也沒什麼問題，他只是想和司機坐在一起，盡情聊天罷了。

司機又說，就像給警察塞錢一樣，調換位置也是塔吉克的傳統。「可我有風濕炎。」我讓札莉娜幫我翻譯。

司機聳聳肩，看起來根本就不相信，不過我也不在乎。為了這個位置，我已經多付了一筆錢。司機嘟囔了些札莉娜沒有翻譯的話，坐在最後一排的男人很快就頭靠窗戶，呼呼大睡起來。

道路越來越差，河水就在身邊咆哮。運貨的重型卡車碾碎石塊，騰起黃色的煙塵。天快黑的時候，我們再次停車吃飯。這戶人家在半山上，一條小溪從山間流下。露天的木榻，鋪著紅色地毯，上面全是烤饢的碎渣。我在碎渣中間開闢出一小塊淨土，側身坐下。司機和最後一排的男人脫了鞋，上炕一樣地側臥著，不時哈哈大笑。

這戶人家的房子是新砌的水泥房，門口種著一棵小樹，開滿白色小花。發電機的電力時強時弱，房子內外的燈泡時明時暗，白色小花亮起來，又陷入陰影。

我吃著一小碗番茄沙拉，等著電壓穩定下來。然而，發電機的聲音越來越小，燈光越來越弱。過了一會兒，便徹底熄滅。夜色和昆蟲的叫聲，瞬間接管了世界。主人在屋內點起蠟燭，而我們就在跳動的光暈下吃完了晚餐。

從這裡算，到霍羅格還有四個小時的車程。從早上到現在，司機已經開了十幾個小時，早就疲勞駕駛了。現在，他不斷地打開窗戶，讓夜風灌進來，刺激一下麻木的大腦。隨風一起湧入的還有水流擊石的聲音，但已經看不到噴赤河。在濃墨般的黑暗中，那條大河彷彿無處不在。除了我和司機，其他人都打起小盹，車廂內響著有節奏的呼嚕聲。

我們路過一個村子，坐在最後一排的男人到家了。這個村子沒有電，司機戴上頭燈，爬上車頂卸行李。我也下車，活動活動筋骨。月光下，村裡的男人在路邊坐成一排，沒有人說話，沒有人看手機，只是那麼呆呆地坐在黑暗裡。司機的頭燈左右晃動，卸下伯牙千辛萬苦從杜尚貝帶回來的行李——幾個緊紮繩子的硬紙板箱、一輛塑膠兒童玩具車。

到達霍羅格時，已經將近午夜。札莉娜先下車，她的旅館就在市中心。我的身體完全麻木了。旅途的疲勞像小蟲子一樣，把我啃得模模糊糊。我們都忘了留下聯繫方式，就那麼分手了。司機沒聽過我住的旅館，電話打過去也無人接聽。車上還剩下那個十一二歲的小姑娘，她有點緊張地瞪著眼睛，還有兩個小時才能到家。在小鎮的邊緣，我讓司機把我放下來——我不想再耽誤小姑娘的時間。

街上空無一人，只有幾隻野狗搖著尾巴跑過去。我大口呼吸著夏日山谷的空氣，想到霍羅格就是《新唐書．西域傳》中的「識匿國」：這裡不產五穀，國人慣於掠奪，商旅常被打劫。在《大唐西域記》裡，玄奘大師也寫到此地：「氣序寒烈，風俗獷勇，忍於殺戮，務於盜竊，不知禮義，不識善惡，迷未來禍福，慎現世災殃，形貌鄙陋，皮褐為服。」

一位高僧大德如此刻薄實屬罕見，我不禁想：大師在這裡究竟遭遇了什麼？

我隨意找了家旅館，敲響大門。女主人披頭散髮，剛從睡夢中醒來，臉頰上還有枕頭留下的印兒。她帶我上樓，穿過長長的走廊，經過她的臥室。臥室門敞開著，地板上打著地鋪，她的被窩還是剛才鑽出來的樣子，像一件前衛的雕塑作品。她帶我來到客廳，啪地打開壁燈。客廳裡鋪著地毯，擺著一張皮沙發，角落的晾衣架上掛著幾件衣服，茶几上放著還沒端走的茶具。

我的房間裡只有一張單人床。女主人捧來一套乾淨的被褥，放到床頭，然後一句話也沒說，轉身走了。房間裡有個小小的陽臺，打開門就能聽到貢特河的水聲。這家旅館似乎建在河谷上方，對面是大山的陰影。我剛要邁步俯瞰河水，突然發現陽臺竟然沒有護欄。要不是那晚月光皎潔，我恐怕就要一腳踏空，跌落河谷。我不願去細想由此帶來的傷痛：一個誤入歧途的旅行者，在前往帕米爾遊歷的第一晚，就結束在這一場險些釀成的意外上。

3

與我同住這家旅館的是一個手掌殘廢的俄國人，我後來幾次看到他。這個人光頭，沉默，眼神犀利，臉上有一種莫名的沉靜。他的左手從手腕處截肢，右手的手指畸形殘缺。然而，他可以用左手的手腕捧著手機，用右手的殘指飛快地打字。我琢磨著，他是怎麼殘疾的？他為何一個人來霍羅格？他也是旅行者嗎？

白天他大概去哪裡閒逛，晚上就坐在客廳的沙發上，玩著手機。看著他的樣子，我突然有一種猜想：他會不會是當年蘇聯入侵阿富汗時的老兵，如今重新回到這裡？可是他一直不看我，我也就不知道如何開口。他整個人都散發出拒絕交流的氣場。

我想起亞歷塞維奇《鋅皮娃娃兵》中的一段話：「我沒有胳膊沒有腿，早晨醒來，不知道自己是個什麼東西，是人還是動物？有時真想喵喵叫兩聲或者汪汪狂吠一陣，但我咬緊了牙關……」

霍羅格原本每週都舉辦阿富汗邊境集市，地點位於噴赤河的阿富汗一側，那是無需簽證就能進入阿富汗的唯一辦法。屆時，阿富汗人會帶著他們的東西來到集市上，同時購買塔吉克人的商品。那些商品大都是中國產的便宜日用品，對阿富汗人來說卻是搶手貨。帕米爾已經算是與世隔絕之地，但相比阿富汗，還要開放一些。不過，我問了好幾個人，他們都說因為毒品走私猖獗，邊境集市已經取消了一年之久。

帕米爾人的幸運，離不開阿迦汗。走在霍羅格大街上時，我發現這裡到處張燈結綵，正在慶祝阿迦汗四世登基六十周年。

阿迦汗，是伊斯蘭教伊斯瑪儀派的精神領袖。伊斯瑪儀派屬於什葉派的一個分支，薩曼王朝時期進入當時的中亞地區，成功地使一些宮廷顯貴皈依，其中就包括詩人魯達基。也正是在那個時期，伊斯瑪儀派的勢力延伸到了帕米爾地區。

阿迦汗原本是十八世紀的波斯國王法特赫—阿里沙賜封的頭銜。阿迦汗一世生於波斯，曾任波斯克爾曼省總督。一八四〇年，他試圖推翻卡札爾王朝，失敗後流亡印度。他在當地發展信徒，幫助英國殖民者控制印度邊境地區。英國人也投桃報李，授予阿迦汗「王子」稱號。從此，阿迦汗家族融入了大英帝國的歷史，其後代的人生歷程更是與伊斯蘭領袖給人的刻板印象截然不同。

阿迦汗四世出生在瑞士，擁有英國和葡萄牙雙重國藉，在哈佛大學接受教育。一九五七年，英國女王伊莉莎白二世冊封阿迦汗四世為「殿下」。如今，阿迦汗四世是一千五百萬伊斯瑪儀派穆斯林的精神領袖，這些信徒分佈在全球二十五個國家。

阿迦汗四世從事慈善事業，同時也以對美女、跑車和賽馬的興趣而聞名。雖然阿迦汗家族擁有大量的莊園、農場，甚至私人島嶼，但他仍然是一個沒有王國的王子。不過，在霍羅格，你能強烈感受到阿迦汗四世的崇高地位。

一九九五年，阿迦汗四世第一次訪問帕米爾地區。當時，塔吉克內戰正酣，湧入這裡的難民更是令本已脆弱的經濟雪上加霜。由於戰亂和封鎖，帕米爾的糧食供應中斷，人道主義危機四處蔓延。阿迦汗四世進行干預，帶來救濟物資和援助。對帕米爾人來說，這無異於雪中送炭，真主顯靈。

在霍羅格，阿迦汗的慷慨隨處可見。從學校、醫院到中央公園，全是阿迦汗四世興建的。走在中央公園整潔的草坪畔，看著路邊筆挺的白楊樹，掩藏在樹叢間的木屋，你會恍然感到自己正走在阿爾卑斯山間。

我需要問問前往瓦罕山谷的情況，於是我就去拜訪帕米爾生態文化旅遊協會。協會的小木屋就位於中央公園的東南角，建築風格也頗具瑞士風情。

辦公室裡只有一位工作人員，但來諮詢的卻有三四個人。我就坐到辦公桌對面的沙發上，翻看茶几上的那本磚頭般的美食書《用我們的雙手：帕米爾高原食物與生活的讚歌》。

從地圖上看，帕米爾地區幾乎佔塔吉克斯坦領土的一半，卻只有百分之五的人口。令人驚訝的是，像馬鈴薯和高麗菜這樣的基本食物，直到一九三八年才被引入這裡。在如此艱苦的條件下，帕米爾人發明了很多因陋就簡的料理方法，在這本「革命性的烹飪書」裡，被兩位歐洲美食家奉為圭臬。現在，這樣古老而原始的方法正在消失，因為便宜的中國食品進入了帕米爾高原。兩位美食家有點痛心疾首，似乎帕米爾人一直茹毛飲血，他們才滿心歡喜。

輪到我後，我和這位英語流利的工作人員打了個招呼。後來才知道，這位仁兄在阿迦汗的瑞士分部工作過。我問他穿越瓦罕山谷的交通情況。他報了一個三天的價格，包括租車費、汽油費和司機的食宿費。即便我心裡早有準備，這個價格還是太高了。

他馬上解釋說，這是一整輛車的價格。這輛車能坐四到五個人。如果平均下來，價格就合理多了。

我問，瓦罕當地人怎麼坐車，他們沒錢這麼大方地包車吧？

他說，我其實可以先乘公共汽車到延充堡，那裡有著名的法蒂瑪溫泉。不過之後就得看運氣了。如果有人去山谷更遠的地方，我就可以搭車。

我決定碰碰運氣，先坐公共交通到延充堡，之後再想辦法。

公共汽車會在上午十點出發，地點就在巴剎後面的巷子裡，貢特河的另一側。

4

第二天，我穿過熙熙攘攘的巴剎，跨過貢特河上的鐵橋，鑽進巴剎後面的黃土小巷。開往延充堡的小麵包果然停在一個斜坡上。司機是一個看起來挺憨厚的小夥子，開車時雙手一直抱著方向盤，像一隻意興闌珊的大熊。我們很快開出霍羅格，沿著噴赤河岸邊的沙石路，向瓦罕山谷駛去。

一河之隔的對岸，依舊是阿富汗的世界。眼前高聳的山脈則被稱為「興都庫什」，在波斯語裡意為「殺死印度人」。這表明，翻過這座大山就可以聽到另一種文明的遙遙迴響。一千三百多年前，正是被這種文明的光芒所吸引，玄奘大師翻越帕米爾高原，去印度求取真經——我如今所走之路，也正是他當年走過的道路。

幾十公里內，我們經過數個檢查站。接著，大山像巨人的胸懷突然打開，眼前出現一片綠意盎然的山谷。這就是瓦罕山谷——玄奘筆下的達摩悉鐵國。玄奘說，這裡瀕臨噴赤河，谷地隨山河迂迴曲折，地勢因丘阜時高時低，沙石隨風流動，四處彌漫。

如今，河水流淌在山谷中間，閃著金光。遠遠看去，河岸邊有幾處灌木，幾片沙地，土壤肥沃之處則被開墾成小塊田地，種著小麥。即便是盛夏，興都庫什山也覆蓋著積雪。

在陽光下，山體的溝壑清晰可見。

伊什凱西姆是瓦罕山谷裡的第一座村莊，也是最大的一座。河對岸的阿富汗村子也叫伊什凱西姆。我發現，在瓦罕山谷，以噴赤河中心線為界，塔吉克和阿富汗兩側的地名完全相同，就像河水的鏡像。不過，伊什凱西姆的邊境集市也關閉了，因此我不打算在此逗留。小巴穿村而過時，我看到一個小商店、一家手機行，還有整個瓦罕山谷裡唯一的紅綠燈。它孤零零地立在村口，路上只有我們駛過後留下的一串煙塵。

我們路過一處泉水，司機停下車。在無遮無擋的烈日下，一位老婆婆正挎著籃子賣自己做的皮羅什基餡餅。車上的人都拿著礦泉水瓶去接水，沒有人買炸餡餅。我掏了一塊錢，買了兩個——洋蔥餡的，加了黑胡椒。與西伯利亞大鐵路上乘務員大媽做的餡餅一模一樣。看來蘇聯廚藝還殘留在山谷裡。

在我的想像中，延充堡只是瓦罕山谷裡一座普通的臨河村落。沒想到它居然高踞山上，可以俯覽東西近一百公里的山谷。山間有一家蘇聯時代的療養院，幾個穿白大褂的女服務生站在門口，還有兩個老頭裹著羊毛披肩，大概是這裡的住客。

我下了車，住了下來。房間很小，也很破，但是越過窗外的樹叢，可以看到興都庫什山的積雪。其中一個裹著羊毛披肩的老頭告訴我，從療養院出發，往山上爬一公里，就是神聖的法蒂瑪溫泉。他長期住在療養院裡，每天早晚各泡一次。

法蒂瑪是先知穆罕默德的女兒，嫁給了穆罕默德的堂弟阿里——後來的第四任哈里發、什葉派穆斯林的守衛者。正是對阿里的不同態度，導致什葉派與遜尼派分道揚鑣，由此帶來的災難，綿延至今。我步行至溫泉，又看到了小巴司機。他今晚住在車上，說要泡個溫泉，再回霍羅格。我還碰到了同車的一位姑娘，她是來泡溫泉求子的。根據當地傳說，泡了溫泉，女性可以懷孕，男性則能增加雄風。

溫泉的門口有一間小平房，一個尖臉男子守在裡面，負責收門票。他有感於自己的任務之重要，還要我在大本子上登記姓名和國籍。從外面看，法蒂瑪溫泉是一棟石頭房子，橫跨在一條急速流動的溪水上。從石頭房子裡拾級而下，就進入一個天然洞穴，形同子宮。泉水順著石壁上的鐘乳石傾瀉而下，形成一潭熱氣騰騰的大池子。

等我進去時，洞穴裡蒸汽裊裊，已有五六個當地人愜意地泡在水裡。有個大爺站在鐘乳石下，像淋浴一樣，用泉水澆背。人們赤身相見，也就變得更加熱情，全都你一言我一語地跟我搭話。其中一位見過世面的大爺認為，既然我不遠萬里來到這裡，他有責任告訴我一個秘密——一個只有當地男人知道的秘密。

在眾人的注目下，他帶我走到一個小洞穴前。他連說帶比劃地告訴我，這裡就是直搗黃龍之處。當然，這是相對文雅的說法，大爺是以十分露骨的手勢告訴我的。按照他的指示，我把腦袋伸進洞裡，讓小股泉水淋到頭上，從而提升自己的性能力。不過，在這荒涼的山谷，即使能力確有提升，我也難有用武之地。

從溫泉出來後，我沿著山路往下走，突然看到一座廢棄的古堡。它雄踞在一座險峻的山頭，俯瞰著低處的山谷，背景是巒峰起伏的興都庫什山。我懷疑這是一座古老的遺跡，於是駐足觀看，越看就越產生一種敬畏之感。此前我關於瓦罕山谷的想像幾乎就是眼前的樣子：雪山、古堡、廢墟、山谷。

此時夕陽西下，映照著城堡坍塌的碎石。一個穿著衝鋒衣的當地人正好走過，在我身邊站住了腳。我問他，古堡是什麼建築。他說，這是拜火教的遺跡，可能建於西元前三世紀——我沒想到古堡的歷史有這麼長。

身邊的男人問我是否需要住宿。他自我介紹說，他叫星期三，在村裡開了家民宿，也做嚮導。他是典型的瓦罕人，個頭不高，膚色黧黑，眼角有一條條皺紋，臉上的鬍子刮得乾乾淨淨，說明他在信仰上的溫和。

我們走過山間一塊開墾出來的土地。他說，這是他家的田地，上面種的是小麥和一些耐寒的蔬菜。他還說，在積雪覆蓋的山口另一側，有吉爾吉斯牧民。他有時會去找他們買肉和乳製品。

他的家隱藏在一條岔路後面，是一棟傳統的瓦罕民居。屋內鋪著厚重的地毯，豎著五根廊柱，分別代表先知穆罕默德、女婿阿里等五位家庭成員。房子中間的一塊區域是生火的地方，可以想像一家人圍坐在火堆旁的情景。房間打理得井井有條，比我住的地方更舒適，可是我已經在療養院交了房費。我正尋思怎麼禮貌地告辭，他的妻子提著一壺熱茶走了進來，我只好又坐下來。

我問星期三，這裡冬天是怎樣的情形。

他說，冬天大雪封山，基本沒有遊客。所以，他還開了家雜貨鋪，從過路的卡車司機那裡進貨，做當地人的生意。他是否去過對岸的阿富汗？

當然，他還有親戚在阿富汗一側。以前有邊境集市時，他們經常在集市上碰到對方，現在已經很久沒見了。

「我們其實都是瓦罕人，」星期三解釋說，「講同樣的語言，有同樣的習俗，互相通婚。」

「但現在，你們變成了塔吉克人和阿富汗人。」我說。他侷促地笑了，露出兩顆金牙。

我想起一路上經過的那些分界線：同樣的民族，同樣的生活方式，被分割開來，像刀子割開的傷口。

他終於看出我不打算住在這裡，於是問我明天去哪裡。

我說，我想去威朗村。我聽說那裡有一座西元六世紀的佛塔遺跡。在《大唐西域記》裡，玄奘提到過那座佛塔。

「我知道那裡。」他說，「而且我有一輛帕傑羅。」

5

第二天上午，星期三開著他的二手帕傑羅來接我。這車是他從杜尚貝買的，花了一大筆錢——他一整年的收入。結果，他一坐到方向盤後面就顯得過分謹慎，好像剛拿到駕照的新手。

開了一段後，我發現他其實是在虐待這輛車。他不習慣換檔，哪怕車速已經很快了，他卻始終保持二檔。引擎憤怒地悲鳴著，他就更加慌亂，鬢角冒出了汗珠。好在威朗村不遠，只有二十多公里。

他把我放在村口，長籲一口氣。他說要去檢修一下這輛車，他認為引擎出了問題。

我打聽到，佛塔就在村後的山上。一條小路穿過田舍、果園，繞過溪水，到了山腳下就戛然中斷。我抬頭仰望，看到佛塔立於一座峭壁之上，必須沿著將近六十度的陡坡爬上去。我手腳並用，開始攀爬，陽光烤得我滿頭大汗。山上全是大大小小的碎石，一不小心就會造成一場小型滑坡。幾次滑坡後，我有點手足無措。我在半山處找了一塊可以勉強立足的地方，琢磨接下來該怎麼辦。

就在我進退維谷之際，住在山腳下的一個小姑娘跑了上來。雖然臉上有陽光灼傷的斑點，但五官清秀得驚人。她看到我的無助，衝我揮了下手，讓我跟著她爬。她只穿著一雙舊拖鞋，卻輕盈似鹿，在山石間跳躍著。她不時回頭，看我跟上沒有。多虧有了她，我在陡峭的山石間，看到了一條路。快要登頂時，她伸出手，把我拉了上去。

佛塔呈方形，共五層，週邊有土牆圍護。小姑娘指給我看塔頂一塊印有「足跡」的石頭，據說那是釋迦牟尼的腳印。我們站在那裡，站在風中，俯瞰瓦罕山谷，遠眺興都庫什。陽光傾瀉而下，照耀萬物，一切都彷彿亙古未變。眼前的風景，也是玄奘大師曾經看到的。

玄奘路經此地時，佛塔還未坍塌。他說，廟中有石頭佛像，佛像上懸掛著金、銅製成的華蓋，裝飾著各種珍寶。當人們繞佛而行時，華蓋也會隨之旋轉，神妙莫測。一千三百年後，寺廟和佛像全都不見，只有佛塔的遺跡兀自佇立——這裡也早已不再是佛教的世界。

下山後，我想請小姑娘去村裡的小商店喝汽水。可是她會錯了意思，把我帶到一處泉水旁。她心滿意足地看著我灌滿礦泉水瓶，然後揮了揮手，連蹦帶跳地回家了。

我回到威朗村，在小商店買了一瓶俄國啤酒，然後坐在路邊的大樹下，等待下一程的順風車。我擰開瓶蓋，泡沫從瓶頸冒出來，沿著瓶身往下流，在地面的浮土上砸出幾個小坑。啤酒不夠涼，但光是能避開烈日，已經讓我心情舒暢。

幾個無所事事的當地青年湊過來，問我去哪兒。他們沒車，也不知道行情，只是純粹出於搭訕的樂趣，漫天開個高價，壓根沒想做成這筆生意。看出這點後，我就裝聾作啞，繼續喝我的啤酒。他們終於覺得無聊，就任我坐在那裡，繼續四下遊蕩。

我想，如果等不到順風車，我就在村裡住一晚。這裡有小商店，有落滿塵土的零食，有不太冰的啤酒，足夠我度過這個夜晚了。沒想到剛過了半個小時，一輛破舊不堪的拉達就開了過來。車上坐著三個當地女人，鑲著金牙。司機穿著髒兮兮的夾克，可相比他的車，已經乾淨太多了。

這輛拉達或許十年前就該報廢，卻在這個世界的角落頑強地活了下來。車身鏽跡斑斑，車內落滿灰塵。沒有收音機，沒有窗戶搖桿，沒有儀錶板。一切接線全都裸露在外，有故障就能當場修理。這麼一堆拼湊起來的廢鐵，竟然如此堅固耐用，看樣子連汽油都不用加，只需撒一泡尿進去就能開到目的地。

我問司機去不去蘭加爾。他正要往那邊走，報了一個當地人的價，低到可以忽略不計——我暗自慶幸自己的好運。

三個當地女人興奮地擠到最後一排，把副駕駛的位置讓給我。拉達車嘆了口氣，咳嗽兩聲，哆嗦幾下，顫抖一陣，開動起來。我坐在車裡，卻能體會到騎在馬上的感覺——那可不是花幾百美元包車能感受到的。

有外國人坐在車上，司機好像底氣更足了。他戴上墨鏡，點起香菸，一手搭在窗外，像一個開著跑車兜風的紈絝子弟。我們經過路邊人家時，他故意減慢車速，以一種漫不經心的姿態抬一下手指，外面的人看到車裡居然坐著外國人，全都瞪大了眼睛。

司機把我放在蘭加爾的一家民宿前，說主人是他的親戚。這多少解釋了他願意低價把我送到這裡的原因。拉達調轉車頭，突突響著，屁股吐出一股黑煙，飄然而去。黑煙過後，一個騎著小毛驢的少年緩緩走過來，向我招手。兩側都是光禿禿的石山，石塊就像遠古動物的遺骸，暴露在光天化日下。黝黑的牧羊人趕著黃羊在石頭間移動。蘭加爾，在突厥語中就是「野山羊」的意思。

男主人朝我大喊一聲——這時我正要走進隔壁家的大門。他戴著一頂瓦罕小花帽，身材高瘦。一說話，我就聞到一股伏特加味。我細看他的面容：臉頰皮膚鬆弛，帶著微紅，眼白髮黃，有血絲。

他領我進入他家的院子，客房位於側翼，與他和家眷住的房子分開。走廊上擺著兩張舊沙發，地毯磨得捲了邊。房間是斯巴達式的，被單和枕套上全是破洞，像遭了好幾場蟲蛀。蘭加爾是瓦罕山谷中最後一處定居點，再往前走就是帕米爾高原的無人區，還是不要挑三揀四的好。

這時，男主人捲著大舌頭告訴我，他女兒剛從苦盞歸來省親，晚上舉家慶祝，請我務必參加。男主人走後，我打開行李，換上乾淨的T恤。幾個當地小孩趴著窗戶往房間裡看。我突然衝過去，張開五指，嚇他們一嚇。這可讓他們措手不及，全都尖叫著四下逃走。

離晚上的派對還有一個多小時。我來到院子裡，與一個正在悠然閒逛的年輕男子攀談起來。他歪戴棒球帽，眼窩深陷，蓄著鬍子，舉止有點吊兒郎當。他告訴我，他是男主人女兒的表哥，今晚也是他在瓦罕山谷的最後一晚。明天一早，他就要動身前往莫斯科，繼續工地上的搬磚生活。

在俄國旅行時，我經常看到中亞長相，穿著橘紅色背心的建築工人。我知道他們是塔吉克人，可從來沒機會和他們交談。

這時，表哥從身上摸出一本護照，說上面寫著他是「塔吉克人」，但他認為自己是「帕米爾人」。

「兩者有什麼區別？」

「你很容易看出塔吉克人和帕米爾人的區別。」他說，「在俄羅斯，塔吉克人喜歡行賄，而帕米爾人從來不這麼幹。」說這話時，他的神色頗為自豪。

「為什麼會這樣？」

他說，因為帕米爾公路的存在，帕米爾人更熟悉俄國的「生活方式」，因此也比塔吉克人更適應俄國的生活。在蘇聯時代，帕米爾獲得了更多的特權和物資供應，有很多科學家來到這裡，帕米爾人的俄語也說得更好。獨立後，同信仰遜尼派的塔吉克人不同，帕米爾人信仰伊斯瑪儀派。阿迦汗四世關心這裡的發展，興建大量學校和基礎設施。相比西部的塔吉克人，帕米爾人反而更具現代意識。

「此外，我們挨著中國。」他說，「中國的商品要通過帕米爾公路運進來。」

他的意思是，帕米爾雖然地處邊緣，卻有中心之感。加上緊鄰中國，未來大有可期。這個理論我雖是第一回聽說，但好像也不無道理。

說話間，表哥掏出一個小小的、捲好的塑膠袋，裡面裝著暗綠色的藥草。他捏起一小撮，壓在舌根與下唇之間。我開始以為是某種類似大麻的東西，於是也捏了一小撮，學他剛才的樣子，壓在舌下。藥草受潮濕潤之後，下顎瞬間就麻木了，接著整個人天旋地轉，如同迎頭挨了一記悶棍。看到我這副反應，表哥哈哈大笑。

我回到房間，足足躺了半個小時，才從藥勁中緩過來。此時，夕陽餘暉灑滿房間，窗外傳來孩子們的笑聲。晚上的派對已經開始。

我走到主人的屋外，只見門口橫七豎八地躺了十幾雙鞋子。房間同樣是瓦罕傳統樣式，有五根廊柱，牆上掛著精美的手織地毯。此刻，茶水已經泡好，大口茶碗放在地上。地毯上擺著各式乾果、茶點、沙拉和大盤抓飯。有人拉著手風琴，表哥打著手鼓，回來省親的女兒穿著華美的服飾。房間被人的氣味熏得暖烘烘，人們在樂聲中翩翩跳起瓦罕「鷹舞」。我坐在角落裡，喝著茶，看著眼前的一切，感到一路的辛勞都是值得的。

跳舞的人有親戚朋友，有附近的鄰居，還有鄰居家的兩個漂亮小女孩。一個穿著紅色連衣裙，一個穿著藍色連衣裙，有模有樣地學著大人的樣子。

我走出房間時，天色已暗。那個穿著藍色連衣裙的小姑娘跟了出來。我們聽不懂對方說話，但能用眼神交流。從地圖上看，蘭加爾在瓦罕山谷的最東端，過了這裡，地勢就變成幽深的峽谷，而噴赤河從峽谷中奔流而出，形成一片平緩的河灘——是不是能從那裡偷偷走到阿富汗一側呢？

我拉著小姑娘的手，向那個方向走，想去看個究竟。噴赤河捕捉了最後一道光束，大山比白天更顯澄清。沿著峽谷逆流而上，就能到達薩爾哈德，又稱連雲堡——那是唐朝大將高仙芝擊敗吐蕃軍隊的地方。

河灘那裡果然通向阿富汗，但有一座營房。荷槍實彈的塔吉克士兵看到了我們，做出警告的姿勢，然後朝我們小跑過來。小姑娘使了個眼色，我們轉身往回走。走了一段後，我回頭瞭望，發現士兵並沒有真的追過來，這才放慢腳步。

迎面走來一個抱著孩子的女人，是小姑娘的母親。聚會結束後，她發現女兒不見了，於是抱著兒子出來尋找。看到我們在一起，她終於放下心來。她把兒子往地上一放，把他的小手也塞給我，好像在說：「你喜歡嗎？喜歡就給你了！」

我突然喜得一雙兒女，實在運氣不錯。就這樣，我一邊一個，牽著他倆的小手，走在荒涼世界的盡頭。

世界盡頭

1

從蘭加爾向東，山巒隆起，峽谷幽深，很快就到了真正的帕米爾高原。這是一片人煙稀少的地區，每年都要被冰雪封凍數月。只有一些強悍的吉爾吉斯牧民，趕著牲口，在高山牧場之間舉家遷移。我要翻越一座山口，穿過無人區，前往布倫庫勒湖，觀察帕米爾高原上最偏遠的定居點。

為了這趟行程，我在蘭加爾雇了一輛俄產吉普車。司機巴霍羅姆是瓦罕人，個頭不高，身材單薄。他受過幾年教育，也去俄羅斯打過工，如今閒散無事。我以一百美元的價格，說服他送我去布倫庫勒。

我們約好第二天早晨八點出發，可他到的時候，已經快九點了。上車後，他又帶給我一個「壞消息」：他的車出了毛病，我們得找他的朋友，另借一輛車。

我不相信他的話。我們就坐在車裡，車開起來好好的，看不出有什麼問題。但是我沒說話，由他開著車，把我帶進一條小巷。他的朋友正站在院子門口，一看到巴霍羅姆，兩人就飛快地交換了一下眼神。他們把我帶到另一輛車前。那也是一輛俄產吉普車，尼瓦型號，和巴霍羅姆的車一樣。巴霍羅姆的朋友開口說，他這輛車要價一百二十美元。

「為什麼多出二十美元？」

「這輛車更新，車況更好。」

這當然是胡扯。然而，在外旅行了這麼久，我已經喪失了討價還價的耐心，也懶得再與人爭執。我說：「我給你一百一十美元。再多的話，我就不租了。」

兩人再次交換一下眼神，隨即點頭同意。他們的陰謀得逞了，雖然也就多賺十美元。

「我們現在上路。」巴霍羅姆說。

我們的確上路了，但卻是朝著相反方向，因為巴霍羅姆表示，我們得先去加油。在破碎的石子路上，小吉普車一路飛馳，最後在一棟白房子前停下來。白房子上用油漆刷著「汽油」兩個字。旁邊是一根木頭電線杆，拴著一隻呆立不動的小毛驢。

巴霍羅姆自稱沒錢，跟我要了一筆油費，用油桶和漏斗象徵性地加一些汽油。接著，他鑽進旁邊的一間鐵皮小屋，用剩下的錢買了兩包香菸。現在已經是上午十點多了，我們終於向布倫庫勒出發。我們進入山區，隨著崎嶇的山路向上爬升。阿姆河的另一條支流帕米爾河，從黑色山體的縫隙中鑽出來，道路漸漸變成一條淡漠的痕跡。山坡上隨處可見滾落的石塊，幾乎沒有植被，也見不到人煙。山谷另一側的大山同樣荒涼，看不到一點生機。

我們經過一對騎著馬的父女，兩隻小毛驢馱著行李。父親手裡提著鞭子，身上穿著迷彩服，戴著帽子，上面落滿塵土。看到我們，父親脱帽致意。我看出他們是瓦罕人，但不知道他們要去哪裡。

一路上，巴霍羅姆一直抱怨著路況。每次我要求停車拍照，他就蹲在車前抽菸，眉頭緊鎖，帶著一臉焦慮。我問他是否去過布倫庫勒，他説去過——那地方什麼都沒有，只有一些吉爾吉斯人。提起吉爾吉斯人時，巴霍羅姆的口氣滿是鄙夷。「他們沒什麼文化，」他説，「甚至算不上穆斯林。」

不知不覺中，我們駛出峽谷，進入一片平坦的高原。金光閃閃的帕米爾河就在不遠處翻滾，岸邊散落著圓石，就像巨人無意間留下的蛋。除此之外，世界如同月球表面一般荒涼。放眼望去，我沒有看到任何人類的痕跡。

突然，前方出現一輛帕傑羅，支著引擎蓋。見我們開過來，一個穿著衝鋒衣、梳著馬尾辮的歐洲女孩跳下車，向我們使勁揮手。我讓巴霍羅姆停車看看。他減慢車速，打開車窗。梳著馬尾辮的女孩跑過來，用英語説，她的車熄火了。

從帕傑羅裡又鑽出一男一女，也穿著衝鋒衣。梳著馬尾辮的女孩説，他們是英國人，原本在這裡停車拍照，結果再也發不動，已經足足等了兩個小時，這才看到我們。他們請巴霍羅姆務必幫忙。

巴霍羅姆撇著嘴，眉頭緊鎖。他打開車門，一言不發地走過去，彎腰鼓搗起來。幾個英國人頭如搗蒜地用俄語説著「謝謝」。

梳著馬尾辮的女孩告訴我，他們是在奧什租的車，準備穿越瓦罕山谷，再沿著帕米爾公路，一路開往杜尚貝。她問我要去哪裡，我說回中國。

「中國！我去過！」她興高采烈地說，「我喜歡火鍋！」

什麼？火鍋？在這荒涼如月球的帕米爾高原，她竟敢向我提起火鍋？實在不可原諒。

我說：「聽你的口音像是英格蘭人，你從哪裡來？」

她回答：「牛津。」

「牛津？我在那裡待過一陣。」我說，「我喜歡白馬酒吧的艾爾啤酒和炸魚薯條。」

「老天！我太想念炸魚薯條了！」她情不自禁地叫道，比剛才還激動，「這裡只有饢和拉麵，快把我吃吐了！」

我笑了笑，心裡說：「現在我們兩清！」

巴霍羅姆從引擎蓋裡抬起頭，讓英國人點火試試。帕傑羅一點即著。英國人再次不停地說著「死吧洗吧」（俄語「謝謝」之意），還像穆斯林那樣手搗胸口，表達真誠，只是看樣子沒打算給錢。

巴霍羅姆問他們晚上住哪兒。英國人說蘭加爾。巴霍羅姆說，他就住在蘭加爾，有個親戚開了民宿。英國人立刻懂了，馬上翻出紙筆，讓巴霍羅姆寫下地址，還對天發誓，晚上一定住在那裡。

我們回到車裡，重新上路後，巴霍羅姆這才指著自己的太陽穴，說那些英國人「腦子有問題」。他無法理解那樣的旅行，更不明白為什麼有人不遠萬里地跑到帕米爾高原，還開著車亂跑。他一定也覺得我瘋得不可理喻。

我們路過一座孤獨的吉爾吉斯帳篷，門前擺著一只巨大的馬可・波羅羊頭骨，犄角彎曲，向上翹起，神氣活現。《馬可・波羅遊記》中寫到，從瓦罕山谷往東北騎馬三日，「所過之地皆在山中，登之極高，致使人視之為世界最高之地。」正是在這裡，馬可・波羅發現了一種野生長角山羊，將其命名為「馬可・波羅羊」。他說，當地人會把羊骨和羊角堆放在路邊，當大雪覆蓋路面時，可以用來引導迷途的旅者。

儘管瞧不起吉爾吉斯人，巴霍羅姆還是決定在這裡稍作休息，討杯茶喝。他鑽進帳篷。不一會兒，一個吉爾吉斯男人走出來，手裡提著一隻燻黑的大鐵壺。他把壺放到一隻鐵皮爐子上，點燃乾牛糞。水燒開後，給我們沏了兩杯淡淡的茶水。

巴霍羅姆說，住在這裡的吉爾吉斯人很窮，每頓飯只有饢和熱茶兩樣食物。喝完茶後，我們就向主人道謝，繼續上路。

我們經過海拔四千三百米的卡爾古什檢查站，扛槍的士兵走過來，檢查我的證件。他完全還是個孩子，面孔被高原的陽光曬得黑裡透紅。他沒刁難我們，沒索要賄賂，直接放我們通過。終於，我們拐上帕米爾公路，頓時感到自己又回到了文明世界。

開在相對平坦的公路上，巴霍羅姆試圖說服我放棄布倫庫勒，因為去那裡意味著離開公路，再度進入無人區。

「去布倫庫勒的路很差，」他皺著眉，用手上下比劃著，「撲騰撲騰。」

他說，我應該去阿里秋爾，因為阿里秋爾就在帕米爾公路上。那裡有吃有住，是個美妙的地方，而布倫庫勒一無所有。

「我一定要去布倫庫勒。」我做了個毫不妥協的手勢。此後巴霍羅姆再無言語，大概對我徹底喪失了信心。

我們拐下帕米爾公路，翻越南阿里秋爾山脈，一頭扎進漫漫無人區。果真如巴霍羅姆所言，路況差極了——其實根本沒有路，我們就像行駛在無止境的搓衣板上。小吉普車上躥下跳，好似發了失心瘋。巴霍羅姆的臉上寫滿痛苦和怨恨。我對他油然產生了一股同情。

我問起巴霍羅姆的家庭。他已經結婚，有一個六歲大的兒子。他在俄羅斯的葉卡捷琳堡幹過一段時間，出過一場事故，摔斷了一條胳膊。他說，這條胳膊現在也使不上力氣，一到雨天就隱隱作痛。他撩起袖子給我看，我看不出有什麼問題。為了安慰他，我告訴他，我在尼泊爾也出過一場車禍，差點變成殘疾。

布倫庫勒終於到了，眼前出現一片孤立的土房子。這裡是整個帕米爾高原上最偏遠的定居點，冬季氣溫低至零下四十幾度。

牆邊那一小條陰影裡，蜷縮著幾個面有病容的老人。他們太久沒離開這裡，一成不變的日子像水蛭一樣，吸走了他們的生命力，目光中只剩下漠然。

帕米爾生態文化旅遊協會的工作人員提到，這裡有一家民宿，女主人叫尼索。巴霍羅姆向老人們打聽尼索家，可他們充耳不聞，置之不理。巴霍羅姆氣得低聲咒罵，轉而走向附近的一個年輕人。

尼索家？他朝另一個方向指了指。

是啊，我們早該注意到，那棟小平房的白牆上貼著一張大海報，上面以俏皮的英文字體寫著「尼索家住宿」。

尼索是一個四十來歲的吉爾吉斯女人，鑲著金牙，全身上下散發著母性光輝。她帶我走進客房，裡面是一排大通鋪，大紅大紫的被褥高高堆在一旁。牆角放著一隻鐵皮爐子，櫃櫥上方掛著一條狼皮，齜著獠牙，閉著眼睛，好像洩了氣的皮球，但隨時會醒來。

「二十美元，包括晚餐和早餐。」尼索說。

我當即住了下來。

等我放下行李，從房間裡出來，只見巴霍羅姆正坐在桌旁，免費享用尼索出於禮貌而端上來的麵包、奶油和熱茶。看得出，巴霍羅姆對食物的熱愛發自肺腑。這一路如此艱辛，如此漫長，而他還要獨自駕車返回。看著他那張奮力咀嚼的瘦臉，我趕緊掏出事先準備好的美鈔。因為我相信，即便在遙遠的帕米爾高原，富蘭克林先生也能撫慰人心。

2

村裡有一個蔬菜大棚、一間衛生所、一所小學。空地上鋪著晾曬的牛糞，周圍遊蕩著一些皮膚曬傷但五官可愛的小孩兒。我看到一家小商店，上著鎖。我問旁邊的人家，商店還在營業嗎？那戶人家的女兒嘩啦嘩啦拿出一串鑰匙，跟我走出來，打開商店的小門。

貨架上只有簡單的日用品，還有一些餅乾、糖果和罐頭。

「有啤酒嗎？」

「沒有。」

「伏特加呢？」

「賣完了。這周還沒人去阿里秋爾進貨。」

我環顧四周，心想除了酒，可就沒什麼值得買的。我走出商店，暗自神傷。這註定將是一個沒有酒精陪伴的夜晚。

村裡有兩隻土狗，始終尾隨著我，不時用濕漉漉的眼睛打量我。荊棘叢中有羊的屍體，羊皮已經腐爛。地上長滿粗壯的黃茅草，點綴著大片的沙礫地。地表被一層鎂粉覆蓋，陽光一照，像霜凌一樣閃閃發光。

附近有兩個高原湖泊，分別是布倫庫勒湖和更大的雅什庫里湖。我想去雅什庫里湖看看，可是無法走到湖邊。乾燥的黃茅草地漸漸被許多小沼澤割裂，一腳踩下去就沒過了腳踝。

一七五八年，南疆的統治者大小和卓叛亂，乾隆皇帝發兵征討。具有決定性的最後一役就發生在雅什庫里湖畔——清軍最終拿到大小和卓的首級。他們在湖畔豎立石碑，用滿、漢、維吾爾三種文字，記述了戰役的經過。據說，在最後一戰前，大小和卓迫使部族的婦孺，騎著駱駝和馬投入湖中，以免落入清軍之手。後來，蘇格蘭探險家愛德華・戈登在《世界屋脊》一書中寫道，在這一帶的吉爾吉斯人中，一直流傳著這個悲慟的傳說，而且時常有人聽見湖邊傳來人和動物的呼叫。

平定南疆之亂後，帕米爾高原的大部分地區成為清朝的勢力範圍。不過到了十九世紀，英俄兩國的探險家開始不斷進入這片荒蠻之地。以印度為基地，英國人的勢力逐漸向帕米爾高原滲透。與此同時，俄國人也征服中亞，一路向南推進。

一八九〇年一月，英國探險家榮赫鵬在雅什庫里湖畔發現了那塊帶字石碑——正是清軍留下的「乾隆紀功碑」。榮赫鵬摹寫了紀功碑上的文字，但石碑隨後被俄國人運走，收藏在塔什干博物館中。石座由於太沉，保留在了湖畔，直到一九六一年，才交由霍羅格博物館保存。榮赫鵬之外，鄧莫爾伯爵、斯文．赫定、斯坦因等探險家也在著作中提到過這塊石碑。

就這樣，中英俄三大帝國在帕米爾高原相遇了。只不過當時的中國還沒有一份以嚴謹的地理知識繪製的帕米爾地圖。一八九二年，沙俄侵入薩雷闊勒嶺以西的帕米爾地區，清政府被迫與之交涉。三年後，中國與日本簽訂《馬關條約》，舉國譁然。此時，在遙遠的帕米爾高原，英俄兩國撇下清政府開始劃界。會談地點就在英國探險家約翰．伍德發現並命名的維多利亞湖畔。他們不知道，玄奘大師早就來過那裡。在《大唐西域記》裡，他將維多利亞湖稱為「大龍池」。

那晚，我吃到了鮮美的炸魚。魚刺很多，不易剔除。尼索說，如果我用手吃的話，更容易摸到肉裡的小刺。她還準備了番茄黃瓜沙拉、馬鈴薯麵條湯和從奧什運上來的西瓜。我深知，這些食材在這裡是多麼珍貴，多麼難得！

我問尼索，魚是從哪兒來的？「從附近的湖裡。」尼索說。

蘇聯時期，布倫庫勒湖引入了西伯利亞鯉魚。誰都沒想到，這種新物種竟在這裡繁衍生息。從那時起，布倫庫勒湖就以美味的白肉魚聞名。那些悲傷的歷史和傳說，最終被美食的興趣掩蓋。

吃完飯後，天黑了下來。溫度像落地的石子，驟然下降。尼索送來一壺開水，供我洗漱。這裡沒有電，也不用蠟燭。我穿上夾克，站在漆黑的屋外漱口。高海拔地區的大氣沒有任何塵埃，空氣清新透明。天空像綴滿圖釘的幕布，彷彿億萬光年之外還有另一片萬家燈火。銀河在歌唱，但那歌聲又像是我腦子裡想像出來的。

我在大通鋪上和衣而睡，聽著窗外的風聲。當我再睜開雙眼時，已經天光大亮，又見清晨了。

3

前夜，尼索趕著犛牛回到牛圈。現在，她又把犛牛趕回地裡。看到我起床了，她就端來熱茶、饟和煎蛋，說她丈夫有輛小廂型車，飯後可以送我去阿里秋爾。小廂型車停在牆邊，左後輪胎上鼓出一個大包，像是長了一顆腫瘤。

穿越無人區，這樣的輪胎真的沒問題嗎？

尼索的丈夫說沒問題。他穿著厚厚的法蘭絨襯衫，戴著棒球帽，一縷亂髮從耳後冒出來。

早飯後，我們開上搓板路，一路顛簸。太陽像打散的蛋黃，到處是濛濛的白光，眼前的景色荒涼而壯美。我發現，帕米爾是一片平緩的高原，而高原之上還有更高的山脈，覆蓋著永恆的積雪。

我們開上帕米爾公路，奔向阿里秋爾。巴霍羅姆説過，阿里秋爾是個美妙的地方。可是，尼索的丈夫告訴我，在突厥語裡，阿里秋爾意為「阿里的詛咒」。相傳，這位先知的女婿途經此地時寒風刺骨，他不由得破口大罵。

阿里秋爾只是帕米爾公路上的一個補給站，散落著兩片土黃色的定居點，路邊有為卡車司機而設的旅店和餐館。我讓尼索的丈夫把我放到路邊的一個小餐館。這裡距離下一站穆爾加布還有六十多公里，我只能坐在餐館裡，等待過路的卡車司機把我捎過去。

我點了一瓶啤酒。高原的陽光透過窗戶射進來，照在木頭桌子上，照在淡藍色的牆壁上，蒸得屋子暖烘烘的。大個頭的蒼蠅在頭頂盤旋，蠅頭閃著綠光，彷彿在嗡嗡地證明，帕米爾高原上也有蓬勃的生命。

窗外，穿著飛行員夾克的少年無所事事地走過；滿臉皺紋的老婆婆揹著竹筐撿拾牛糞；有高原紅的女人用手遮擋太陽，瞭望遠處的山丘。我看到，山丘上散落著一片小小的穆斯林墓地，豎著銀色的星月標誌。人們在這裡出生，度過一輩子，死後也埋在這裡。

快到中午時，才有一輛重型大卡車由西向東駛來。我趕緊跑到路邊，揮手攔車。卡車的氣剎嗤嗤作響，滑行了一段，才在路邊停下。司機是塔吉克人，常年跑杜尚貝—喀什一線，把中國商品運回塔吉克斯坦。他正在去喀什載貨的路上，答應把我帶到穆爾加布。

我與司機語言不通，難以盡到搭車人陪司機聊天解悶的義務。幸好，午後一過，帕米爾公路上出現了些許繁忙的跡象。載我的司機不時與迎面而來的大卡車交換情報，分享暗綠色的藥草。

卡車上視野不錯，我一心一意地看著車外的風景：遠方棕褐色的山脈，平坦的曠野，紅色和黃色的石頭，吉爾吉斯人的白色帳篷上冒著裊裊白煙……

五個小時後，我們到了一個岔路口。司機停下車，說他過夜的停車場在穆爾加布郊外，不經過鎮中心，我只能在這裡下車。

不遠處，穆爾加布河緩緩流淌，掀起漣漪，河灘上散落著低頭吃草的馬匹。司機指著河水轉彎處的一片集鎮說：「穆爾加布！穆爾加布！」此時，離太陽落山還有兩個小時，那座土黃色的邊境小鎮沉浸在一片金色光暉中。

從杜尚貝一路至此，卡車司機至少走了一個星期，而穆爾加布是進入中國之前的最後一站。他不想進去休息一下？不想到鎮上找點樂子？我隨即意識到，穆爾加布雖然隸屬塔吉克斯坦，居民卻都是吉爾吉斯人。對這位塔吉克司機來說，這裡不僅語言不通，生活習慣也不同。某種程度上，他和我一樣，也是異鄉人。

我拖著行李，朝著小鎮的方向走，很快又攔下一輛小型貨卡。這回，司機戴著吉爾吉斯人的白氈帽。

「帕米爾旅館。」我說。

這是鎮上唯一的一家旅館，人人都知道。

4

從十月下旬開始，穆爾加布就被大雪覆蓋，帕米爾旅館也閉門歇業。然而，夏天時，這裡卻是帕米爾高原的「新龍門客棧」，匯集了五湖四海的過客。這些過客大部分是歐洲人，以法國人和德國人居多，幾乎都是騎著單車，穿越絲綢之路的瘋子。現在，這些人坐在帕米爾旅館大廳的沙發上，像叢林裡的小動物，伸出多毛的爪子，互相試探，傾訴各自旅途的遭遇，順便在社交媒體上加為好友。

此外，也有一兩個日本人和韓國人。他們被「遊牧民族」的概念吸引至中亞，卻發現自己勢單力孤，只好龜縮在大廳一角，戴著耳機，吃著泡麵，展示與世無爭的東方美學。

我辦理入住時，一個韓國男人走過來。他用中文和我說話，還說前檯的吉爾吉斯姑娘也會中文——此前他倆一直用中文溝通。

吉爾吉斯姑娘穿著褪色的牛仔褲和黑色緊身套頭衫，顯出柔弱的腰肢。她說，她在上海中醫藥大學留學，只是暑假回來打工。這解釋了她妝容較為時尚的原因。

我問她一般怎麼去上海？

她說，先到吉爾吉斯的奧什，再到比斯凱克，最後從比斯凱克飛往上海。

這裡不是距離中國邊境只有九十多公里嗎？不會從這裡直接過境中國嗎？

她沒那麼走過，看上去也不打算嘗試。

「從穆爾加布到中國口岸是一片無人區，」她告訴我，「沒有公共交通。」

這時，韓國人湊過來問我：「你對我有意向嗎？」

「什麼？」

「我是說，你對我有印象嗎？我們在比斯凱克的旅館見過。當時還有一個香港女孩。」

我細看他的面孔，一個國字臉的大叔，似乎有點眼熟。他說的香港女孩我倒是記得。她說自己要花一年時間，從香港騎到倫敦。當時，確實有個男人坐在旁邊。難道是他？

沒想到在帕米爾旅館的院子裡，我又看到了星期三。他的雙眼浮腫，好像睡眠不足。他沒開他的寶貝帕傑羅，正準備和幾個吉爾吉斯人一起，擠一輛越野吉普車去奧什。因為湊不夠人數，車已經耽擱了一夜，他預計今晚才能動身。這意味著，即便一切順利，到達奧什也是清晨了。

「我要去奧什接幾個歐洲客人。」星期三靦腆地說，「再作為嚮導，帶他們去瓦罕山谷。」

帕米爾旅館的院門外，是一條砂石路，對面是一片吉爾吉斯人的棚戶屋——土黃色的房子，破損的牆壁，白色的衛星信號接收器。一口水井邊，幾個吉爾吉斯小孩正在互擲石塊。

越過這片棚戶區，慕士塔格峰在夕陽中熠熠發光，有如一座聖山。

它是喜馬拉雅以北的最高峰，號稱「雪山之父」。那裡就是中國的土地——我這才意識到，我現在離中國已經這麼近了。可是，如果這條路走不通，我就得原路返回杜尚貝。我不願意走回頭路，想到要把來時的路重走一遍，頓時就感到心情灰暗。

我走回旅館大廳，看到經理正為幾個歐洲人服務。他身材胖胖的，面相憨厚，像小說裡貴族家庭中任勞任怨的管家。等他一閒下來，我就走過去，把我想陸路回國的計畫告訴了他。但是他也不確定這條路能不能走得通——此前沒人這麼走過。

他向我解釋了箇中原因。穆爾加布建於一八九三年，最初是俄國在帕米爾的前哨站。直到二〇〇四年，這裡才開通了與中國邊境相連的闊勒買公路。但對大多數人來說，從這裡前往中國仍是一件相當抽象的事。

首先，塔吉克的車牌無法進入中國；其次，所有人都必須去杜尚貝辦理簽證。換句話說，即便是生活在穆爾加布的人，也不得不先長途跋涉到杜尚貝，辦好簽證，再乘飛機到烏魯木齊。這不僅讓大多數商業想法變得無利可圖，也讓中國顯得遙不可及。

我想起那些去喀什載貨的卡車。卡車司機的停車場就在穆爾加布郊外。我是不是能搭他們的順風車回國呢？經理說，他可以陪我去停車場問問。

第二天上午，經理找了一輛車，陪我去了一趟停車場。那是一個正在淪為廢墟的院子，頹圮破敗，有幾間參差不齊的黃泥土房。一個健碩的吉爾吉斯女人，從土房裡走出來，把一盆髒水潑到地上。院子裡靜悄悄的，只停著兩輛卡車。

從一輛卡車上，經理叫醒了睡眼惺忪的司機。他顯然沒想到有人找上門來。

經理與司機用俄語交談，然後告訴我說，我可以搭這輛卡車，不過有個問題——中國與塔吉克的邊境週末關閉。這天是星期日，司機打算午後出發，在邊境口岸過夜。這樣星期一開門後就能搶佔先機，否則有可能一整天都被迫滯留在高海拔地區。

「口岸處有沒有旅館？」

「旅館？」司機笑了，露出一顆閃亮的金牙，「那地方怎麼會有旅館呢？我們就睡在車上。」

經理建議我包一輛車。這樣我可以明天一早出發，不必在邊境過夜。他隨即打了幾個電話，總算找到一位願意跑這麼一趟的司機。他是旅館某位工作人員的親戚。我們談定車資一百二十美元——快夠他半個月的收入了。我不由再次感嘆塔吉克斯坦的隔絕：闊勒買是中塔之間唯一的口岸，卻沒有公共交通，只能高價包車。

5

午後，我去看了那座世界上海拔最高的列寧像。它矗立在一座微型廣場上，依舊指點著帕米爾的山河。廣場後面是一棟兩層的政府建築，懸掛著總統拉赫蒙的巨幅畫像。拉赫蒙原名叫拉赫蒙諾夫，為了推行去俄化政策，將名字中的「諾夫」一筆勾銷。在這個小廣場上，總統與列寧遙遙相望，中間相隔著漫長的歲月，身後是難以預料的未來。

我又去逛了逛巴剎。穆爾加布的巴剎是一個個貨櫃屋，販賣從奧什運上來的小商品。我罕見地興起了想買點紀念品的念頭，可是這裡實在沒有值得一買的東西。我突然想到在蘭加爾試過的暗綠色藥草。要是能弄一點回國，說不定可以誘騙朋友，說這是阿富汗的大麻。我走進一個賣雜貨的貨櫃屋，問有沒有那種藥草。我萬萬沒想到，藥草竟然這麼便宜，只花了兩塊錢就弄到一大包。

等我回到帕米爾旅館，經理攔住我：「有個德國人也走這條路，想和你結伴而行。我把你的房號給他了，他說會去找你。」

我在旅館的餐廳吃了晚餐，然後回到房間喝酒、看書，直到昏昏欲睡。第二天一早，我提著行李，來到院子裡，一個歐洲人朝我走了過來。

「聽說你也去中國？」

這個德國人個子挺高，圓臉，神態任性得近乎孩子氣。他穿著軍綠色襯衫和緊身自行車褲，戴著一頂鴨舌帽。他還推著一輛自行車，說自己是從柏林一路騎過來的。我細看那輛自行車時，不由大吃一驚：不是專業的山地車，而是都市休閒的優雅淑女車。

他說自己是「無家可歸者」，外加「環球旅行家」（global trottera）。沒有房子，沒有固定住址，所有家當就是自行車後面的兩個小包裹。他給人一種不務正業的印象，不像嚴肅的德國人，倒像是拉丁國家的浪蕩子。

他坦言，自己確實會說義大利語。他曾結交一位義大利姑娘，為了和她戀愛，學會了這門語言。現在雖然物是人非，義大利語卻還能派上用場。他天真爛漫地透露，他目前的生財之道就是翻譯義大利語和德語的商業文書，每月只需工作一周，收入就足以維持流浪生活。

我說，他的生活方式招人羨慕。我本以為他會趁機發表兩句關於此種人生的格言式見解，誰知他只是開懷傻笑，露出兩顆染有咖啡漬的虎牙。等待司機的時間裡，我們又聊了一會兒。雖說他的年紀比我大一輪有餘，卻表現得和國中二年級學生差不多。我鬆了口氣，覺得有這位「環球鹹豬手[1]」陪伴，旅途一定不會寂寞。

司機開車駕到。德國人把自行車綁在越野車的行李架上，然後我們鑽進車裡，向著邊境出發。路況比我想像的還要差，開始雖有一段柏油路，但很快就被搓板砂石路取代。大地出乎意料地平坦，彷彿是一面浩蕩的棋盤，前面沒有標誌，只有卡車軋出的斑駁印痕。路上完全不見人煙，遠處飄著一層淡淡的霧靄，給人一種無限的荒涼感。

我們經過一個隕石坑，有足球場大小。沒人知道隕石坑形成於何時。司機把車停下，大大咧咧地走到坑前，拉開拉鍊，開始撒尿。德國人也覺得有必要留個紀念。他倆撒尿的時候，我沿著坑邊勘察，發現一塊形如貝殼的碎片。我在書中讀到，很久以前，帕米爾高原是一片浩瀚的海床，如今滄海桑田。

快到邊境口岸時，道路再度復原為柏油路。這讓德國人精神大振，甚至樂觀地以為，口岸附近還會有個小商店，我們可以在那裡買到啤酒，慶賀一番。

「我還帶了下酒的堅果呢！」他開心地說。

事實證明，德國人的想法過於天真。塔吉克口岸一側排著一條卡車長龍，四周都是亮晶晶的雪山。風吹過山頂時，可以看到飛舞的雪沫，氣溫也比穆爾加布低了很多。我們直接插隊，開到最前面。可是已到午休時間，口岸封閉。司機不願在此久留，把我們的行李扔在路邊，隨即揚長而去。我和德國人只好在口岸外跺著腳，抵抗焦躁和寒意。

德國人寬慰我說，他總是暗示自己，旅行就像打遊戲，困難就如同遊戲中的關卡。比如，我們現在耗在外面，進退兩難，而這其實是遊戲的設定。我們只需心平氣和地想辦法，熬過去，就能闖關成功。

為了打發時間，我問他如果自行車在偏僻的地方拋錨如何處理？車胎扎了怎麼辦？

「我會修車，也帶了全套工具，半個小時就能把車修好。」

我又問他，下一站準備去哪兒？

他說，要穿過塔什庫爾干，走紅其拉甫，進入巴基斯坦，再到印度。「我可能會在印度逗留數月，去瑞詩凱詩精進瑜珈。」他進一步透露說，他在德國當過瑜珈老師。

「這麼說，你的瑜珈水準很高？」我問。

「旅館前檯的吉爾吉斯女孩也問了我同樣的問題。我對她說，我能平躺下來，用雙腳把你整個人頂起來。」

我心想：「這難道不是誤入歧途，墮入了魔道？」

這時，一個荷槍實彈的塔吉克士兵走了出來，抬起道閘，身後的卡車紛紛發動。

我們走進一間小平房，辦理手續。德國人的護照很快就出來了，我的卻滯留許久。排在我後面的是兩個在喀什打工的河南司機。遞交護照時，他們順便也將錢塞了進去。

我這才恍然大悟：「必須要給錢嗎？」

「不給的話，他們不給我們辦。」

我問他們車裡運的是什麼東西。

他們說，花崗岩。

「石頭？」

「對，這邊的石頭比國內便宜。」

「可算上運輸成本和賄賂呢？」

河南司機令人心碎地一笑：「就是賺個辛苦錢。」

德國人站在平房門口，捧著一袋開心果，吃得正歡。每當果殼攢了一手，他就嘩啦一聲，全部扔在地上。我心情不悅地走過去，一邊吃開心果，一邊猛扔果殼。直到小平房裡有人走出來，把蓋了章的護照遞還給我。

中國邊檢的房子十分高大，設備相當高級，我的藥草就在這裡慘遭收繳。

「你還用這個？這是他們卡車司機提神用的吧？」那位負責安檢的士兵說，「這個不允許帶入中國。」

「走這條路的中國人多嗎？」我問。

「旅遊的？」

「對。」

「你是我遇到的第一個。」

從邊檢下山，還要穿過一段十五公里長的無人區。士兵攔了一輛卡車，讓塔吉克司機把我們捎下去。

雖說是無人區，但中國一側的公路平坦順暢，還能看到在山間四處遊蕩的山羊。德國人不時感嘆：「要能一路騎車下去多好！」

我們到了山下，回頭眺望，發現中國一側的帕米爾風光更好。在塔吉克斯坦，我們是在高原之上，因此不覺山高。可是回到中國，海拔驟降，慕士塔格峰拔地而起，壯美異常，宛如一道不可逾越的屏障。

「我們居然是從那邊下來的！」德國人驚嘆道。

道路是深黑色的柏油路——筆直、平坦、充滿超現實感。沿著這條公路，向北走是喀什，向南走是塔什庫爾干。

「所以，你去哪兒呢？」德國人問我。

「對我來說，去哪兒都一樣。」我說。

我們握了握手，有點正式的握手，就像兩個共享過秘密的陌生人。之後，德國人跨上自行車，向南騎去，而我站在公路邊，看著他漸漸遠去的背影，消失不見。

我伸出大拇指，等待任何一輛願意停下來的汽車，把我帶往任何方向。

1 Trotter 也有「豬蹄」的意思。

——第三部——

烏茲別克斯坦

尋找烏茲別克的失落之心

1

旅行很少在我們認為的地方開始。

在帖木兒廣場附近的酒吧裡，那個纏著頭巾的旁遮普男人，突然開始向天空拋撒紙幣。雖然一千蘇姆一張的鈔票只相當於人民幣八毛錢，但我確實還是第一次目睹這般盛景。烏茲別克舞女們穿著聊勝於無的亮片舞裙，在旁遮普男人周圍扭動腰肢。俄羅斯流行音樂的節奏，更增添了紙迷金醉的氣氛。最初，旁遮普男人只是幾張幾張地扔錢。隨著姑娘們的叫聲愈烈，他終於決定把整摞鈔票拋向天空。一場錢雨紛然落下，在雷射燈光中四處飄散。酒吧服務生忍不住撿走飄到他腳下的幾張。他又高又瘦，還是個孩子。

阿札瑪將杯中的伏特加一口乾掉，搭在額頭上的褐色長髮，向後劃過棱角分明的面頰。桌上擺著一隻大肚瓶，裡面曾經裝著半升伏特加，如今都已在我們的肚子裡。

「你之前看到的全是他媽的假象，」他有點口齒不清了，「這才是現實！烏茲別克的現實！」

我是在上一家酒吧遇到的阿札瑪。那是一家光鮮亮麗的國際酒吧。只有樂團，沒有舞女。光顧者多為年輕人和常駐塔什干的外國人。當時，一副生意人模樣的阿札瑪坐在吧檯上，穿著奶油色西裝、棉布休閒褲和帆船鞋，正和一個光頭胖子推杯換盞。伏特加顯然放大了他對陌生人的興趣，於是我們聊了起來。

阿札瑪告訴我，他最初從事出口貿易，「烏茲別克的乾果出口到美國」。後來「發生了經濟危機，雷曼兄弟倒閉」，他的乾果生意「毀了」。

此時，我的頭腦還算清醒，所以我一度試圖理清雷曼兄弟和烏茲別克乾果生意之間的漫長邏輯鏈，但是徒勞無功。

我問阿札瑪後來怎麼樣了。

「我開始購買塔什干的房產。」

如今，阿札瑪擁有七八間公寓，散落在塔什干各處。憑藉這些公寓的租金，他過上了衣食無憂的生活。

阿札瑪微笑著說：「房地產是王道。這一點全世界都一樣。」

聊到這裡，阿札瑪問我願不願意跟他一起喝點伏特加。我看了看錶，時間已近午夜。我又孤身一人，與他素昧平生。然而，這些充分的理由並沒有阻止我接受邀請。後來我寬慰自己：這樣做是為了維護我們剛剛建立的中烏友誼，讓交談更加順利地進行。

阿札瑪拿起大肚瓶，為我斟滿伏特加，我們一飲而盡。他高興地為我繼續斟滿。按照烏茲別克的規矩，伏特加這種飲料從來沒有喝一杯就結束的道理。

酒吧的氣氛漸趨火爆，舞池裡擠滿了年輕的身軀。

「看，那個女孩已經醉了！」

順著阿札瑪手指的方向，我看到一個正在忘我舞蹈的烏茲別克少女。她身材很好，穿著黑色吊帶和熱褲，顯然已經進入迷幻狀態。舞池裡，無論是人們的打扮，還是音樂，都與任何一家國際化的酒吧無異。

阿札瑪問我是否感到無聊。他說，他不喜歡這家故作國際派頭的酒吧，他有一個更好的去處。他向我保證：「那裡才是真正的烏茲別克。」

我們結帳出門，坐上黑車，行駛在空曠的林蔭路上。幾年前，我第一次來塔什干時，就為這個伊斯蘭國家的開放程度感到震驚。那一回，我偶然走進一家名為「外交官」的酒吧。裡面的氣氛，絕對是對「外交官」這個名字的莫大嘲諷。

「我們是不是去外交官？」我問。

「那裡被人砸了。」

「誰幹的？黑幫？」

「警察，」阿札瑪大笑，「都一樣！」

黑車經過空無一人的帖木兒廣場，巨大的烏茲別克斯坦酒店宛如一座蜂巢。我這才意識到，我們要去的地方就在政府大樓附近。

那家酒吧沒有招牌，幾個打手模樣的壯漢守在門口。入夜後，塔什干的氣溫驟降，但他們穿著緊繃的T恤，完全不為所動。

我們走進昏暗的酒吧，只見到處是長髮舞女。她們無一例外地穿得很少，而且很漂亮。她們坐在客人的大腿上，隨著音樂扭動身體，一曲「膝上舞」的價格只需兩美元。舞池中央，一個半裸舞女倒掛在鋼管上，好像一件前衛裝置藝術。這裡不是「外交官」酒吧，但與之相比，有過之而無不及。

我們繼續喝伏特加。阿札瑪左顧右盼，最後指著一個舞女告訴我，那是他的「前女友」，兩人同居過一年。此刻，「前女友」正坐在一個旁遮普男人的大腿上。

「塔什干怎麼會有那麼多的印度人？」我問阿札瑪。

「他們喜歡烏茲別克女人，」阿札瑪說，「你看到這些舞女了嗎？兩百到五百美元一晚。貴，但是物超所值。」

在來塔什干的飛機上，我正好在讀克雷格．莫瑞的回憶錄。他曾是英國駐烏茲別克斯坦大使。任上最大的事績是迷上了一位塔什干舞女。那位舞女同時和三個男人交往，搞得大使陷入憂鬱，幾欲自殺。

我問阿札瑪，眼前的情景是否令他傷心。因為酒精的緣故，他的目光已經變得迷離，顴骨上有一層紅暈。

「不，不，」他矢口否認，「世界就是這樣。」

這時，旁遮普男人開始向天空拋撒鈔票。開始是幾張幾張的，然後是漫天揮撒。酒吧裡開始充滿一種不真實的氣氛。阿札瑪乾掉伏特加，站起來，恭喜我看到了烏茲別克的「現實」。他已經醉了，我也對自己的搖晃程度感到驚訝。我和阿札瑪在酒吧門口道別，他搖下黑車的窗戶，衝著我的背影大喊著什麼。

午夜的塔什干，一個醉鬼的告別。

一瞬間，我清醒了不少，並且意識到自己身在異鄉。旅行，正式從這裡開始了。

2

塔什干是中亞地區最大的城市，有超過兩百萬人口。我喜歡它寬闊、整齊的街道，也喜歡街道兩側遍植的栗樹和法國梧桐。

城市的心臟是帖木兒廣場。從那裡，數條大道像太陽發散出去的光芒，通向城市的各個方向。廣場中央，十五世紀的突厥征服者帖木兒高坐在馬背上——他是烏茲別克獨立後的民族象徵。

然而，正視歷史的學者們不免會發現其中的弔詭之處：帖木兒是突厥人，而非烏茲別克人。在他死後，帝國逐漸走向衰落，烏茲別克人的祖先穆罕默德・昔班尼正是利用了這個機會率部南下，擊敗了帖木兒的後裔，佔領了今天的烏茲別克斯坦。

昔班尼王朝分裂後，希瓦、布哈拉和浩罕三個汗國先後成立。到了十九世紀，這三個封閉而弱小的地方勢力已經無力阻擋沙俄的炮兵。

一八六五年，俄國人佔領了塔什干。這並非來自沙皇的授意，而是出於米哈伊爾・切爾尼亞也夫將軍對虛榮和財富的渴望。他違抗了沙皇不得冒進的命令，率領一千九百名士兵——大部分是逃犯、投機者和破產的農奴——對抗三萬名守城者。最後，他竟然以損失十九人的微小代價，攻下塔什干。從此，俄國人獲得了中亞的橋頭堡，而切爾尼亞也夫將軍的上司康斯坦丁・考夫曼將軍成為實際上的統治者。

在一張老照片裡，我發現帖木兒雕像所在的位置，最初豎立的是考夫曼將軍的雕像。考夫曼將軍手握長劍，底座是一隻展翅飛翔的雙頭鷹，象徵著沙皇俄國地跨歐亞且兼顧東西。第一次來塔什干時，我曾經漫步街頭，試圖尋找沙皇時代的遺跡，發現它們早已蕩然無存。一九六六年，一場大地震將城市變為廢墟。在更早的年月裡則是布爾什維克的鐮刀和斧頭。

考夫曼的雕像很快被推倒，取而代之的是列寧的半身像。今天的帖木兒廣場，當時被稱為「革命花園」。一九四七年，史達林的雕像取代列寧。奇怪的是，他竟然在這裡躲過了赫魯雪夫的「撥亂反正」。直到一九六八年，布里茲涅夫當政四年後，他的雕像才被長著蚪髯的馬克思取代。

一九九一年夏天，蘇聯即將解體，英國旅行作家柯林・施伯龍來到塔什干。他看到馬克思的雕像依然矗立，不遠處還有一座世界上最大的列寧雕像。馬路邊是兩排販賣烤串和抓飯的小攤，可是生意清淡得可憐。

如同夏秋交替之際患了感冒，塔什干迷失了自己。人們當時清楚地知道，無論是馬克思還是列寧都將被推倒。只是沒人知道，他們的位置將會由何人取代。直到一九九三年，帖木兒才總算從唯物歷史的迷霧中踉蹌殺出，代替德國人和俄國人，成為烏茲別克人的精神領袖。政府將這位中世紀的征服者神聖化，以無數的紀念碑、博物館和街道名稱來膜拜他。

只是這一次，歷史又開了一個小小的玩笑：如果以帖木兒為尊，那麼烏茲別克人的真正祖先昔班尼就勢必被視為「入侵者」和「敵人」。不管是否心甘情願，這正是烏茲別克斯坦的官方表述。

3

二〇一一年秋天，蘇聯解體二十周年之際，我第一次造訪塔什干。當時，帖木兒廣場已是如今的模樣。嚮導瑪莉亞告訴我，直到兩年前，這裡還是一座美麗的公園，到處是參天古樹，有些樹齡甚至超過一百年。這座公園是塔什干幾代人的回憶，隨處可以看到下棋的老人、挽手的情侶，以及推著嬰兒車散步的母親。不過一夜之間，樹木突然被砍去，代之以草坪。沒人知道究竟為何。

一種謠言認為，砍樹是為了露出一座新建的豪華建築。那個建築看上去十分宏偉，擁有希臘柯林斯式的白色石柱，彷彿莫名其妙地出現在這裡的宙斯神殿。這種說法缺乏確鑿依據，卻也暗合了某種現實，它暗指的是前任總統卡里莫夫的長女，卡里莫娃。

當年，卡里莫娃可謂烏茲別克最有權勢的人物，掌控著一個龐大的商業帝國，一度被外界視為卡里莫夫的接班人。那座白色神殿，正是卡里莫娃支持的基金會修建的。

我第一次來塔什干時，人們談起卡里莫娃多少有些遮遮掩掩。但是這一次，我發現她已經成為塔什干人民津津樂道的談資。

首先是因為二〇一二年夏天，卡里莫娃化名「咕咕莎」（Googoosha），在美國發行了一張電子舞曲專輯。為了給國際聽眾一個更容易理解的概念，她將自己與Lady Gaga相提並論，在宣傳語中寫道：「喜歡Lady Gaga嗎？不妨立即追蹤充滿異國風情的流行天后咕咕莎！」

卡里莫娃還推出了個人服裝品牌「古麗」。在官網上，她以第三人稱的口吻寫道：「我們無法忽視這些創新設計的創辦人是一位政治學家……擁有哈佛大學博士學位……」

沒人知道具體緣由，但是顯然卡里莫娃的種種行為激怒了父親。二〇一三年，她開始深陷數起政商醜聞。一位塔什干朋友告訴我，她被卡里莫夫「搧了一記耳光」，然後軟禁家中，隨後銷聲匿跡。

二〇一六年，卡里莫夫總統突然去世，標誌著烏茲別克強人時代的終結。「咕咕莎」沒能參加父親在撒馬爾罕的葬禮，表明她已經徹底喪失權力。二〇一七年夏天，新政府以有組織犯罪、洗錢、詐騙等多項罪名正式逮捕卡里莫娃。這也就是為什麼，這位昔日的公主再次成為了塔什干的熱門話題。

在帖木兒的雕像前，總是不乏拍照留念的遊人。但即便遊人再多，砍掉樹木的廣場依然給人一種空曠之感。我穿過廣場，沿著一條林蔭路漫步。當地人告訴我，這些年來，塔什干的變化很大。遺憾的是，我並沒有這樣的感覺。塔什干仍然像是遺落在歷史河床上的貝殼——那些陰鬱的建築、寬闊的林蔭道，都讓人想到蘇聯，甚至上世紀九〇年代的北京。

我途經阿里希爾．納沃伊歌劇與芭蕾舞劇院。漫天的烏鴉在暮色中翻滾，腳下的落葉嚓嚓作響。我頓時感到自己回到了童年。我清楚地記得，在剛上小學後不久，有一次放學回家的路上，我看到的就是這樣的景象。我停下腳步，恰好聽到《胡桃鉗》的唱腔，透過高大笨重的玻璃窗，傳到種滿栗樹的街上。

劇院的設計者也是莫斯科KGB總部大樓的設計者，而一磚一瓦將劇院建起來的則是三千名日本戰俘。後來，我買了一張票走進去，發現觀眾是龐大的法國老年旅行團和少量的本地俄羅斯人。我並不意外地看到，烏茲別克國民詩人納沃伊的半身像與柴可夫斯基、鮑羅定、穆索斯基等人的混在一起。

二戰期間，很多蘇聯文藝界的人士都搬到了塔什干。他們喜歡南方生活的緩慢節奏，喜歡脫離主流。在一個由撤離作家組成的小社區裡，阿赫瑪托娃度過了將近三年的時光，明白了在中亞炎熱的夏天，「樹的陰影和水的聲音意味著什麼」。一九五四年，索忍尼辛獲准離開哈薩克斯坦的流放地，來到塔什干接受癌症治療。後來他將小說《癌症病房》的背景設置在塔什干。布爾加科夫的遺孀愛琳娜曾把《大師與瑪格麗特》的手稿藏在這裡，直到一九六七年出版。伊果．薩維茨基則將一大批蘇聯超現實主義繪畫偷運至此。在俄國，這些驚世駭俗之作必然難逃厄運。它們在烏茲別克的沙漠邊城努庫斯找到了喘息之所。

然而，俄國的影響力的確在消退。與幾年前相比，越來越多招牌和廣告用拉丁字母替換了西里爾字母。除了蘇聯時代的塗鴉，大街上幾乎看不到俄語。我不免想到，那些在俄語環境中長大的數代人，會不會突然變成文盲和睜眼瞎？

如今，塔什干的街上只跑著兩個牌子的汽車，不是拉達，就是雪佛蘭。拉達是蘇聯時代的最後遺產，大都破舊不堪；而雪佛蘭是政府與美國合資建廠的產物，標誌著西方資本最終湧入了紅色帝國留下的真空。

對於烏茲別克斯坦的統治方式，西方國家原本懷有成見。然而在「9．11」恐怖攻擊之後，美國迫切需要為臨近的阿富汗軍事行動建立穩定的補給線，於是選擇和烏茲別克成為朋友。雪佛蘭等公司投資建設了工廠，數家涉外高級酒店在塔什干拔地而起。幫助申請「綠卡」的公司雨後春筍地出現了，我發現它們大都以美元或自由女神像的圖案為招牌。

從納沃伊芭蕾舞劇院出來，我打車去了一家愛爾蘭酒吧。一個長著安潔麗娜．裘莉般厚嘴唇的烏茲別克女人，正在和一個美國老頭說話。我聽到美國老頭說：「我當然會幫助你，盡我所能。但是你要知道，川普總統剛剛頒發了旅行禁令，現在來美國可沒那麼容易了。」

他停頓了一下，色瞇瞇地望著「裘莉」：「但是，我答應你，寶貝，我會想辦法的……」

4

圓頂集市外的大街上，曾經到處是換匯的小販，如今一個都沒有了。上一次來塔什干，我正是在這裡兌換了最初的兩百美元。

多年的通貨膨脹，讓蘇姆不斷貶值，而卡里莫夫政府既不願校準匯率，也不願推出更大面值的紙幣。那一次，走在圓頂集市外的大街上，很多人湊上來問我是否兌換美元。後來，我震驚地發現，兩百美元換來的是十幾摞橡皮筋捆紮的蘇姆。我不得不把整個雙肩包都塞滿紙幣，深深感到富人的沉重。然而，這一次，黑市不見了。

卡里莫夫總統去世後，很多人一度擔心，這個國家將不可避免地陷入群龍無首的境地。然而內閣總理沙夫卡特．米爾濟約耶夫順利接替了總統職位。他上任之後的最大手筆就是清除黑市——不是通過暴力清剿，而是讓國有銀行也使用黑市的匯率。這一招可謂立竿見影。烏茲別克最大的民間金融市場，一夜之間消失得無影無蹤。

那些人都去哪兒了？我一邊在街上走一邊想，然後突然意識到：所謂的黑市小販，大部分不過是普通的塔什干市民。黑市消失了，但他們依然在這條街上，做著其他各種各樣的小本生意。有的人在賣手工藝品，有的人在賣陶陶罐罐，有的人在賣饢，還有的人只是把自家院裡種的幾根黃瓜、幾串桑葚拿出來賣，賺取微不足道的收入。

一個戴著頭巾的老婦人，突然在我面前停下，嘴裡唸唸有詞。我這才注意到，我正走過庫克爾達什經學院。它高聳在一座小山上，俯瞰著圓頂集市。蘇聯時期，庫克爾達什經學院一度被當作貨倉，旁邊的星期五清真寺則淪為工廠。

經學院的庭院內綠草茵茵，栽著柿子樹。幾個穿著西裝、戴著小花帽的學生，正在午後的陽光下交談。他們告訴我，附近哪裡有好吃的抓飯，還說我應該去看看那部可能是世界上最古老的《古蘭經》，就在布哈里伊斯蘭學院對面。

布哈里是伊斯蘭教的聖人，曾走遍整個阿拉伯世界，收集穆罕默德的言論。他的《布哈里聖訓》被遜尼派認為是僅次於《古蘭經》的權威經典。布哈里生於布哈拉，葬於撒馬爾罕。或許，這就是烏茲別克斯坦的伊斯蘭最高學府選擇以他的名字命名的原因。

蘇聯時期，布哈里學院是整個中亞地區仍然開放的兩所經學院之一。最少時只有二十多名學生，而如今有超過三百名學生在這裡學習阿拉伯語和《古蘭經》。

蘇聯治下的烏茲別克斯坦是一個宗教色彩相對淡薄的國家，可是這裡百分之九十的人口是穆斯林。獨立後，伊斯蘭信仰開始迅速填補共產主義留下的空白。曾經廢棄的清真寺和經學院紛紛恢復原本的功能，強硬派的伊斯蘭分子也在這時出現。

塔利班在阿富汗的勝利激勵了這些人，讓他們幻想在烏茲別克斯坦建立一個政教合一的伊斯蘭國家。強人卡里莫夫則不能容忍權威受到挑戰。他選擇繼續蘇聯時代對伊斯蘭教的壓制，並對極端分子展開鎮壓。但是政治家們深知，伊斯蘭教本身亦是展示權力的最佳方式。因此，儘管信仰受到壓制，眾多清真寺和經學院卻得到了修復和興建。

在布哈里學院所在的廣場上，我看到嶄新的哈茲拉提伊瑪目清真寺。它是塔什干最大的清真寺，精美的檀香木廊柱來自印度，綠色大理石來自土耳其，藍色瓷磚來自伊朗，彷彿為了表明烏茲別克斯坦已經再次成為信仰的中心。

我看了一下錶，發現正是宣禮時間。我去過很多伊斯蘭國家，每當宣禮時間來臨，宣禮塔上的大喇叭就會響起。毛拉的喚禮聲，宛如綿長的男性詠歎調，迴盪在城市上空，讓人不由駐足肅穆。

然而，在這裡，廣場一片寂靜。二〇〇五年引發爭議的「安集延事件」[1]發生後，政府就禁止了每日五次的宣禮。哈茲拉提伊瑪目清真寺雖然擁有五十米高的宣禮塔，卻一次都沒有使用過。陽光下，它高大得令人目眩，像一個沉默無語的巨人。

我穿過空蕩蕩的廣場，走進收藏了《奧斯曼古蘭經》的圖書館。這是世界上現存最古老的《古蘭經》之一，屬於第三任哈里發奧斯曼·伊本·阿凡。西元六五六年，奧斯曼被叛亂的手下殺害。據說當時他正在閱讀這本《古蘭經》，因此上面沾染著他的血跡。

奧斯曼死後，先知穆罕默德的堂弟兼女婿阿里，繼任為哈里發。不過他很快就被奧斯曼的堂弟穆阿維葉暗殺。穆阿維葉成為新任哈里發，由此開啟倭馬亞王朝。遜尼派和什葉派的分裂之種，也正是在那時種下。

這本巨大的《古蘭經》就攤開在房間中央的讀經壇上。因為光線不足，給人一種幽古之感。透過玻璃罩，我仔細審視經書，發現它樸素得驚人，沒有任何裝飾，卻顯示出一種歷史的強悍。泛黃的書頁上，寫滿紛飛的古老經文，如同一支遊弋的大軍，讓人摸不清走向。我第一次感到，古阿拉伯文的書寫本身就含有一種令人畏懼的進攻性。我試圖尋找奧斯曼的血跡，但是沒有——敞開的這一頁非常乾淨。也許血跡在書中的某一頁，也許它不過是一個傳說。

一個頭戴四角帽的白鬍子老者也湊過來觀看經書。從他的穿著打扮上，我猜他可能來自費爾干納。那是一個富饒而古老的盆地，也是整個烏茲別克信仰最虔誠的地方。

「您從費爾干納來吧？」我操著踉蹌的烏茲別克語問。

「費爾干納，費爾干納。」老人沙啞地重複著。臉上佈滿皺紋，眼中因為激動而飽含熱淚。他的老伴坐在門口的長凳上，胖大的身軀裹在傳統的費爾干納長袍裡。

這本《古蘭經》先是由阿里帶到了伊拉克的庫法。十四世紀時，庫法被帖木兒征服，這位虔誠的突厥人又將它帶到帝國的首都撒馬爾罕。一八六八年，考夫曼將軍將它作為禮物獻給沙皇。另一種說法是，當時撒馬爾罕的伊瑪目以一百二十五盧布的價格，把這本已經無人能懂的鹿皮書卷賣給了俄國人。一九一八年，突厥斯坦蘇維埃社會主義自治共和國成立。為了向中亞的穆斯林示好，列寧又將這本《古蘭經》歸還給塔什干。

幾個世紀以來，聖書在不同的強權手上傳遞，現在終於靜靜地躺在我的面前。在昏暗的燈光下，我長久地凝視聖書，費爾干納老人開始喃喃祈禱。

5

在塔什干的最後一日，我認識了一個叫葉卡捷琳娜的女人。她在Instagram上關注了我，說自己在塔什干的一本旅行雜誌工作，問是否可以刊登我拍的照片。

我們約在地鐵站旁的一家咖啡館見面。她從一輛銀色雪佛蘭轎車裡鑽出來，穿著灰色大衣，淡粉色高跟鞋。她的黑色長髮微微燙出大波浪，精巧的鼻子旁邊有淡淡的雀斑。她不像烏茲別克人，或許是因為她缺乏明顯的民族特徵，或許是因為她的打扮過於國際化：她戴著一副日式眼鏡，耳垂上掛著戒指形的耳環。她的英語十分流利，甚至帶有淡淡的美國口音。如果不是葉卡捷琳娜的名字，我大概無法把她與任何特定國家聯繫在一起。

我們坐下來喝茶。她從包裡拿出一本雜誌。與她精心修飾的外表不同，那是一本裝幀粗糙的雜誌。我甚至不太確定它是一本旅行雜誌。翻閱時，我發現裡面只是一個又一個西裝革履的烏茲別克男人，在接受無聊的訪問。顯然，他們都是當地有份量的商人。或許，他們的工作與旅行有關。

我闔上雜誌，注視著葉卡捷琳娜。她告訴我，這本雜誌主要介紹烏茲別克境內旅行，偶爾涉及國外。

「我剛從吉蘭回來，」她說，「那裡的海拔很高，村子在大山深處。當地人幾乎不會說俄語，但是非常熱情。我喜歡那裡，所以回來後開始學習烏茲別克語了。」

「你不會說烏茲別克語？」我驚訝地問。

「我的母語是俄語，我的朋友們也全說俄語。」

「你是俄羅斯人？」

「很難說我是哪裡人。」

葉卡捷琳娜二十七歲，出生在塔什干，她父親是說俄語的猶太人，母親則是希臘裔的亞塞拜然人——他們都曾屬於龐大的蘇聯。蘇聯解體後，父親拋下妻子和五歲的葉卡捷琳娜，移民美國。她聽說他在大洋彼岸建立了新家，生了一兒一女，不過他們再也沒有見過面。

葉卡捷琳娜和母親一起生活，在俄語社區長大，上了俄語中學，大學則學習斯拉夫語文學。畢業後，她先在一家男性時尚雜誌工作，幾個月前才跳槽到這家旅行雜誌，只因為這裡允許她在家工作。她搬出母親家，獨自住著一間公寓，還養了一隻狗。

我後來問她，是否打算結婚。

「我不會結婚，」她說，彷彿剛剛二十七歲，婚姻的可能性就已不復存在，「我發現我很難相信男人，或許是我父親的緣故。」

說這話時，她的語氣中沒有一絲難過或傷感，更像是在陳述某個事實。她的五官很精緻，但是有一種會讓很多男人害怕的冷靜。

「小時候，我有很多猶太朋友，」她說，「後來他們都走了。有的去以色列，有的去美國。」

「你想過離開這裡嗎？」我問。

「不，我在這裡很快樂。」

「沒想過去美國，找你父親？」

「沒有，」她說，「去美國是我父親的夢想，不是我的。我從來沒有美國夢。」

「那俄羅斯呢？既然你的母語是俄語。」

「在俄羅斯我又能幹什麼？住在哪裡？」她的表情緊繃著，然後突然鬆弛下來，「我喜歡塔什干，喜歡這裡的大街小巷。我喜歡抓飯、烤包子、燒烤。無聊的時候，我經常一個人開車到郊外，躺在草坪上。那裡一點聲音都沒有。我不知道還有哪裡可以過這樣的生活。」

我點點頭，無法贊同，也無法反駁。一時間，我甚至不知道她為什麼聯繫我。難道真的是想向我約照片嗎？或許，她只是想找個陌生人散漫地聊聊天罷了。

我們在咖啡館裡待了一個多小時。與此同時，秋雨悄然而至，捲走了幾片樹葉。

1　二〇〇五年五月十三日，位於費爾干納盆地的城市安集延爆發反政府騷亂，造成數百人死亡。

不安的山谷

1

和想像的不同，前往費爾干納山谷的道路並不崎嶇，然而我的心情卻是興奮中帶有幾分擔憂。

從地圖上看，費爾干納山谷被南面的帕米爾高原和北面的天山山脈包圍。著名的錫爾河橫穿而過，向西流去。山谷長約三百公里，寬約一百七十公里，既是中亞最肥沃的農耕帶，也是宗教和民族矛盾相互交織的地區，因此被稱為「中亞的巴爾幹」。

複雜的歷史常以一種驚人的延續力影響著現實，這一點在費爾干納山谷體現得尤為明顯。一九二四年後，蘇聯擔心統一的泛突厥國家興起，因此決定採取分而治之的策略，將中亞地區分成了五個民族共和國。這樣的劃分讓費爾干納山谷出現一些切開族群的奇怪分界線，也為後來的民族矛盾埋下伏筆——在龐大的蘇聯體系下，分界線不過是地圖上的假設性界線，可是一旦這些共和國獨立，就會變成真實的國界。

如今，費爾干納山谷被三個國家分佔。每個國家的領土上，都散落著其他國家的飛地。塔吉克內戰、「安集延事件」和吉爾吉斯的政治動盪，更是一度令山谷的氣氛劍拔弩張。從青銅時代起，費爾干納山谷就有古老的文明，但那文明的榮光似乎從旅行者的雷達上消失太久了。

從塔什干進入費爾干納山谷的傳統道路，是取道塔吉克斯坦境內的苦盞。西元前三二九年，亞歷山大大帝正是從那裡進入費爾干納山谷，並建立起最靠近東方的希臘化城邦。然而，因為國境問題，我無法再走這條古老的通道。我必須走烏茲別克境內的道路，直接翻過冰雪覆蓋的查特卡爾山脈。

離開塔什干，我乘坐的廂型車衝入一片灰濛濛的霧霾。透過車窗，我看到低懸在半空的太陽，像一塊即將燒乏的炭球。我們相繼經過兩座污染的工業城市——阿爾馬雷克和安格連。一九四二年，這裡的金屬和煤炭曾被源源不斷地運往蘇德前線，餵養蘇聯的戰爭機器。如今，半廢棄的蘇式住樓之間，點綴著電纜塔和落滿灰塵的向日葵。一切似乎從上個世紀起就沒有發生過改變。

廂型車開始盤山，不時減速繞過落石。植被好像突然之間就消失不見，周圍只有傷疤一樣的灰黑岩體和水土流失造成的碎石。從烏魯木齊到阿拉木圖，我曾在很多地方目睹過天山，如今已到了這座山脈的最西端。隨著海拔的不斷升高，空氣也變得愈加透亮。

在卡姆奇克隘口，廂型車停了下來，因為查特卡爾的雪頂已經近在眼前。觀景台旁有一個灰撲撲的小商店，販賣零食和蘋果。一個烏茲別克家庭正與雪山合影。戴著鴨舌帽的男人，坐在一輛蘇聯舊摩托車上，腳下躺著一隻曬太陽的黃狗。

不久，我看到趕著大群黑山羊轉場的牧民。他們騎著馬，甩著長鞭，羊群蕩起大串塵煙。風從山那邊吹來，一度帶來塔吉克斯坦的手機信號。南方不遠處，帕米爾高原的淡影已在稀薄的空氣中顯現。我知道，山的那一側就是塔吉克斯坦，一個說著山地波斯語的不同世界。

經過荷槍實彈的檢查點，跨過奔騰的錫爾河，標誌著我們進入了費爾干納山谷。突然之間，眼前開始呈現出一幅農耕文明的景象：一座挨一座的黃泥院落、葡萄架、石榴樹、桑樹，還有大片大片的棉花田。灰霾再次覆蓋地平線，在如同薄霧籠罩的棉花地裡，我看到眾多烏茲別克女人正在採摘棉花。

十九世紀，沙俄帝國開始把這裡變成棉花基地。棉花取代了當地農民栽種的傳統食用作物，成為主要經濟作物。一份統計顯示：一八六〇年，中亞供應的棉花僅占俄國棉花用量的百分之七；到了一九一五年，這個數字變成百分之七十。

蘇聯時期延續了這樣的做法。一九三九年，在十八萬「志願者」的努力下，長達兩百七十公里的費爾干納大運河貫通了。為了灌溉更多的棉花田，中亞的兩條大河——阿姆河和錫爾河被人為改道，最終導致鹹海面積的大規模縮減。

由於長期種植單一作物，加之使用化學肥料，費爾干納山谷的土地開始變得貧瘠，然而這樣的經濟模式早已積重難返。獨立後，烏茲別克斯坦仍然保持著世界產棉大國的地位。二〇一七年以前，所有中小學生都必須參加義務採棉勞動。每到採棉季節，運輸能力不足的火車上會擠滿流動的採棉女工。幾天後，一位印尼旅行者告訴我，他已經購票的火車被突然取消，因為要改成「採棉專車」。

我與一個正在採棉花的烏茲別克女工聊了起來。她戴著鮮豔的頭巾，挎著盛棉花的布兜。在齊肩高的棉田裡，她的步態好像正在涉水穿過一片蘆葦蕩。她告訴我，女工們一天要採摘五十至六十公斤棉花，能掙到大約二十塊人民幣。她今年二十六歲，有一個五歲大的兒子。她指著手上的戒指，大概是問我有沒有結婚。當我面露困惑之色時，她開心地笑起來。

在中國的史書上，費爾干納山谷卻以另一種物產聞名——汗血寶馬。張騫出使西域時，曾到訪費爾干納山谷中的大宛國，為漢武帝帶回了汗血寶馬的最初描述：日行千里，汗出如血，食紫色苜蓿，是天馬的後代。

從那時起，西域的其他奇珍異寶就顯得黯然失色。武帝無論如何都要得到這些天馬。十幾個世紀後，馬可．波羅經過這一地區。他聽說汗血寶馬的譜系可以追溯到亞歷山大大帝東征時帶來的色薩利戰馬身上。

最初，武帝派出使臣，想以純金打造的金馬換取真馬。大宛王對此不感興趣，拒絕交換。漢使以大軍將至相威脅，但大宛王認為漢朝遠在東方，中間相隔萬里黃沙，北邊又有匈奴，所以不會派大軍遠襲大宛。漢使發怒，擊碎金馬，然後離去。沒想到行至邊境時，被大宛王派人殺死，奪取了財物。

武帝大怒，發誓要報仇雪恨。他組織了一支遠征軍，交給寵妃的兄弟李廣利將軍統領。

西元前一〇四年，這支大軍消失在玉門關外。史料記載，那一年蝗災氾濫，顆粒無收，數萬士兵死在路上。西域各國又堅守城池，不肯供給食物。幾個月後，當李廣利出現在費爾干納山谷時，士兵只剩下十之一二。

第一次西征大宛兵敗而歸，李廣利擔心性命不保。武帝揚言，如果李廣利敢踏入玉門關一步就格殺勿論。暴躁的武帝組織了一場規模更大的征討。他調集全國之力，放出所有囚犯，增派品行惡劣的少年，準備了充足的糧草。一年多的時間裡，六萬士兵從敦煌浩浩蕩蕩地出發。

這一次，漢軍成功包圍了大宛都城，改變河道，切斷水源。大宛的百姓殺死老國王，答應李廣利將軍，只要退兵就可以任意挑選寶馬帶走。李廣利選取了幾十匹良馬和三千多匹中等的公馬母馬，得勝而歸。那些回到中國的士兵全都封官晉爵，而大宛成為漢朝的屬國。

2

大宛國的舊地就距今天的浩罕不遠，然而浩罕早已看不到任何當年的遺跡。這座古老的城市看上去很年輕，帶著些許蘇聯式的荒涼。

我在新城最好的一家旅館住下。房間裡鋪著老舊的地毯，擺著品味惡劣的傢俱。到處充滿一種昏暗的氣氛，讓人聯想到浩罕同樣昏暗的歷史。早餐是斯巴達式的自助餐：冷的煮雞蛋，同樣冷的饢，結冰的西瓜片。我喝了一杯溫茶就走出旅館，開始探索這座城市。

十八世紀時，浩罕是與布哈拉、希瓦並立的三個汗國之一，鼎盛時期的疆域從費爾干納山谷一直到塔什干以北的哈薩克草原。十九世紀，浩罕見證了俄國對中亞的蠶食，此後不斷喪失領土，最終在一八七六年被俄國吞併。

在浩罕風雨飄搖的日子裡，胡達雅爾汗仍然不忘修建自己的宮殿。弔詭的是，如果不是這位荒唐的可汗，今日的浩罕可能會喪失僅有的一點吸引力，徹底淪為一座枯燥乏味的城市。

可汗宮離我住的旅館不遠，完工於一八七三年。它曾擁有六座庭院，一百一十三個房間，其中一半是胡達雅爾汗的後宮。可汗是虔誠的伊斯蘭信徒，但有四十三個妃子。為了應付伊斯蘭教只能娶四個老婆的規定，他的身邊總是帶著一位伊瑪目，以便隨時為他舉行結婚和離婚儀式。宮殿建成後僅三年，俄國人就來了。考夫曼將軍的炮火，令大部分建築化為瓦礫，只有十九個房間保存下來。

我徜徉在可汗的庭院裡，卻感受不到太多震撼。相比這些殘留下來又得到精心修復的建築，我更感興趣的是那些散落在歷史角落中的逸聞。關於浩罕汗國的殘暴描述，時常出現在十九世紀的中亞旅行筆記裡。

一八七三年，美國外交官尤金·舒勒來到浩罕。他目睹了一場典型的浩罕式狂歡：一位死刑犯正在遊街示眾，身後跟著劊子手。作為狂歡的前奏，沿途群眾紛紛向罪犯投擲石塊。直到劊子手認為氣氛已經足夠熱烈，他才突然從背後掏出利刃，將罪犯割喉。犯人像爛泥一樣倒在地上，任由日光曝曬數小時，鮮血浸透沙地。

如今，可汗宮的房間已經改為博物館，介紹浩罕國的歷史。我走了一圈，發現並沒有提到那位著名的浩罕人物。對中國人來說，浩罕最為人知的不是那些荒淫殘暴的可汗，而是一個幼年時面容姣好的孌童阿古柏，後來被新疆人稱為「中亞屠夫」。

阿古柏生於浩罕國，年幼時父母雙亡，被流浪藝人收留，習得一身舞藝。十歲時，他成為一名男扮女裝的舞童「巴特恰」，被浩罕的軍官看中，後來又幾次轉手。或許是因為童年時代的陰影，成年後的阿古柏變得精明而殘暴。他利用鎮壓哈薩克人起義的機會立下戰功，逐漸成為握有兵權的人物。

一八六四年，新疆發生內亂。已是浩罕國將軍的阿古柏趁亂進入喀什，不斷攻城掠地。短短幾年的時間裡，阿古柏幾乎吞併了除伊犁之外的整個新疆。他自立「洪福汗國」，以重稅政策和嚴苛的伊斯蘭教法統治新疆。此時，浩罕國已經名存實亡，而沙俄和英國都不希望對方的勢力主導新疆，於是願意讓阿古柏作為兩大帝國的緩衝地帶。

一八七六年，左宗棠率領清軍入疆，開始收復失地之戰。阿古柏的統治早已引起當地維吾爾人的厭惡。次年，清軍進軍南疆之際，阿古柏突然死於新疆焉耆縣。阿古柏的兒子將其葬在喀什。不久，「洪福汗國」崩潰。

關於阿古柏的死因眾說紛紜，並無定論。《清史稿》認為阿古柏是兵敗自殺。新疆歷史學家穆薩・賽拉米在《伊米德史》中寫道，阿古柏是被莎車貴族以毒酒毒死的。韓國中亞史學者金浩東在《中國的聖戰》一書中則說，阿古柏死於中風。

離開可汗宮，我漫無目的地走在穆斯林居住的小巷裡。當地人的黃泥院落，全都有著高高的圍牆和緊閉的雕花鐵門，像守衛森嚴的堡壘。我路過一座經學院，穿過一片穆斯林墓園。墓碑上刻著死者的生卒年月，還有象徵伊斯蘭的星月圖案。旁邊是一座有點破敗的清真寺，一輪真正的淡月已經掛在半空。

一九一八年，布爾什維克再次攻陷浩罕，推翻了短暫的自治政府。三天的鎮壓導致一萬餘人死亡。這是發生在浩罕的又一次「狂歡」。如今，走在穆斯林小巷，看著這些緊閉的宅院，我好像突然明白了什麼：在費爾干納山谷，在浩罕，緊閉的宅院的確是人們最後的堡壘。

後來，一個小男孩推著賣饢的推車，鑽進一戶宅院。透過片刻敞開的大門，我驚奇地發現院子裡其實別有洞天：一小塊土地上種著蔬菜，上面架起葡萄架。院子裡種著柿子樹和石榴樹，環繞著一家人夏日納涼的木榻。一個戴著頭巾的女人，正抱著牙牙學語的孩童。她發現我在窺視卻沒有反感，反而笑著舉起襁褓中的孩子，好像在展示驕傲的徽章。我也笑著朝她揮揮手，然後邁步離開。

3

回到破敗的旅館，我開始研究地圖。費爾干納山谷是絲綢之路的必經通道，這裡仍然保留著一個生產絲綢的小鎮。於是第二天一早，我坐車前往馬爾吉蘭——蘇聯時代的絲綢中心和黑市中心。

馬爾吉蘭的製絲歷史遠比蘇聯久遠。早在九世紀時，這個絲綢之路上的小鎮就已經有了製絲產業——雖然產品品質不可與中國的絲綢同日而語。蘇聯時期，馬爾吉蘭的絲綢遠銷全國，而行將就木的計劃經濟也令這裡的黑市遠近聞名。

在馬爾吉蘭，我發現幾乎所有的女人都圍頭巾，男人則戴著傳統的四角小帽。通往大巴剎的路旁，遍植著桑樹。樹蔭下是一排賣石榴的小販，鮮豔的石榴籽成熟得幾乎要爆裂開來。印度蒙兀兒王朝的開國皇帝巴布爾就生於費爾干納山谷，晚年他在回憶錄中寫道：「撒馬爾罕和布哈拉那些有名的無賴潑皮，大部分來自馬爾吉蘭。」不過更令他念念不忘的是這裡的物產：「石榴和杏子是最好的。」

紀念品絲綢廠仍然沿用古老的工藝，從煮蠶繭、剝蠶絲到紮染，全部是一千年前的方法，完全無需用電。在這裡，紮染的紅色來自石榴皮，黃色來自洋蔥，而棕色來自堅果。女工們一邊紡織，一邊聽著手機裡傳出的烏茲別克音樂。一個月的勞作，可以換來一千塊人民幣的收入。

在絲綢廠的大門口，我遇見兩個竊竊私語的女孩。她們穿著牛仔褲，紮著馬尾辮，全都沒戴頭巾。她們注意到我，似乎很想和我說話，卻欲言又止。最後，那個穿著黑色皮夾克的女孩走了過來，和我打招呼。

「我們是費爾干納大學英語系大三的學生，」女孩紅著臉說，「老師給我們留了一個作業，要我們用英語採訪來費爾干納的遊客……可是費爾干納沒有遊客……」她解釋著，臉因此變得更紅，「於是我們來到馬爾吉蘭，想碰碰運氣……你能接受我們的採訪嗎？」

她問了一些普通的問題：「為什麼會來費爾干納？」、「都去了哪些地方？」、「對這裡有什麼印象？」、「是否喜歡烏茲別克的食物？」

回答完這些問題，我們都沉默下來，於是我問能否也問她幾個問題。我們走到路邊，坐下來，散漫地聊起來，分別前還加了烏茲別克的微信——Telegram。

在隨後的幾天裡，她經常給我發消息，然後我們就聊上一會兒。在虛擬世界裡，她變得大膽很多，時常一下發來數張照片：她做的飯、她的房間、她的布娃娃。有時候，我忘記回覆，她就會發來生氣的表情，或者問我：「你還活著嗎？」漸漸地，我終於能夠拼湊出一些她的故事。

她叫妮格拉，出生在費爾干納，二十一歲。她從來沒有離開過山谷，甚至不曾去過塔什干和撒馬爾罕。在保守的費爾干納，像她這樣年紀的女孩，一畢業就要在父母的安排下結婚。她離畢業還有一年，父母已經開始為她物色人選。可是她不想結婚，對婚姻也沒有任何概念。高中時，她喜歡過一個男孩。後來，男孩去塔什干讀大學。他們變得很少見面，聯繫也漸漸中斷。她知道，塔什干的女孩更漂亮，也更開放，她和那個男孩不可能在一起，也不想和一個不認識的男人結婚。她不知道該怎麼辦。她想離開費爾干納，想去留學，甚至想去死。

很多時候，妮格拉總是一個人在說，而我只能報以沉默。對她來說，我這樣的外國旅行者或許就像宇宙中一顆遙遠的星球，可以放心地吐露內心的秘密。她說，她只把這些事情告訴過一個最好的女朋友。對方建議她學習《古蘭經》，那可以帶來內心的平靜。

「但是《古蘭經》只會讓我接受現在的一切。」她說，然後沉默了很長一段時間，「不過，或許這就是我應該過的生活。」

4

離開馬爾吉蘭，我前往三十公里外的費爾干納。這座與山谷同名的城市是整個山谷的工業中心，一座由俄國人建造的新城。和很多俄國城市一樣，費爾干納的中心是一座沙俄時代的堡壘，街道從這裡向四周輻射。我一邊四處閒逛，一邊留意著那些街名：費爾干納大街、納沃伊大街、帖木兒大街……一個當地人告訴我，這些頗具民族特色的名字分別對應著過去的卡爾·馬克思大街、普希金大街、共產主義大街。不少老人至今還習慣使用原來的名字。

然而，這些蘇聯時代的名字最終還是成了傷疤一樣的過往。與它們一同消失的，還有那些曾經住在這裡的俄羅斯人。年輕一代大都去了塔什干，而老一代要麼已經去世，要麼垂垂老矣。這座城市有著明顯的俄國基因，但是我在街上看到的幾乎都是烏茲別克人，中間夾雜著幾個韃靼人。

麥斯赫特人呢？他們曾被史達林從喬治亞靠近土耳其的地方發配到這裡。一九八九年，正是在費爾干納，當地的麥斯赫特人和烏茲別克人發生了激烈的衝突，上百人喪生。麥斯赫特人是突厥人種，但信奉什葉派，而烏茲別克人是遜尼派的信徒。在取消宗教、推行民族融合的蘇聯，宗教和族群的界限變得模糊不清，一種相對平靜的關係維持了數十年。可是一旦這種體制瀕臨潰敗，宗教勢力和民族主義就會結合在一起，導致慘劇發生。

動盪的過程通常殘酷又劇烈，每一次都會讓整個中亞為之震動。麥斯赫特人很快被集體性地驅逐，大部分人去了亞塞拜然。無法輕易離開的是那些幾個世紀以來就混居在此的族群：烏茲別克人和吉爾吉斯人。

史達林創造性的分界法，希望把不同民族分而治之。然而費爾干納山谷自古就是多民族的混居之地。在山谷的邊境地帶，即使人們十分努力，烏茲別克人和吉爾吉斯人也根本不可能擺脫對方。

費爾干納距離吉爾吉斯邊境只有咫尺之遙，大量的烏茲別克人至今生活在分界線的另一側。在蘇聯時代，分界線並不具有任何現實的意義，他們可以輕易地跨過邊境，到烏茲別克一側的巴剎購物，做生意，探親訪友。然而，蘇聯解體後，分界線成為一條名副其實的界線。一夜之間，這些生活在吉爾吉斯境內的烏茲別克人發現，自己無法繼續從前的生活——他們變成了另一個國家的少數族群。

一個烏茲別克人告訴我，他們和吉爾吉斯人是兩個不同的民族。他斬釘截鐵的口吻，呼應了中亞史學家弗拉基米爾．納利夫金的觀點。在《本地人的今與昔》一書中，納利夫金總結了兩個民族之間不太融洽的歷史關係：烏茲別克人是定居民族，而吉爾吉斯人是遊牧民族。烏茲別克人瞧不起吉爾吉斯人，而又懼怕他們的武力。烏茲別克人大都是農民、工匠、商人，而吉爾吉斯人喜歡在山間放牧，住在傳統氈房裡。他們不時劫掠烏茲別克人的馬匹，只有當他們需要買東西時，才會下到烏茲別克人居住的綠洲城鎮。這時，烏茲別克人就會大肆嘲笑吉爾吉斯人的愚昧無知，然後狠狠地敲他們一筆。

獨立之後，費爾干納地區的烏茲別克人和吉爾吉斯人不時爆發大規模的衝突。最近一次衝突發生在二〇一〇年，導致數百人喪生。如今，兩個國家都對邊境地帶嚴加防範，這讓交往變得更加困難——分界線終於從地圖上的一條虛構界線，變成兩個族群地理上的分界線，甚至心靈上的分界線。

我無法前往分界線的另一側，也難以合法地進入吉爾吉斯斯坦境內的烏茲別克飛地。烏茲別克斯坦有四塊飛地散落在吉爾吉斯境內，其中離費爾干納最近的是莎希瑪爾丹。它位於阿克蘇河和卡拉蘇河交匯處的一個山谷中，被吉爾吉斯的領土包圍著，距離烏茲別克邊境只有十九公里。

那是個貨真價實的「國中之國」：居民說烏茲別克語，使用烏茲別克貨幣，遵從烏茲別克的法律，把帖木兒當作民族英雄。山谷之外的世界說吉爾吉斯語，使用匯率不同的吉爾吉斯貨幣，遵從吉爾吉斯法律，把瑪納斯當作民族英雄。在蘇聯時代，他們原本屬於同一個國家，過著同樣的生活。然而，兩個年輕的國家都需要建構甚至虛構自己的歷史和榮譽感，於是他們走上不同的道路，過起各自的生活。

我打聽到，在費爾干納可以雇到黑車司機，帶我冒險前往莎希瑪律丹。在這裡，只要有錢，似乎什麼事都辦得到。

「如果遇到盤查怎麼辦？」

「你帶著美金吧？」那個人說，「賄賂那些軍人！」

但我已經見識了分界線的意義，決定離開費爾干納，前往撒馬爾罕。

通向撒馬爾罕的金色之路

1

很少有哪座城市神秘得如同幻影。

撒馬爾罕曾是整個伊斯蘭世界的中心、龐大帝國的首都。但與開羅、大馬士革、伊斯坦堡不同，它深鎖於內陸深處，對東西方來說都是地理意義上的邊緣。十六世紀以來，戰爭、劫掠和地震，幾乎使它變成一座鬼城。絲綢之路的中斷，更是令整個中亞成為一個黑洞。在歷史的迷霧中，撒馬爾罕沉睡了數個世紀，造訪過這裡的旅行者屈指可數。

撒馬爾罕成了人們想像中的「亞特蘭提斯」。歌德、濟慈、韓德爾全都幻想來到這裡。直到二十世紀初，英國詩人詹姆斯．弗萊克還在詩劇《哈桑》中寫道：「出於對未知領域的渴望，我們踏上了通往撒馬爾罕的黃金之路。」好像他筆下的商人不是去做生意，而是去探索神秘的未知。

我回到塔什干，從那裡前往撒馬爾罕。M39公路一路向西南延伸，連接著撒馬爾罕、沙赫里薩布茲，直至阿富汗邊境。一八九五年，橫跨錫爾河的鐵路將塔什干、撒馬爾罕和裏海大鐵路連在一起。然而，期望中的通商沒有出現。如今，這裡是大片的棉田，沿線散落著加工棉花的工廠。

跨過錫爾河後，周圍變得愈加荒涼。這片乾燥的土地被俄國人稱為「饑餓草原」。在《大唐西域記》中，玄奘大師也寫過此地：道路消失在無盡的荒漠中，只有跟隨前人和駱駝的屍骨，才能辨別方向。

赫魯雪夫的「拓荒運動」改變了這裡。我所經過的棉田、農場和城鎮，無不是蘇聯時代的產物，並且依然沉浸在那樣的氛圍中。那是一種十分奇妙的景象：既衰敗不堪，又生機勃勃。我看到幾隻白鷺在電線杆上築巢，但沒人知道牠們為何會出現在那裡。

午後，我乘坐的廂型車抵達吉扎克。這裡曾是絲綢之路上的十字路口，控制著從費爾干納山谷前往撒馬爾罕的咽喉，因而有「鑰匙」之意。如果從浩罕一路向西，穿過塔吉克斯坦境內的費爾干納山谷，就可以方便地抵達這裡。然而，因為邊界問題，我不得不繞上一個大圈子。

烏茲別克人告訴我，吉扎克有兩樣東西聞名。首先，它是蘇聯時代烏茲別克總書記拉希多夫的故鄉，至今保留著以拉希多夫命名的廣場、學校和街道。拉希多夫統治烏茲別克二十四年，他最喜歡的口頭禪是「為了布里茲涅夫同志的威望和囑託」。然而，這並不妨礙他大肆虛報棉花產量，並以此作為資本，鞏固權力，中飽私囊。

八〇年代初期，烏茲別克斯坦的棉花腐敗案終於暴露。調查從一九八三年一直持續到蘇聯解體前夕。一萬八千名黨員被開除，涉案金額高達六十五億美元。然而，隨著調查的不斷深入，戈巴契夫發現案件早已牽涉到蘇聯的權力核心。為了穩定政局，他不得不親自終止調查。蘇聯大廈崩塌後，棉花腐敗案也最終不了了之。

對烏茲別克人來說，拉希多夫依然是英雄。儘管他貪婪、腐敗，統治手段堪比黑手黨，可他畢竟欺騙的是莫斯科。那些通過棉花騙來的錢，大部分被拉希多夫的黨羽瓜分，但還是有九牛一毛用於改善民生。在拉希多夫之前，吉扎克只是一個偏僻的定居點。在他統治期間，這裡變成了一座不大不小的城市，甚至一度傳言要取代塔什干，成為烏茲別克斯坦的首都。

穿過拉希多夫大街，我去了當地一家著名的包子鋪。吉扎克的巨型烤包子是第二件聞名遐邇的東西，而且遠比拉希多夫更符合我的胃口。吉扎克烤包子有正常烤包子的三四倍大，不是小吃，而是正餐。我走進包子鋪，只見院中葡萄架下擺著餐桌，坐滿了正在吃包子或等待吃包子的當地人。

包子的外皮烤得很酥。用刀切開後，冒著熱氣的羊油瞬間就湧了出來，流得滿盤子都是。據說，判斷烤包子好壞的真正標準，就是看油脂往外流溢的程度。從這個角度看，吉扎克的烤包子沒有讓人失望。

帶著油脂蒙心的眩暈感，我再次上路。離開吉扎克後，汽車和火車都要沿著吉扎克河前進。我很快陷入昏沉的睡意，直到廂型車突然停下，O型腿的司機告訴我，「帖木兒之門」到了。

到了這裡，不可一世的帕米爾高原已經逐漸勢弱，而帖木兒之門其實是一道打開的缺口。幾個世紀以來，突厥和蒙古的遊牧部落，都是從這裡進入肥沃的澤拉夫尚河谷。誰掌控這道大門，誰就獲得戰爭的主動權。據說，由於某次戰役太過激烈，在隨後的一個月裡，吉扎克河的河水變成了紅色。如今，巨石拱廊上刻滿花花綠綠的塗鴉。我試圖從中找到傳說中帖木兒時代的題刻，看到的卻只有烏茲別克人的「到此一遊」。

夜幕開始降臨。穿過棉田海洋和身份不明的城鎮，我坐的廂型車終於駛入一片毫無個性的郊區。街上的人突然多了起來，汽車按著喇叭，雜亂的電線在頭頂織出一張網。我突然意識到，在這黯淡、破敗的外殼裡，就坐落著那座古老的城市——撒馬爾罕。它像一件聲名遠播的珠寶，被太多人注視過、議論過、覬覦過。

與塔什干相比，撒馬爾罕人的面部線條更硬朗，有著波斯式的高鼻樑，穿著卻更落伍。他們是塔吉克人，講塔吉克語。撒馬爾罕自古就是塔吉克人的城市。

車窗外的小山上，出現幾座清真寺青綠色的圓頂。那是夏伊辛達—撒馬爾罕最神聖的陵墓群。六年前，我也是在同樣的季節，同樣的傍晚，參觀了那裡。當時，遊客已散，偌大的夏伊辛達如同一座空蕩蕩的劇場。

那一次，我住在一家巨大的未來主義風格的蘇聯酒店裡。大廳陰暗無比，孤獨地擺著幾張棕色皮沙發。我還記得，那天晚上，我和導遊瑪莉亞坐在沙發上聊天，談著各自想像中的未來。後來，瑪莉亞辭去了導遊工作，去了美國。如今她在一家廣播電臺工作。

酒店依然矗立在那裡。暮色中，依然如一座未來主義的宮殿。然而，我驚訝地發現，它已經徹底倒閉。茶色玻璃大門上掛著一把生鏽的大鎖，地上飄滿落葉。

六年時間，究竟可以讓一座古老的城市發生何種改變？

2

阿夫羅夏伯，位於撒馬爾罕新城的東北方，是這座古老城市的發源之地，它與波斯文明有著千絲萬縷的聯繫，因為「阿夫羅夏伯」就取自當地一位波斯國王的名字。在菲爾多西的史詩《列王紀》中，這位國王以兇狠殘暴卻勇猛智慧著稱。

我走在破碎的土山上，雜草和石塊之間就是宮殿的遺址。厚實的牆壁深入地表之下，卻依然可以分辨出大廳、房間和走廊。它俯瞰著澤拉夫尚河的支流，遠處的帕米爾高原在深秋的空氣中閃著光。住在阿夫羅夏伯的居民是粟特人。他們擅長商賈買賣，是天生的生意人。在中國的傳說裡，粟特人會把蜂蜜塗在嬰兒的嘴唇上，這樣他們長大後就能巧舌如簧。

唐代時，大量粟特人來往於絲綢之路。西安、洛陽、甘肅、河北，乃至山東半島上，都有粟特人的身影。那位後來把大唐帝國攪得天翻地覆的安祿山就是粟特人。唐人姚汝能編撰的《安祿山事蹟》中說，安祿山能講九種語言，多智謀，善人情，最初在唐朝邊境城市營州擔任商貿翻譯。

安祿山會跳「胡旋舞」——這種舞蹈正是撒馬爾罕地區的絕技。唐玄宗時，撒馬爾罕的統治者把許多胡旋女作為禮物送到唐朝。這些粟特女孩穿著錦緞做成的緋紅袍、綠錦褲、紅鹿皮靴，站在轉動的大球上，做出各種令人嘆服的旋轉動作。據說，楊貴妃也學會了這種舞蹈，而這被詩人白居易和《新唐書》的作者視為「天常將亂」的徵兆。

一二二〇年，成吉思汗的鐵騎摧毀了這裡。從此，眼前的土地湮滅於歷史。當年的宮殿被埋在了地下，漸漸被後人遺忘。直到十九世紀八〇年代，俄國考古學家才開始在阿夫羅夏伯的廢墟上進行挖掘。他們的考古發現陳列在阿夫羅夏伯附近的一座大理石博物館裡。

我花時間參觀了這座博物館。對我來說，最有意思的是絲綢之路留下的遺跡。中國人的絲綢和瓷器傳入這裡，而粟特人則將製造玻璃和釀造葡萄酒的技藝傳入中國。東西方的珠寶、首飾、錢幣在這裡薈聚，還有用骨頭精心雕刻的下棋者。他們的形象讓我想到唐代酒館中的「醉胡人」——那是一種頭戴寬簷帽、高鼻樑、藍眼睛的木偶，用來表示喝醉的胡人。當這種木偶跌倒時，坐在它跌倒方向的客人，就必須將杯中之酒一飲而盡。

粟特時期的壁畫也部分保存了下來。由於伊斯蘭教禁止偶像崇拜，阿拉伯人將壁畫人物的眼睛刮了下來。然而，這些壁畫的筆觸堪稱精良，顏色歷經千年依然鮮豔。那時正是中國的唐朝，也是粟特文明最鼎盛的時期。

我仔細審視著那些壁畫，其中一幅展現的是萬國朝拜的盛景。撒馬爾罕的君王高坐在寶座上，身穿華麗的長袍，戴著精美的飾物，各國使節紛紛獻上各自的珍寶：有捧著絲綢的唐朝人、長髮的突厥人、梳著辮子的高句麗人和來自帕米爾高原的遊牧首領……當年的撒馬爾罕，遠比今日繁華。

在另一幅壁畫上，我看到一位騎在白象上的公主，身後是一隊騎在馬上或駱駝上的隨從。還有一幅壁畫的主題是唐朝的宮廷。我驚奇地發現，壁畫的主角竟然是女皇武則天：她坐在龍舟上，一邊欣賞著西域琵琶，一邊觀看岸上的騎兵追捕一隻獵豹。

在宋徽宗收藏書畫的目錄書《宣和畫譜》中，曾提到以描繪遊牧者形象和狩獵場面聞名的唐代畫家胡瓌、胡虔父子，以及閻立本所畫的進貢者躬身致禮，將百獸之王獅子貢獻給唐朝皇帝的《職貢獅子圖》。美國漢學家薛愛華認為，在唐代，以外國為主題的繪畫，激發出來的是一種屈尊俯就的自豪感。眼前的粟特壁畫，我也體會到其中所洋溢的自豪感。在絲綢之路的兩端，粟特人和中國人都處於各自文明的巔峰，那種自豪感或許更多的是相互的、並存的。

閻立本的《職貢獅子圖》沒有流傳下來，如今已不可見。不過，在粟特人的壁畫上，我還能依稀想像閻立本描繪的場景——胡人、猛獸、帝王。

3

在撒馬爾罕的日子裡，我數次經過雷吉斯坦廣場。我還記得六年前第一次走過這裡時內心的震動。它的確不同於我熟悉的那套宏偉敘事——既不是東方式的，也不是西方式的——而是伊斯蘭世界的、中亞的。

帖木兒曾經說：「如果你不相信我們的力量，就請看看我們的建築。」某種程度上，他的建築證明了他的力量。在東征中國明朝的路上，他突然死於傷寒。走在雷吉斯坦廣場上時，我總會玩味一個念頭：如果帖木兒沒有病死，他會給中國帶來什麼？

歷史難以假設，帖木兒沒能完成他的使命。他的繼承人兀魯伯放棄了東征，轉而把有限的生命投入到天文學研究和撒馬爾罕的城市建設上。

如今，雷吉斯坦廣場上有三座經學院。西面的兀魯伯經學院是最古老的一座，完工於一四二〇年。一百年後，帖木兒的曾孫巴布爾曾站在經學院的屋頂，指揮軍隊驅逐進犯的烏茲別克部落。巴布爾最終兵敗，流亡印度，烏茲別克人成了雷吉斯坦的新主人。

烏茲別克人推倒了兀魯伯經學院對面的大旅店和托缽僧宿舍，建起另外兩座經學院。其中一座經學院以怒吼的貓科動物為裝飾。它看上去像是一隻老虎，實際上是想畫成獅子。烏茲別克人並不在意，因為他們僅僅是想借此彰顯自己的權勢，順便無視一下伊斯蘭教禁止繪畫動物的規定。另一座經學院也很奢華，繪有光芒四射的太陽和花朵，還以大量金葉點綴穹頂。它的名字頗為直白，意為「穹頂覆蓋黃金」。

雷吉斯坦廣場曾是整個中亞的中心，可當我穿過高聳的拱門，走進經學院的庭院時，廣場帶給我的幻覺瞬間消失了。這裡的一切近乎樸素，彷彿掀開幕布，走到後臺——沒有太多裝飾，沒有任何炫耀，牆縫中長著雜草，門樑上落滿灰塵。我意識到，經學院的使命早已結束：這裡過去是學生宿舍，如今變成了販賣紀念品的小鋪。

塔吉克商販操著各種語言吆喝著，但已經沒有了粟特祖先的說服力。很少有遊客會對那些同質化的圍巾、盤子或冰箱貼產生興趣。我走進了幾家商鋪，僅僅是因為主人太過熱情，拉客聲近乎悲壯。

一位中年女店主告訴我，她已經在這裡幹了十多年。她逐一向我推銷所賣的東西，從較貴的首飾，到便宜的餐具，然而無一讓我產生購買的衝動。最後，迫於無奈，我從角落裡抽出一本蘇聯時代的畫冊。

畫冊的印刷品質十分粗糙，以至於那些十九世紀的老照片看上去更加古老。我發現，一百多年前，雷吉斯坦廣場已經形同廢墟。十八世紀的戰爭和地震讓撒馬爾罕變成了一座空城。在時間面前，曾經不可一世的武功，如此不堪一擊。

畫冊介紹了蘇聯人重建雷吉斯坦廣場的過程。除了給一座經學院加上一個原本沒有的藍色圓頂，他們幹得不錯。但是，雷吉斯坦廣場達到今天的修復程度，還要歸功於烏茲別克人自己。獨立後，烏茲別克人拋棄列寧，選擇帖木兒作為民族代言人。為了使帖木兒的首都再度成為一張驕傲的名片，就勢必要恢復撒馬爾罕的榮光。

一天晚上，我又一次經過雷吉斯坦廣場。這裡正在舉行聲勢浩大的燈光秀。經學院的外牆變成巨大的布幕。在聲光電的配合下，帖木兒騎著戰馬呼之欲出，彷彿正在殺向那些交了十五美元的外國老年觀眾……

雷吉斯坦廣場很大，很少人會費力地繞到它的後部。一次，我偶然走到那裡，看到一座大理石平臺，上面豎著幾座昔班尼時代的墓碑。昔班尼才是烏茲別克人的真正祖先。他驅逐帖木兒的後裔，佔領了撒馬爾罕和今天的烏茲別克斯坦。然而，他的墓地卻幾近破敗且乏人問津。原因既簡單又淒涼：一旦確認昔班尼的祖先身份，帖木兒帝國的輝煌也將不再屬於烏茲別克人。

雷吉斯坦廣場的東北方，矗立著比比哈努姆清真寺——這是唯一保存下來的、由帖木兒親自督建的建築。一四〇四年十月，西班牙使節克拉維霍來到這裡，驚嘆於這座清真寺的恢弘。然而，帖木兒認為它的拱門太低，難以匹配他的戰功。

他下令將整座清真寺毀掉重建。每天的大部分時間，他都待在這裡，像工頭一樣，監督工程進度。克拉維霍在回憶錄中寫道，帖木兒會命人煮熟肉塊，像餵狗一樣，直接拋給下面的工匠。這些工匠來自波斯、伊拉克、亞塞拜然。為了建造比比哈努姆清真寺，帖木兒集中了全國的力量。當帖木兒對工程感到滿意時，他會直接將金幣扔給那些泥瓦匠。

事實證明，比比哈努姆清真寺並不如看起來的那樣堅固——正如帖木兒的帝國。剛剛建成不久，石塊就開始從穹頂墜落。人們最後得出的結論是：工期實在太緊。地震加速了清真寺的損毀。在一八九七年徹底坍塌之前，這裡是沙皇騎兵的馬廄。

在庭院內，我看到一座灰色大理石讀經臺，上面曾用來陳列《奧斯曼古蘭經》。一個中國旅行團也在這裡，穿著紫色衝鋒衣的中國女孩正以破敗的清真寺穹頂為背景拍照。她伸展手臂，擺出一個展翅欲飛的造型。我聽到烏茲別克導遊說，「比比哈努姆」的本意是「大老婆」，這座清真寺是帖木兒的中國大老婆下令修建的。

他接著說道：「那位建築師瘋狂地愛上了帖木兒的中國大老婆，提出如果不吻她一下，清真寺就無法完工。帖木兒發現了這一切，處決了建築師，並下令女人從此戴頭巾，這樣就不能再誘惑別的男人了。」

導遊的講解引起了一片笑聲，也讓那個拍照女孩的姿勢更加自信。帖木兒的大老婆叫薩萊·穆爾克·哈努姆，是一位察合臺公主，而且她當時早已過了誘惑建築師的年齡。

4

帖木兒的死的確與中國有關。一四〇四年冬天，他帶領二十萬大軍遠征中國。那年的天氣異常寒冷，在穿越哈薩克草原時，很多士兵和戰馬凍死在路上，帖木兒也身染風寒。一四〇五年二月，帖木兒病逝於訛答剌——我後來專程去了那裡——他的屍骨則安葬於撒馬爾罕。

我來到古爾埃米爾——帖木兒的陵寢。陽光透過格子窗射進來，從穹頂到牆壁全都鑲嵌著金葉。牆壁上那些看似抽象的圖案，實際上是「真主至大」的古阿拉伯文。整座靈堂就像一座刻滿經文的立體經書。

人們絡繹不絕地湧入靈堂。烏茲別克人的臉上帶著敬畏之色，不時做出祈禱的手勢。外國遊客則是一種探秘般的神色——他們走進了帖木兒的陵寢，這個幾乎可以與阿提拉和成吉思汗相提並論的征服者、恐怖的代名詞——如今就躺在眼前那座窄小的黑玉石棺材裡。

我坐在靈堂牆邊的石凳上，試圖讓自己陷入某種歷史情緒中。一些陳詞濫調開始在我的腦海中閃現，包括「人固有一死」、「再偉大的征服者也將化為塵土」等。但我明白，這些想法毫無意義。我更欣賞的是蘇聯科學家格拉西莫夫那樣的考古精神。

帖木兒的棺材上刻著「我若活著，必令世界顫抖」的名言。當地人傳說，移動帖木兒的屍骨，必將帶來巨大的災禍——比帖木兒生前造成的災禍還大。一九四一年六月二十二日深夜，格拉西莫夫的考古隊還是打開了帖木兒的棺材。

在一張當年的黑白照片裡，我看到格拉西莫夫身穿白襯衫，將袖子高高捲起，露出結實的小臂。他手捧帖木兒的頭蓋骨，臉上掛著唯物主義者的微笑。他的身邊是六位同樣微笑的助手。明亮的考古燈打在他們的臉上，好像他們在集體欣賞一件剛出土的稀世珍寶。第二天，天剛亮，希特勒對蘇聯開戰的消息就傳來了。

然而，考古仍在繼續。格拉西莫夫以實證主義的精神，解剖了帖木兒的屍骨。他的頭蓋骨上還沾著紅色的毛髮，身高大約一米七，高於當時突厥人的平均身高。他的右腿受過刀傷，這證實了「跛子帖木兒」的外號。此外，他的確死於肺炎。

通過頭蓋骨，格拉西莫夫還原出帖木兒的形象，並塑造了一座青銅頭像。帖木兒有兩道倒豎的眉毛，顴骨突出，鼻翼兩側長著兩條兇悍的法令紋。他看上去有點像中國歷史教科書上的農民領袖。這或許是因為，中國歷史教科書上的畫像大都受到蘇聯美學的影響。

走出古爾埃米爾，混亂的大街立即將我吞噬。我思考著為什麼六年前來到這裡時，我會留下一個冷清的印象。我記得，大街上空空蕩蕩，路燈搖晃著樹影。瑪莉亞走在前面，戴著一頂烏茲別克小花帽。我走在後面，極力想跟上她的步伐。我們剛離開夏伊辛達，暮色中的陵墓群讓人心生悲冷。

某種程度上，那也正是撒馬爾罕給我留下冷清印象的根源：它就是一座古代文明的墳塚、一片漂亮的陵墓群。歷史留下的一切遺跡，都已經與今天的撒馬爾罕沒有任何瓜葛。作為旅行者，我只是機械地從一個遺跡，移動到另一個遺跡，試圖從每個遺跡中眺望到一點遙遠時代的微暗火光。或許，這就是瑪莉亞最終放棄導遊職業的原因。她已經厭倦談論那個已逝的撒馬爾罕，那個與今天斷裂的過去。

帶著一種懷舊的渴望，我穿過雷吉斯坦廣場，走向夏伊辛達。漸漸地，我發現自己匯入了一條前往夏伊辛達的「小溪流」。大部分是塔吉克人和烏茲別克人，女人穿著傳統服飾，男人戴著帽子；少部分是像我這樣的遊客，身邊伴著說英語、法語的導遊。

夏伊辛達也是一片陵墓群，埋葬著兀魯伯時代的王妃貴族。每一座陵墓的設計都頗為優雅，擁有光滑的馬賽克瓷磚和藍綠色的穹頂。一座八角形的陵墓完全是亞塞拜然式的，這也說明了帖木兒帝國的疆域曾有多麼廣大。

二〇〇五年，這些陵墓被政府修繕一新。很多人認為，它的美麗大打折扣。在《彭巴拉克歷險記》裡，儒勒．凡爾納曾經借一位法國旅行記者之口，讚頌過夏伊辛達當年「無法描述的美」。這位法國記者通曉多國語言，乘坐跨越中亞的火車前往北京。他說：「即便我將文字、馬賽克、山牆、拱樑、浮雕、壁龕、琺瑯、斗拱都串在一個句子裡，畫面依然是不完整的。」

每一座陵墓同時也是一座小型清真寺。我看到一些塔吉克人坐在陵墓旁的長凳上，正跟隨一位業餘毛拉唱誦阿拉伯經文。那是一個穿著皮夾克的中年男人，有著線條分明的臉部輪廓。祈禱結束後，我們聊起來。他告訴我，他只是普通的穆斯林，自學了阿拉伯語和那些抑揚頓挫的祈禱文。他在這裡帶領大家唱誦，每個人會給他一點小錢。

「一個人幾百蘇姆，」他說，「但我並不是為了錢。」

人們來到這裡是為了參拜庫薩姆·伊本·阿拔斯之墓。它就在臺階的盡頭。伊本·阿拔斯是先知穆罕默德的堂親。六七六年，他最早來到撒馬爾罕，傳播伊斯蘭教。他惹惱了這裡信奉拜火教的粟特人。

在伊本·阿拔斯祈禱之時，粟特人砍下了他的頭顱。他的棺材上鐫刻著《古蘭經》中的一句話：「那些因信奉安拉而死的人並沒有死去，他們還真實地活著。」這也成為夏伊辛達命名的來源：活著的國王的陵墓。

蒙古人摧毀了撒馬爾罕，卻保留伊本·阿拔斯的陵墓。一三三三年，伊斯蘭世界的「馬可·波羅」——摩洛哥旅行家伊本·巴圖塔來到這裡，發現夏伊辛達依然神聖。他在遊記中寫道：「每個星期四和星期日的晚上，撒馬爾罕的居民都會來到這裡，來到伊本·阿拔斯的墓前，帶著獻祭的牛羊、迪拉姆和第納爾[1]。」

在夏伊辛達的歷史上，只有蘇聯時期是一個例外。這塊宗教聖地被改為一座反對宗教的博物館。不過，那位業餘毛拉告訴我，即便在蘇聯時代，還是有人來到這裡，聚集在伊本·阿拔斯的陵墓周圍，靜靜祈禱。

我沿著石階，穿過拱廊，進入伊本·阿拔斯的陵墓。和眾人一樣，我也透過木柵欄，觀看伊本・阿巴斯的棺木。在我身後，一排朝聖的婦女坐在牆邊的長凳上。她們全都戴著頭巾，卻難掩長途旅行的疲勞。她們輕聲祈禱著，不時向天上舉起雙手。

在她們中間，只有一個年輕的女孩沒戴頭巾。她穿著紅裙子，套著一件斗篷般的夾克。她精心化了淡妝，戴了耳環，看上去只有二十歲出頭。後來，她告訴我，她來自塔什干，在一所大學裡學習哲學和宗教。她有很多老師是巴基斯坦人和印尼人，她們都戴頭巾。

「你以後會戴頭巾嗎？」我問。

「我在考慮，」她說，「我想等我對宗教有了更深的瞭解後，再做決定。」

我們走出伊本・阿拔斯的陵墓，分手告別。我注視著她的背影慢慢走下臺階，那抹紅色最終融入周圍的暮色。

1 迪拉姆和第納爾為古代貨幣。

布哈拉的博弈與離散

1

從夏伊辛達出來，我吃過簡單的晚飯，然後去了一家兼做酒吧的咖啡館。吧檯上只坐著兩三個人，卡座裡還有兩對竊竊私語的情侶。女服務生留著龐克頭，穿著黑色T恤，露出小臂上的紋身。我點了一杯啤酒，問她附近有什麼地方可以跳舞。她想了想，拿出紙筆，為我畫了一張簡易地圖。

坐在我身邊的是一個英國男人。他來到烏茲別克斯坦已經一周了。和我一樣，他的下一站是布哈拉。他想看看那座著名的綠洲城市。一八四二年，兩位英國軍官在布哈拉被殘酷虐殺（虐待和行刑的過程都相當匪夷所思），成為「大博弈」時代的注腳。在英國，此事的轟動效應不亞於鴉片戰爭之於中國，布哈拉因此成為「野蠻」和「暴政」的代名詞。

「實話跟你說，至今想起那段歷史，我仍然會覺得心裡有點發毛。」英國人說，「在其他地方，我會想去找點樂子。在這裡，能喝上一杯啤酒就已經滿足。」

我叫了一輛黑車，去了女服務生推薦的舞廳。相比塔什干，撒馬爾罕的舞廳保守很多。這裡沒有舞女，只有一杯杯喝著伏特加的年輕人，舞池中扭動的男女衣著相當平常。

然而，一旦發現有外國人混入，他們就圍了過來。我很快被邀請喝一杯伏特加。當我一飲而盡後，更多的伏特加就源源不斷地送了上來。

很快，我發現自己來到了舞池中央。一個大膽的女孩走到我面前，扭動著屁股，周圍響起一片興奮的口哨聲。我又被拉回到桌邊繼續喝伏特加。如今，那東西喝起來就像白開水。我們一杯杯地喝著，直到準備離開。

一個穿著白襯衫的烏茲別克人要開車送我回旅館。此前，我們倆乾了不少次杯。我想，還是不坐他的車為妙。可是他看上去很清醒，而且態度頗為堅決。我們走出舞廳，撒馬爾罕的夜色如水。我坐上他的破拉達，飛馳在早已空無一人的街上。我最後的記憶是，我們在旅館門口互相握手，稱兄道弟，感到中烏友誼又到達了一個全新的高度。

第二天，我坐在經沙赫里薩布茲、前往布哈拉的車上，回憶著昨夜的情景。酒精就像老鼠，把後來的記憶啃得模模糊糊。透過窗戶，我看到荒涼的城鎮，人們的面孔也變得模糊。

沙赫里薩布茲是帖木兒的故鄉，唯一保留下來的是帖木兒夏宮的殘破拱門。人們原本可以順著樓梯登上拱門，但是太多年輕人選擇在這裡自殺，樓梯已經禁止攀登。

我在一家叫「上海」的餐廳吃午飯，點了「上海炒肉」。炒肉很不上海，我想老闆可能來自吉爾吉斯斯坦的賈拉拉巴德。那裡靠近烏茲別克，有一個區域就叫「上海」。

老闆笑瞇瞇地走過來。他是一個身材胖大、留著兩撇小鬍子的男人。他告訴我，餐廳之所以叫「上海」，是因為他真的去過一次中國上海，並深感那裡的美妙。他一回來就開了這家餐廳。除了經營常規的烏茲別克風味，也做兼具「上海風情」的小炒肉。我環顧四周，發現這家餐廳的生意竟然不錯，而且不乏年輕男女。在帖木兒的故鄉，上海也像紐約一樣，成為一種浪漫想像。

離開沙赫里薩布茲，廂型車穿行在近乎白色的沙漠中。我不時看到運送棉花和巨石的卡車，蹣跚地行駛在荒僻的公路上。我閉上眼睛，傾聽引擎轉動的聲音，等睜開眼睛，周圍依舊荒涼。除了一條破碎的公路，看不到任何可以辨別方向的參照物。羅馬歷史學家曾經驚嘆於當地人的本領：他們依靠沙漠上空的星星指路，如同大海上的水手。

正是這無邊無際的沙漠，阻隔了布哈拉，成為最難逾越的屏障。一五五四年，阿斯特拉罕王朝被俄國人吞併，其王室成員逃至布哈拉汗國，後來統治了這裡。此時絲綢之路已經絕跡，遜尼派的布哈拉又與什葉派的波斯不睦，布哈拉由此陷入數個世紀的隔絕。其間有短暫的繁榮，也有政權的更迭，但在歷史長河中就像幾朵不起眼的浪花。更多的時候，布哈拉是殘暴、衰落和奴隸市場的代名詞。然而，沒有一種力量可以輕易佔領這裡。俄國也僅僅是將布哈拉變為自己的保護國。

朝著落日的方向，我進入布哈拉的新城。在火車站附近，我看到布哈拉最後一任埃米爾為沙皇興建的賓館（當時火車線路剛剛開通）。那是一座保存完好的西式建築，很像四季酒店會用來改做奢華酒店的地方。然而，沙皇從沒來過這裡，西方資本也一樣。蘇聯時代，這裡被當作圖書館、學校、幼稚園，如今則是一片死寂。高大的櫟樹晃動著枝葉，成群的烏鴉在樹梢間盤旋著，怪叫著，準備度過又一個夜晚。

記憶中，六年前的布哈拉還有所謂的夜生活，如今卻到處蕭索。我問了司機幾個我上次去過的地方。無一例外，全都關門大吉。沙漠的氣候也異常詭異，昨天還是二十五度，今天就驟降到五度。同車的一位旅客，顯然受夠了這一切，決定立刻結束旅行。但是，無論飛機票還是火車票，全都售罄——布哈拉依然給人困守一隅的印象。

我住進城外一家現代化旅館，但大廳昏暗，好像慢性電力不足。走廊裡鋪著傳統的紅色地毯，房間則是上世紀九〇年代風格，有種禁欲主義的樸素。我從吧檯上翻出一袋包裝可疑的花生，吃了。我拉開窗簾，發現布哈拉老城的剪影就像一幕古典話劇的布景。偶爾有破舊的汽車呼嘯而過，引擎聲迴盪在暗夜上空。除此之外，布哈拉一片寂靜。

2

早上，我漫步在布哈拉迷宮般的小巷中。這座中世紀的老城，像活化石一樣，至今有人居住。那些石灰色的房子，有的經過翻修，有的已經破敗。緊緊關閉的雕花木門，像沉默不語的嘴巴，卻偶爾從門縫中透出杯盤聲和低語聲。我不時看到一些穿著花色長袍，戴著頭巾的女人，或是頭戴羊皮帽子的男人。他們的五官難掩伊朗人種的特色，讓我想起布哈拉其實也是一座塔吉克人口佔多數的城市。

然而，人們的身份認同是模糊而游移的。他們說塔吉克語，但與塔吉克斯坦無關。長久以來，布哈拉人的身份認同完全建立在這座城邦的基礎上。他們是生活在布哈拉、說塔吉克語的人——在史達林劃分民族與國界前，這是人們心中根深蒂固的印象。

我偶然走進一座經學院，發現這裡已經改為紀念品商店。一個漂亮、高挑的塔吉克女店主叫住我，讓我看她賣的圍巾。她長得很像伊朗電影中的女演員。顯然，她對自己的容貌也很有自信。她一條條地拿下圍巾，試戴給我看，從始至終注視著我的眼睛，完全沒有一絲羞澀和做作。我站在那裡，發現自己完全是在欣賞眼前的模特兒，而不是那些圍巾。

「你一定是塔吉克人。」我帶著一絲恭維的口吻說。

「不，我是烏茲別克人。」

「但是我剛才聽到你在說塔吉克語。」

「對，但我是烏茲別克人。」她打量著我，彷彿覺得自己遇到了一個怪人。

「這裡，」她用手比劃著，「是烏茲別克斯坦。」

顯然，她說塔吉克語，但國籍上是烏茲別克人。顯然，我知道這裡是烏茲別克斯坦。但是，我們支離破碎的外語，都不足以把這件事情的微妙之處掰扯清楚。

於是，我以國際通用語言——美金——付款買了一條圍巾，然後離開經學院。

在一片水池邊，我找了一張長椅坐下。這裡是Lyabi-Haus，在塔吉克語中意為「池塘周邊」。它的中心是一座蓄水池塘，建於一六二〇年，曾經是布哈拉最主要的飲用水來源。

在二十世紀初的黑白照片中，這裡充滿世俗生活的喧鬧。水池周圍遍植著桑樹，樹蔭下是人聲鼎沸的露天茶館。人們坐在木榻上聊天、下棋、發呆，茶館的夥計穿梭其間，托著一壺壺剛沏好的綠茶。有錢人家會雇用專業挑水工，用巨大的羊皮水壺取水，然後馱到小毛驢的背上。然而，由於不能經常清潔，水池也成為瘟疫的主要來源——這導致布哈拉人的平均壽命只有三十二歲。

如今，桑樹依然倒映在平靜的水面上，周圍依舊是茶館。蘇聯人清理了淤泥，重新注滿水池，只是人們已經無需再在這裡取水了。六年前，我也來過這裡。那天的天氣出奇溫暖，我坐在露天茶館的木榻上，感受到中亞旅行中久違的愜意。那些泡茶館的「死硬派」大都會帶上自家的茶壺。他們一大早過來，一直待到傍晚，就像準點的上班族。

我記得，其中一位老人面容莊嚴，穿著蘇聯的軍服，上面掛滿獎章。在瑪莉亞的幫助下，我們聊了起來。老人告訴我，他是蘇聯衛國戰爭的老兵，在烏克蘭的第聶伯河畔參加了對德軍的反攻。

「我屬於朱可夫將軍的部隊。」他說，已經黯淡的瞳仁突然閃爍出光芒。

這一次，仍然有一些老人坐在那裡喝茶。他們穿著大一號的灰色西裝，戴著方角小帽。幾個人圍在一起聊天，還有兩個人在下雙陸棋。但是，與六年前相比，人明顯少了很多，那位穿軍服的老人也已不在其中。

附近的一家紀念品攤位，販賣蘇聯時代的遺物：軍帽、皮帶、硬幣、望遠鏡、軍用水壺……貨架上掛著幾件落土的舊軍服，上面全都掛滿獎章。那位老人是否還健在？他的軍服，連同那些獎章，是否最終也會掛在這裡，成為無人問津的商品？在這裡，蘇聯紀念物是如此之多，而且便宜得驚人。誰又能想到它們曾是一代人的榮譽和驕傲？是那些人用生命加以守護的珍寶？

這時，納迪爾．迪萬別基經學院門前，迎來了這天第一批拍攝婚紗照的情侶。他們在經學院的拱門前相擁而立，伊斯蘭的繁複圖案成為幸福時刻的背景。拍照完畢後，他們逕直繞過茶館，走到一家賣咖啡的店鋪前，每人要了一杯拿鐵。我搜尋著記憶——是的，六年前，這裡也沒有咖啡店。

彷彿為了安慰一個舊地重遊的旅行者，我發現納斯爾丁的騎驢雕像還在那裡。納斯爾丁是蘇菲派的智者，在中國則被稱為「阿凡提」。很多民族都認為納斯爾丁屬於自己，布哈拉人就認為納斯爾丁生活在布哈拉。蘇聯電影的奠基人雅科夫．普羅塔扎諾夫也拍攝過《納斯爾丁在布哈拉》的電影。

實際上，納斯爾丁出生在今天的土耳其。他生前遊走過伊斯蘭世界的很多地方。他之所以為人銘記，除了因為他的智慧，更因為他被傳曾反抗蒙古人對伊斯蘭世界的侵略。我發現，從阿拉伯到中國，那些流傳著納斯爾丁故事的國家，不少都遭受過蒙古人的侵襲。

3

成吉思汗當然也蕩平過布哈拉。這座古城已經罕有更古老的建築。唯一的例外是卡隆宣禮塔，四十七米高，「卡隆」在塔吉克語中意為「偉大」。成吉思汗摧毀了同名的清真寺，卻被這座宣禮塔的高度震懾。據說，他一生征戰，沒有遇到過任何建築物，能讓他向後仰視——宣禮塔因此得以倖存。

我徘徊在宣禮塔的下方，發現塔身上的馬賽克早已脫落，而蜂蜜色的磚石幾近完好。後來，埃米爾禁止當地人登上宣禮塔，以防他們偷窺附近庭院裡的女眷。只有那些被判處死刑的人，才能爬上一百零五級臺階，享受片刻登頂的殊榮。然後，他們就會被一把推下去。

六年前，我曾賄賂了守門人，登上宣禮塔，俯瞰整個布哈拉。然而這一次，登塔行為已被嚴格禁止。宣禮塔周圍佈上了圍欄，守門人不見蹤影。我只能徒勞地走幾圈，仰慕著旁邊的清真寺和對面的經學院。它們是整個布哈拉最美妙的建築：綠松石色的穹頂，在陽光下散發光芒；雕刻精美的拱門，讓人想到撒馬爾罕的雷吉斯坦廣場。

經學院仍在使用，有將近兩百名學生在這裡學習阿拉伯語，以便日後成為毛拉。我跟隨一個戴著學生帽的男孩，從清真寺走出來，穿過廣場，走向經學院。他突然回頭告訴我，經學院不對遊客開放。

我問他在經學院學什麼。

「阿拉伯語。」

「數學和歷史呢？」

「不，這裡只教阿拉伯語。」他一邊走一邊說，「還有《古蘭經》。」

他警惕地鑽進經學院，然後把門關上。透過短暫打開的門縫，我看到庭院裡裝飾著精美絕倫的馬賽克。

一九二五年後，經學院關閉了二十一年。作為戰俘流落中亞的奧地利人古斯塔夫·克里斯特，在他的《獨自穿過禁地》一書中寫到經學院當時的樣子：他走進一位毛拉的房間，發現牆上貼著一張海報，上面用烏茲別克語寫著幾個紅色大字——「全世界的無產者聯合起來！」

比經學院更加衰落的是布哈拉的巴剎。曾幾何時，布哈拉的巴剎是這座城市的心臟，也是整個中亞的驕傲。那時，巴剎裡人聲鼎沸，熱鬧非凡。從清晨到黃昏，數不清的駱駝和毛驢馱著高高的貨物，穿過人群。貨攤一家挨著一家，從馬鞍、皮毛到菸草、香料，無所不有。塔吉克商人穿著寬大的長袍，一切討價還價全在袖子裡完成。小夥計托著茶盤飛跑，烤肉的香氣四下彌漫，鐵匠的打鐵聲在圓頂之間迴盪。

商人們來自波斯、印度、阿富汗。十八世紀，土庫曼部落開始將活捉到的俄羅斯奴隸販賣到這裡。鼎盛時期，布哈拉有數千名基督徒奴隸，過著極度悲慘的生活。解救這些奴隸，成為俄國進軍中亞的最好藉口。

今天，布哈拉的五座穹頂巴剎還保留著三座，然而它們都變成了蕭條的紀念品市場。因為實行遊客價格，這裡幾乎不再有當地人購物。店主們無聊地坐在攤位後面，打發著時光。他們販賣的商品——哪怕是布哈拉人戴的羊皮帽子，也僅僅是為了滿足遊客對絲綢之路的幻想。

布哈拉曾以棗紅色的手工地毯聞名，現在卻都由機器製作。攤開一張地毯，灰塵四下飛舞，價格也高得離譜。走進一家賣木偶的店鋪，我發現木偶全都以美元標價。一個木頭的阿凡提木偶竟然要價一百美元。

「如果你買兩個，可以打折。」店主說。

在帽子市場，我經過一個販賣CD的大叔。他的四方臉上架著一副茶色眼鏡，穿著皮夾克，脖子上圍著一條紅色圍巾。六年前，他也穿著這身行頭，站在這裡，彈著冬不拉，然後告訴我，CD裡的樂曲全是他的創作。

「十五歲開始，我跟隨父親學習冬不拉。音樂伴隨我度過了灰暗的蘇聯時代。蘇聯解體後，通貨膨脹讓人幾乎無法生活，但因為有了冬不拉，有了音樂，我終於熬了過來。」他傾訴著。

「我用所有的積蓄，錄製了這張CD，裡面收錄的歌曲全是塔吉克民謠，還有幾首是我自己的創作。」他拿起冬不拉，演奏起來。那如泣如訴的聲音，讓當年的我深深感動。

六年了，他一點都沒變，只是眼角間出現了幾道淡淡的魚尾紋。他推銷的口吻和故事也與我記憶中的一模一樣：他十五歲開始學琴，他在蘇聯時代的遭遇，他如何靠音樂的力量活了下來，他如何錄製了這張CD……

然後，他拿起冬不拉，開始演奏。我站在那裡，感覺六年前的記憶和如今的場景如雪片般飛舞著，漸漸重疊。

「要不要買一張CD？」

「我買過了，六年前。」

他譏諷地看著我，勉強點點頭，大概覺得我的藉口過於拙劣了。暮色讓街巷安靜下來，不多的遊客開始散去。大叔收起他的CD，嘩的一聲拉下鐵門。

4

布哈拉的晚上沒有任何夜生活可言。遊人穿過空曠的街巷，被冷風驅趕著回到各自的旅館。我得豎起衣領，才能抵擋夜晚倏然而至的寒意。一隻流浪貓跟在我的身後，喵喵地叫著，希望討到一點食物。牠的一隻眼睛發炎了，瘦得皮包骨頭，大概熬不過這個冬天。

一個小女孩突然從陰影中鑽出，讓我買她籃子裡的烤包子。她看起來只有七八歲，梳著散亂的馬尾辮，卻有一種與年齡不相稱的成熟。她的烤包子早已涼透，大概是賣了一天最後剩下的幾個。

「買一個吧，」她對我說，「求求你。」

籃子裡還剩四個烤包子。也許賣完這些後，她就能回家了。

「四個，多少錢？」

我聽到她幾乎發出了一聲歡呼。

「你要四個？」她問。生怕我改變主意，馬上改口。「只要八千蘇姆，一美元。」

她高興地接過錢，想找個塑膠袋，卻發現已經用完了。她放下籃子，在背包裡一陣摸索，掏出兩張報紙，包上烤包子遞給我。我拿到手上才發現，那不是報紙，而是撕下來的數學書。

我往前走了幾步，回頭看見女孩的背影消失在小巷裡。我把烤包子放在地上，送給那隻流浪貓。牠被突如其來的好運驚呆了，叼起一只烤包子，飛一般地躲到牆角，狼吞虎嚥起來。在布哈拉，我見到了世界上最饑餓的貓。

我回到旅館，一邊喝白蘭地，一邊閱讀彼得・霍普柯克的《大博弈》。這本書講述了十九世紀至二十世紀英俄兩國在中亞地區的爭霸。「大博弈」一詞出自英國軍官亞瑟・康諾利之口，後因吉卜林的小說《基姆》而為人熟知。從大博弈時代開始，布哈拉才從中世紀的晦暗中浮出，成為激盪的世界歷史的一部分。

為了見證書中描述的那段歷史，我去了布哈拉的皇宮城堡。城堡是一座城中之城，歷經千年風雨，卻在一九二〇年九月布爾什維克的炮火中損毀大半。它的使命也倏然終結，成為一座故宮式的博物館，只要微不足道的門票就能進入。

在蒼白的日光下，城堡矗立在那裡。兩座土黃色的瞭望塔，夾著中世紀的門樓，彷彿沙漠中的幻影。門樓上曾懸掛著義大利囚犯胡亂製造的機械鐘，如今早已不知所蹤。我懷著一種時過境遷的心情走進去，與我同行的是一群穿著長袍的烏茲別克大媽。

十九世紀，俄國開始進軍中亞，目的是開闢一條前往英屬印度的通路——這是彼得大帝時代就定下的國策。為了應對俄國的威脅，英國也開始把目光投向這片土地。當時，中亞還沒有一張現代意義上的地圖。英國人的如意算盤是，借助當地汗國的力量，阻擋俄國人南下的腳步。

一八三八年耶誕節前夕，英國上校查爾斯·斯托達特隻身來到布哈拉。他的秘密使命是說服布哈拉的埃米爾、納斯魯拉共同對付俄國。事情似乎從一開始就不順利。傲慢的英國人忽視了東方禮數，也低估了納斯魯拉的虛榮。他既沒帶來豐厚的禮物，連介紹信也只是由印度總督簽發，而非英國女王。他騎馬進入城堡，與埃米爾揮手致意，後者只是冷冷地看他一眼。很快，斯托達特就被投入滿是毒蟲的地牢，為自己的無知和傲慢付出了代價。

此後三年，納斯魯拉像玩弄老鼠一樣戲耍斯托達特。納斯魯拉登基時就屠殺了三十多位皇族，彌留之際也要目睹妻子女兒死在面前，才肯撒手人寰。他對施虐駕輕就熟，而斯托達特別無選擇，只能任人宰割。一天，劊子手下到地牢，斯托達特以為自己死期將至，終於不可抑制地崩潰——他在地牢中皈依了伊斯蘭教。

一八四一年，孟加拉輕騎兵團的軍官康諾利隻身前來營救斯托達特。他仍想說服納斯魯拉與英國結盟，並為英國商品打開中亞市場。命運再次戲弄了英國人。康諾利也被投入地牢。納斯魯拉寫信給維多利亞女王，沒有得到回覆。印度總督也拒絕承認斯托達特和康諾利與英國有關。英軍入侵阿富汗失敗的消息傳來時，納斯魯拉終於確信，大英帝國不過是個二流國家。他對兩名英國囚犯的懲罰，不會產生任何後患。

一八四二年六月十七日，在眾目睽睽之下，兩個英國人被趕至城堡下面的廣場上，挖掘自己的墳墓。隨後，他們被縛住雙手，跪在坑前。我不知道斯托達特死前呼喚的是上帝還是真主。顯然，兩者都沒能幫到他。

我參觀了英國人的地牢——沒有大門，只能通過一條繩子進出。牆上掛著鐵鍊，拴在一個假人的脖子上。如今，這裡沒有毒蟲了，但是有人們扔進來的硬幣。一個烏茲別克大媽走到地牢旁邊，祈禱一番，順手丟進幾枚硬幣。哪怕世界上最陰暗恐怖的角落，最終也會變成遊客的祈福之所。

斯托達特和康諾利音訊全無。他們在英國的親屬籌了一筆錢，委託約瑟夫・沃爾夫神父前去打探消息。沃爾夫帶著幾十本阿拉伯文版的《魯賓遜漂流記》上路了。他吸取了斯托達特的教訓，雖然穿著神父的法袍，但一見到納斯魯拉就高呼了三十聲「真主至大」。納斯魯拉被逗得哈哈大笑。他問了沃爾夫一些問題，每次都以大笑收場。最終，沃爾夫保住性命，在「天佑女王」的軍樂聲中，離開布哈拉。

站在城堡的廢墟上，可以眺望布哈拉的老城，然而一道鐵門攔住了去路。保安走過來，臉上帶著微笑。那微笑的潛臺詞是，他只需要一點賄賂。他接過鈔票，塞進制服的口袋，左右看了看，打開大門。

城堡的廢墟是布爾什維克的傑作，如今宛如一座荒山。四天的激烈炮轟，摧毀了大部分城堡。末代埃米爾拋下心愛的變童，流亡阿富汗。兩周內，一萬四千名布哈拉群眾加入了布爾什維克，宣佈效忠「新的埃米爾」，卡隆宣禮塔上紅旗飄揚。

一九五九年，中亞的最後一塊面紗，在廣場上被當眾焚燒。但是站在城堡的廢墟中，望著城內經學院的穹頂，望著城市土黃色的輪廓，你會感到布哈拉仍然是一座中世紀的東方城市，並且會永遠延續下去。

那天晚上，我疲憊地回到旅館，隨即入睡。我夢到自己被埃米爾關進了地牢。突然，外面炮聲轟響，牆壁的土塊紛紛墜落。我驚醒過來，發現有很多老鼠在房間裡亂跑。打開檯燈，老鼠的影子消失不見。我鬆了一口氣，這不過是布哈拉留給旅人的陰影。

5

老城池塘的南側是一片古老的猶太社區，我驚嘆於猶太民族竟然離散到了這裡。一天傍晚，我漫步在猶太社區的小巷裡，心裡有一種空蕩蕩的感覺。毫無修飾的泥牆破敗不堪，狹小的木門如同緊緊抿住的嘴巴。幾乎沒有開在外牆的窗戶。即便有，也都以木條封住窗口。很多房子掛著生鏽的大鎖，門上的出售告示也已被風吹爛。我幾乎沒看到當地居民——人們要麼在悄無聲息地生活，要麼已經離去，離散到更遙遠的地方。

暮色像潮水一般，沖淡小巷僅有的土黃色。一扇門突然吱呀一聲，一位拄著拐杖的老人顫顫巍巍地走了出來。他戴著猶太人的小帽，一把鬍子全都白了。歲月彷彿刀子，在他的臉上刻出縱橫交錯的皺紋。他看了我一眼，避開我的注視。他的長相和我在布哈拉見到的任何一位老人沒有什麼區別，但表情帶著警覺，那是歷史帶給猶太人的一種與生俱來的本能。

他的小孫女也走了出來，穿著紅毛衣，捲曲的黑髮梳成馬尾，衝我短暫地一笑，露出兩顆潔白的門牙。她扶著老人慢慢走向對面的房子。那棟房子的門縫下面，隱約透出溫暖的光線。我發現，那是一座猶太教堂。儘管外表和普通民宅無異，但牌子洩露了房子的真正用途。那牌子並不起眼，字跡也已經漶漫，彷彿要刻意隱藏起來。

等女孩從房子裡出來，我問她是否能進去。她點點頭，又笑了一下，但那笑容的成分裡更多的是尷尬。她把手指放在唇邊，示意我要小聲。我告訴她，我會的，然後輕手輕腳地推開門，走了進去。

院子給人一種經年累月積澱下來的印象。牆邊堆放著椅子，牆上掛著大大小小的相框。有耶穌和摩西的照片，有各個時代的聖人，也有不少黑白老照片，裡面的人物穿著埃米爾時代的服裝，大概是生活在布哈拉的猶太教拉比們。

透過窗子，我看到房間裡聚集了二十多個布哈拉猶太人，有的坐在椅子上，有的站在牆邊，全都戴著猶太人的帽子，正在相互交談。大部分人的相貌和普通布哈拉人無異，但有幾個人的膚色更加蒼白。房間的一角，有一把小小的椅子，上面垂著紅色的綢帶，那是男孩接受割禮用的。房間中央的桌子上，擺著一本攤開的祈禱書。我後來發現，雖然祈禱文用希伯來語寫成，卻以西里爾字母注音。布哈拉的猶太人早已不會說希伯來語，他們的母語是塔吉克語和俄語。

一個多世紀前，布哈拉有四千多名猶太人，掌控著這裡的冷染行業。只有他們懂得如何冷染出布哈拉地毯上與眾不同的顏色。他們炙烤桑樹上的一種蟲子，將其碾碎，獲得那種特別的深紅色——這種深紅色是布哈拉手工地毯的靈魂。

然而，猶太人經濟上的富足從未轉化成政治和社會上的影響力。在伊斯蘭教主導下的布哈拉，猶太人必須戴上皮毛製成的方帽，表明自己的身份。他們還要在腰間圍上一條布帶，表明他們明白，作為猶太人，他們在任何時候都可能被處以吊刑。猶太人在城牆內不能騎馬，甚至布哈拉第一位有錢購買汽車的猶太富商，得將汽車停在城門之外。

在一位拉比的帶領下，房間裡的猶太人開始禱告。他們雙手捧在胸前，像是在閱讀一本沒有形狀的聖書。天色已經完全黑下來，這間亮著燈光的屋子，彷彿浩瀚宇宙中的一座避難所——或許真的如此，對這些布哈拉的猶太人來說。

祈禱結束後，房間裡沉靜幾秒鐘，然後人們恢復了交談。我與一個走到門口的猶太人聊了起來。他四十多歲，個子不高，穿著精緻的義式西裝，打著領帶。他告訴我，他以前住在這裡，八年前移民去了美國。這一次，他特意回到布哈拉，看看自己曾經生活過的地方，見見尚在的老朋友。他告訴我，今天是猶太教的「住棚節」，所以人們聚在一起祈禱。布哈拉所有的猶太人，包括那些只是偶然造訪的猶太裔遊客，都會來到這裡。他指著房間裡的一對夫婦說，他們是從以色列過來旅遊的。

我問起他在美國的生活。

「開始很艱苦，」他說，「去美國之前，我幾乎不會說英語。」

他說，蘇聯解體後，布哈拉的猶太人陸續離開了這裡。大部分人移民以色列。如今，依舊生活在布哈拉的猶太人不到兩百人。

「你為什麼不去以色列？」我問。

「我的兒子今年十八歲。在以色列的話，他必須去服兵役。那是以色列法律的規定。但我不想讓他上戰場，不想讓他經歷危險和戰爭……」他停頓了一下，思考著如何措辭，接著說道，「我們生活在布哈拉的猶太人已經與穆斯林共處了幾百年。你看到了，我們住在這裡，再往那邊走幾步就是穆斯林社區。我們最清楚，戰爭永遠不會讓兩個宗教或民族和解，永遠不會。」

我走出猶太家庭教堂，想回到老城池塘，但在昏暗的小巷中，很快迷失了方向。我經過另一座猶太教堂，它看起來更正式，也更像一座教堂。然而當我走進去，卻發現裡面空無一人。教堂裡有一個為住棚節而搭建的棚子，掛著塑膠瓜果。一位年老的猶太拉比獨自坐在募款箱前，身後的牆上全是外國政要來這裡參觀的留影，其中包括美國前任國務卿歐布萊特和希拉蕊．克林頓。

老拉比面無表情地站起來，帶我走進房間。他以一種背誦文件似的官方口吻，開始向我講述布哈拉猶太人的歷史：他們的祖先來自伊朗的設拉子和土庫曼斯坦的梅爾夫。他們是被帖木兒遷徙到布哈拉的。蘇聯時代，他們受到諸多迫害，很多人移民國外。現在，政府宣導宗教平等，情況有了很大改善。人們不再移民國外，還有五千多猶太人生活在布哈拉。

「可為什麼我看到很多猶太人在出售房子？」我問。

「那些房子太老舊了。」

「蘇聯時代允許移民？」

老拉比沒有回答。他轉而向我介紹來過這裡的名人。他自己也在那些照片中，看上去比現在年輕得多。然後，他告訴我，講解到此結束，我可以隨意捐款了。

在這樣重大的節日裡，竟沒有一個猶太人來這裡，似乎已經說明了一切。我一邊把錢塞進募捐箱，一邊回望這座空蕩蕩的教堂。老拉比坐回椅子上，閉上眼睛，像是累壞了，又像是在回憶往事。

他坐在那兒，等待下班時間的到來。

困守鹹海的人

1

離開布哈拉，綠色漸漸稀薄，我很快置身於克孜勒庫姆沙漠。孤獨的公路箭一般地射向西方，距離下一片綠洲——花剌子模，還有將近五百公里。

廂型車裡響著歡快的烏茲別克音樂，然而窗外的景色卻無法令人歡欣。我望著那片淡粉色的荒漠，想起克孜勒庫姆的本意就是「紅色沙漠」。它鋪展著，蔓延著，如同毫無節制的病毒，最終在目光所及之處，化作一片空濛的天際線。

在天際線的另一邊，在更遙遠的地方，阿姆河正在靜靜流淌。它像一把利刃將「紅色沙漠」與「黑色沙漠」（卡拉庫姆沙漠）分開，也順便劃分了烏茲別克斯坦和土庫曼斯坦。經過花剌子模後，阿姆河將轉頭向北，奔向鹹海。

然而，為了灌溉棉田，蘇聯時代的引水工程已令阿姆河氣竭。它還未及注入鹹海，就在荒漠中蒸發殆盡。鹹海的面積逐年縮減。按照現在的速度，很快就會從地球表面上消失。

我的計畫是先前往花刺子模，然後北上鹹海。我不知道一路上會遇到什麼，但旅途會變得更加艱險。我閉上眼睛，聽著風沙打在玻璃上的嗒嗒聲。六年前，我也走過這條公路，那次的運氣更差，幾乎一直穿行在褐色的沙塵暴中。後來，我們終於找到一家路邊餐廳。電路已經被大風損毀，陰暗的屋內冷得令人瑟瑟發抖。每個人，包括司機，都點了伏特加。

窗外出現了一些工業定居點的痕跡——那是加茲利，一座蘇聯時代的天然氣城市。然而，司機告訴我，天然氣已經枯竭，整座城市正在沙漠中日趨枯萎。廂型車停下來，要在這裡午餐。餐廳看上去頗為粗野。葡萄架下擺著兩張木榻，鋪著花花綠綠的坐毯。幾個當地男人正斜倚在那裡喝伏特加。他們的臉色黑黃，帶著邊地之人的兇悍。一個人斜著眼睛看了我一眼，然後拿出牙籤，張開嘴巴，露出幾顆亮閃閃的金牙。

午餐吃了烤肉和饢，蔬菜只有番茄和洋蔥，井水泡出的茶有股很重的鹹味。但是在沙漠深處，這已是最好的招待。即便在今天，克孜勒庫姆沙漠依然給人與世隔絕之感。我試圖思考，一個多世紀前，那些大博弈的玩家們，面對的是怎樣的景象？

實際上，能活著到達花刺子模的人已屬幸運。一八三九年冬天，俄國將軍佩羅夫斯基率領著五千名士兵和一萬匹駱駝，進軍花刺子模的中心城市——希瓦。當時，克孜勒庫姆沙漠的積雪厚達一米，駱駝以每天一百隻的速度死去。成群的餓狼像陰影一樣尾隨著隊伍，覬覦著那些凍僵倒下的屍體。結果，俄國人連打出一顆子彈的機會都沒有，就已潰不成軍。

很難想像，在這樣的荒漠深處，會突然出現一條寬闊的大河。兩個多小時後，我透過車窗看到了阿姆河——這條中亞的神聖河流正在一片不毛之地中金燦燦地流淌。廂型車停了下來，我穿過公路，向阿姆河走去。烏茲別克司機讓我小心行事，因為這裡是烏土邊境，很可能會有士兵。

河水的流量顯然比以前小了，我走在過去阿姆河的河床上。河對岸是土庫曼斯坦，顯得無名無姓，只是另一片無邊無際的荒漠。出乎我的意料，河水非常清涼，甚至清澈。放眼望去，它流過的土地沒有任何景觀——不僅河上沒有橋樑或船隻，也看不到一點人類的痕跡，只有一些枯樹倒斃在岸邊。俄國人曾經天真地希望，阿姆河最終能把他們帶往印度，這也是他們急於控制希瓦的原因。但是阿姆河發源於帕米爾高原，擔當不起這樣的重任。灌溉花剌子模的棉田，已經令它不堪重負。

一個穿著迷彩服，扛著衝鋒槍的士兵，突然出現在我身後，喝令我必須馬上回去。「這裡是邊界地區，不准逗留。」他硬梆梆地說。

可是對面除了沙漠，什麼都沒有！除非是瘋子，沒有人會從這裡越境。更別說，對岸還是謎一樣的土庫曼斯坦。

在士兵的武裝押送下，我回到車上，繼續向希瓦前進。

2

希瓦是一座露天博物館，孤立地保存在荒野中，幾乎定格在百年前的模樣。越過黃土城牆，我看到伊斯蘭・霍甲宣禮塔直戳大漠的天空，宛如海上的燈塔。我想像著那些穿越沙漠的疲憊旅人，看到地平線上出現一座綠洲城市時，會是何種心情？然而，長久以來，希瓦卻以奴隸貿易和剝削過路商旅而聞名。這是一座強盜城市。來到這樣的地方，你要麼把命運交給上天，要麼緊緊地攥在自己手上。

蘇聯時代，希瓦的原住民被徹底遷出，這裡成為一座僅供遊人觀賞的空城。太陽落山後，人們大都乘車回到三十公里外的新城烏爾根奇。除了幾家餐館，店鋪紛紛關門。沙漠的氣溫也隨之驟降，冷風幾近刺骨。我回到冰涼的旅館，看到奴隸販子一樣的老闆。他的面容中有一種憤然的神情，好像有人來這裡投宿，是對他莫大的侮辱。

第二天一早，我在冰窖一樣的餐廳用餐。窗邊的桌子上有一台咖啡機，上面寫著「禁止操作，請聯繫服務人員」。我問老闆，是否可以來一杯熱咖啡。老闆詫異地看了我一眼，驚訝於自己遇見一個如此多事的客人。不過他還是點點頭，在咖啡機旁鼓搗起來。我坐下來，一邊吃著涼透的煎蛋，一邊等待咖啡。然而，咖啡一直沒有出現。

我回頭查看，發現老闆正以一種凝視深淵的姿態盯著咖啡機。這樣僵持了五分鐘（我看了下錶），咖啡機終於發出隆隆的轟鳴，接著便像油井一樣，不斷噴出咖啡。一杯，兩杯，三杯……老闆不得不一次次拿出空杯，以便接住泉水一樣奔湧的黑色液體。小桌上很快擺了將近十杯咖啡，直到咖啡機像被榨乾了一樣，精疲力竭地熄火。

「每次都這樣，做一杯，就會出來十杯！」老闆抱怨道。

我愧疚地喝完咖啡，然後迎著朝陽，爬上希瓦的城牆。伊欽・卡拉城內沒有炊煙，沒有祈禱聲，甚至看不到幾個路人。清真寺和經學院的馬賽克拱門，從一片低矮的黃土房中生長出來，色彩斑斕地統治著天際線，卻已被剝奪了功能。想像這座古城，我必須自行在頭腦中添加人類定居的噪音、污穢和溫度。現在，一切都過於安靜和清潔，甚至充滿了詩意。

到了中午，稀疏的遊客開始流入老城。街道上冒出了一些販賣紀念品的小販。最有特色的是土庫曼人的羊皮帽子。那種帽子酷似美國黑人的爆炸頭，即便是炎炎夏日，土庫曼人也不會摘掉。

希瓦距離土庫曼斯坦只有咫尺之遙。土庫曼人曾把大批誘捕到的波斯和俄國奴隸帶到這裡販賣。奴隸的脖子上拴著鐵鍊，只給極少的食物，防止他們有力氣逃跑。

奴隸的價格隨著供給量波動。一旦有戰事發生，奴隸的需求就會激增。一般來說，手工匠人的價格是普通勞動者的兩倍。波斯女人遠比俄國女人受歡迎。俄國男人是最值錢的貨物，價格大約相當於四匹純種駱駝。很少有人選擇那些被割掉過鼻子或是耳朵的奴隸，因為那表明他們以前逃跑過。

鼎盛時期，希瓦有五千名俄國奴隸，比現在這裡的俄國人還多。如今，我只能在個別希瓦人的臉上，捕捉到一絲斯拉夫人種的痕跡。集市裡，一個賣手機儲值卡的小販，長得和南俄地區的俄國人幾乎一樣，但他不會說俄語。蘇聯解體後，俄語在希瓦的影響力似乎比在其他地方消退得更快。或許希瓦原本就更封閉、更隔離。即便在黃金時代，希瓦的統治者也只能自己撰寫家譜，因為沒有一個大臣的文化水準足以勝任這項工作。

一七一七年，貝科維奇·切爾卡斯基王子奉彼得大帝之命，率領四千人來到希瓦城，目的是調查花剌子模傳說中的黃金，並勘查阿姆河前往印度的可能性。數年之前，希瓦的可汗曾經致信沙皇，希望與俄國結盟，共同對抗布哈拉汗國。然而，事過境遷。等貝科維奇來到希瓦時，可汗早就改了主意。

他殺牛宰羊，熱情款待俄國人，然後將他們分散安排在綠洲上的各個村鎮中。夜深人靜後，大屠殺開始了。四千人被殺戮殆盡，只剩下約四十名士兵被俘，淪為開溝挖渠的苦工。貝科維奇被剝皮，製成了一面鼓，他的頭顱被送到敵對的布哈拉可汗面前，提醒後者與希瓦為敵的下場。

在與世隔絕的花剌子模，就連復仇也要推遲一個半世紀。一八七三年五月二十九日，俄軍從四個方向一起抵達希瓦。士兵們看到希瓦人站在街道兩側，穿著髒兮兮的長袍。他們摘下帽子，順從地低頭致意，不清楚自己是否會遭到屠殺。他們驚愕地看著那些俄國士兵，不敢相信他們竟然穿越了六百英里的沙漠。在當地人看來，沙漠原本是不可逾越的屏障。

一九二〇年四月二十七日，花剌子模蘇維埃人民共和國成立。希瓦的最後一任可汗被迫退位，隨後死在蘇聯的監獄裡。四年後，花剌子模被歸入新成立的烏茲別克斯坦共和國——一個以販賣奴隸起家的城市，就這樣突然邁入了社會主義。

我四處遊蕩，偶然走進胡多博甘·德文諾夫的故居。他是希瓦歷史上的第一位攝影師，一九〇三年就開始拍攝希瓦。故居裡陳列著當年的黑白照片：希瓦人坐在城牆邊曬太陽；希瓦人在地裡修水渠；第一台拖拉機；俄化的希瓦貴族家庭……那些照片捕捉了世紀之交希瓦逐漸變遷的過程。我驚訝於那場席捲世界的資產階級風暴也吹到了希瓦。

希瓦人不會料到，更大的風暴還在後面。一九三六年，史達林發起「大清洗」運動。遠在帝國角落的德文諾夫竟也被打成了「反革命」，四年後死於流放之中。

3

北上鹹海，沿途經過的最後一座城市是卡拉卡爾帕克斯坦共和國的首府努庫斯。在這座被人遺忘的蘇聯邊城，我找了一輛看起來最堅固的三菱四驅車和一位長相硬梆梆的卡拉卡爾帕克司機。司機留著兩撇小鬍子，鑲著金牙，講一口卡拉卡爾帕克方言。與烏茲別克語相比，倒是更接近哈薩克語。

卡拉卡爾帕克斯坦位於烏茲別克斯坦的最西部，大部分土地荒無人煙，顯示在地圖上的定居點少得可憐。離開花剌子模綠洲後，阿姆河進入卡拉卡爾帕克斯坦。它像地圖上的一條裂紋，蜿蜒向北，最終消失不見。我發現，從阿姆河消失的地方一直到鹹海的大片土地，在地圖上是一塊乾淨的空白。我很想知道，在真實的世界裡，那片空白究竟意味著什麼？

從費爾干納山谷來到這裡，我幾乎已經穿越了整個中亞腹地。然而，在努庫斯，我卻感到一種前所未有的緊張。當三菱車駛出努庫斯時，我的目光無法離開那些蘇聯時代的住樓和街巷。那意味著我所熟悉的一套美學和生活方式，正被漸漸地甩在身後，即將化為烏有。等我緩過神來，我已經進入空曠的公路，兩邊是中亞的最後一片棉田。

兩個小時後，道路在不知不覺中消失。三菱車駛入一片荒漠草原。黃褐色的平坦大地漫天鋪展，除了乾枯的荊棘叢，沒有任何遮擋，也不知道通向何方。我突然意識到，我正行駛在曾經的湖床上。幾百年前，這裡是一片湖泊，如今已經乾涸，退化成荒漠。天空是泛白的淡藍色，在目光的盡頭處，與荒原連成一條淡白的細縫。

順著汽車軋過的車轍，我經過一排土坯房和兩個蒙古包。它們散落在荒野上，如同遺落的棋子。不遠處，一位卡拉卡爾帕克牧民正趕著羊群轉場。羊群由一頭毛驢引導著，由一隻牧羊犬殿後。牠們向著三菱車來時的方向走去，身後騰起一串塵煙。經過牧民身邊時，他咧嘴笑了，臉上帶著泥土。在後視鏡中，我的目光追隨著他的背影，直到那背影變成一枚面值越來越小的硬幣。煙塵柱也越來越矮，最終隱沒在微微隆起的地平線上。大地就像大海，瞬間又恢復了它的荒涼與寂靜。此後的一百公里，我再也沒有見到任何人跡。

三菱車的後車箱裡載著幾隻塑膠大桶，最初我以為裡面裝的是汽油。隨著車輪的顛簸，塑膠桶中的液體隨之搖晃，發出嘩啦啦的響聲，讓我感到致命的危險隨時可能會降臨。然而，那裡面裝的不是汽油，而是淡水——司機後來告訴我。

我們經過一片無名無姓的湖泊，岸邊長著近三米高的蘆葦叢。

三菱車拐進湖灘，停在岸邊的一座土坯房前。房子看上去歪歪扭扭，已經被遺棄的樣子，然而聽到汽車的聲音，一對父子推門走了出來。

父親的臉上佈滿刀刻般的皺紋，把眼睛擠成了一條縫。兒子的面孔已被太陽曬得黑紅。他們和司機打了聲招呼，就開始面無表情地把塑膠桶抬進屋裡。司機告訴我，父子倆是他老婆那邊的親戚，在這裡養殖鯉魚。幾年前，湖邊還有幾戶漁民聚居。如今人們差不多都走光了，他們是留下來的最後一戶。

司機掀開冰櫃，想拿走幾條魚。突然，他的手像觸電一樣地縮了回來。

「有蛇！」他乾燥地喊了一聲。

老漁民趕了過來。我也湊近觀看。只見在冰櫃黑乎乎的角落裡，一條小青蛇正盤踞在那裡，半仰著腦袋。沒人知道牠是怎麼鑽進去的。老漁民抄起一根木棍，嘴裡一邊發出嘶嘶的聲音，一邊把蛇挑了出來。那蛇已經凍僵了，幾乎無法動彈。老漁民用棍子，把牠甩到了陽光底下。

「牠暖和過來就會溜走了。」老漁民說。然後，他和司機聊起了家常。

我向著房子走去。透過洞開的木板門，看到老漁民的兒子正把塑膠桶裡的淡水注入一只大水缸。牆上掛著舊棉襖，垂下來半掩著一雙沾滿泥巴的膠鞋。另一側的牆角堆著一袋馬鈴薯，臉盆裡放著幾根胡蘿蔔。一隻又瘦又小的黃貓從臥室裡走出來。即便是牠，表情中也透著一絲堅毅。

漁民父子為什麼要留在這裡？我很難理解。司機後來告訴我，每隔半個月，他會過來送一次水，順便拿走一些魚。漁民父子從夏天開始在這裡養魚，過了秋天就回到努庫斯。此刻，他們站在陽光下，用卡拉卡爾帕克語聊著天。我注視著眼前的湖泊，發現水面平靜得如同一面灰色的鏡子。從暴露的湖床看，這片湖水的面積也在日益縮減。大概，用不了多久，這對漁民父子最終也將離開這裡。

離開湖泊，三菱車爬上一望無際的荒漠高原。我從未見過如此浩瀚的地表。沒有樹木，沒有山脈，只有一成不變的大地，向著四面八方蔓延。一度，我試圖記住我們走過的道路，但僅僅幾分鐘後就失去了方向感。放眼望去，這裡沒有任何參照物，更沒有所謂的「路」。

三菱車以八十公里的時速奔馳，但是無論怎麼開，周圍的景色都看不出任何變化。那感覺不像是在陸上開車，而更像是在海上行船。然而，司機就是在這樣的情況下，不時調整方向，轉彎，斜穿過去，明確地選擇這條「路」，而不是那條「路」。

我不知道他是怎麼做到的。他的方向感來自何方？那大概是遊牧民族與生俱來的天賦。昔日，遊牧民族的大軍，不正是從這裡南下襲擊花剌子模的綠洲嗎？

前方，幾隻棕色的鳥正在地上啄食。牠們的一生中大概很少見到汽車這樣巨大的鋼鐵機器，所以還來不及飛走，就被捲進了車輪。司機無可奈何地嘟囔了一聲，朝後視鏡看了一眼。那塊死亡墓場被迅速拋在了身後，大地上只是徒增了幾具屍體。我看了看手機，它早已喪失信號，而車上也沒有衛星電話。這意味著一旦拋錨，我們將被困在方圓百里之內的無人區，像那些死鳥一樣無人問津。我的手心漸漸滲出了汗珠。

這樣行駛了一個多小時，盡頭處隱隱出現了幾棵樹，在地平線上流水般地波動著。最初，我以為那是海市蜃樓，但是二十分鐘後，樹木的形象變得更加清晰。那的確是一排樹。在這樣的荒漠，意味著地下有井水，有人家。司機告訴我，那是烏茲別克最遠的一個村子。

又花了半個小時，我們才真正進入這座與世隔絕的村子。村裡種著楊樹，幾排磚石房子看上去非常整潔。村子裡靜悄悄的，看不到一個人，聽不到一點噪音。司機輕車熟路地開到一戶人家的院子前。他關閉引擎，跳下車，像回到自己家一樣，推開院門。

這是一戶三代同堂的卡拉卡爾帕克人家。男主人又高又瘦，女主人穿著粉色的連衣裙。他們的父親穿著粗針毛衣，一口牙全都掉光了，然而身板依然硬朗。

房間裡像蒙古包一樣鋪著地毯，暖氣燒得很足。我們圍著小桌，席地而坐。女主人端上可樂瓶裝的乳白色飲料。那是自釀的駱駝奶酒，有著遊牧民族喜歡的口感——非常酸，帶著輕微的酒精度。

我一邊喝著駱駝奶酒，一邊聽司機和老者聊天。電視打開著，正在播放俄語的ＭＴＶ。一個漂亮的俄羅斯女孩坐在酒吧裡，正因失戀買醉。老者的小孫子，躲在簾子後面，始終盯著電視螢幕，彷彿入魔一般。

「我的兒媳有哈薩克人、烏茲別克人和卡拉卡爾帕克人，」老者看著電視，哈哈大笑，「還沒有俄羅斯人！」

他們是最強悍的一批卡拉卡爾派克牧民，在逐水草而居的路上，慢慢定居在這裡。我走出房門，看到院子裡種著杏樹，樹下還有一個露天浴缸。夏季時，一家人可以坐在樹下吃飯，沐浴，然後看著銀河。這裡的銀河一定無比燦爛，就像地球另一側，那些大城市的燈火。

現在是午後，天上沒有一絲雲。陽光灑在庭院裡，灑在牆上，搖曳著樹影，有一種普世感的光輝。我深深呼吸了一口清冽、乾燥、帶著點牛屎味的空氣。

鹹海，還在更遠的地方。

4

兩個小時後，太陽終於開始變得有心無力。在失焦一般的日光中，三菱車衝下高原，進入一片高低起伏的丘陵地帶。細軟的沙地上，散落著破碎的貝殼，植被全都乾枯了，彷彿遠古時代的遺骸。這裡曾經是鹹海，如今已經乾涸，卻依然保留著海底的樣貌，有一種令人畏懼的荒涼感。日復一日，鹹海縮減著自己的疆域。現在，它終於出現在了丘陵的盡頭處。

司機停下車，指著遠處的鹹海。儘管距離海邊尚有一段距離，但汽車已經無法開過去。我跳下車，徒步走向海邊。陽光明亮，但氣溫極低。天空是一片混沌的白。海風吹在臉上，有一種鹹鹹的黏稠感。

海面是灰黑色的，平靜得彷彿靜止住了，就連海浪也如同電影中的長鏡頭，能夠分辨出波動的褶皺和線條。我的目光無法看到更遠的地方，因為遠處的海面被一團霧氣彌漫的虛空吞噬，彷彿刻意想隱藏什麼。

出乎我的意料，我發現遠處的海邊有幾個人影在晃動。我踩著泥沙走過去，漸漸看出那是幾個正在挖泥的工人。他們穿著防風大衣，戴著棉帽子，圍巾圍在臉上，只露出眼睛，腳下踩著沾滿濕泥的雨鞋。一共四個工人，看樣子都是卡拉卡爾帕克人，其中一個明顯是巨人。他的陰影很長，正在徒手把一袋濕泥搬走。

看到我後，他們的眼中露出短暫的驚訝之色，全都停下了手頭的工作。我問他們在幹什麼。他們說，正在收集泥中的一種蟲卵。然而，我根本沒有看到什麼蟲卵，只有成群的蚊子，在緊貼地面的空氣中滾動。

巨人突然開口，用的是蹩腳的中文：「我們的老闆，中國人，他住在這裡。」

「你們老闆是中國人？」

他伸出一隻巨手，指了指不遠處的一個簡易帳篷。此時，太陽已經渙散成一片刺眼的白光，彷彿給大地蒙上了一層迷霧。透過那層淡淡的霧靄，我看到一個男人站在帳篷前，正望著大海。

「他的名字，王。」巨人說。

鹹海王戴著一副茶色眼鏡，牙齒已經被煙草熏黑。他身材消瘦，有點駝背，說話有山東口音。後來他告訴我，他是山東濱州人。

「聽工人們說，你在收集一種蟲卵？」寒暄過後，我問。

「那其實是一種微生物。這種微生物經過再加工後，可以作為蝦的飼料。」他說。

為了開採這種蟲卵，鹹海王已經在荒無人煙的鹹海邊生活了七年。每年有將近大半年的時間，他獨自住在身後的帳篷裡。

走進帳篷的那一刻，我就知道他在這裡沒有女人，因為帳篷裡有一種單身已久的混亂。牆角堆放著中國運來的食品箱子，案板上躺著菜刀。一隻覓食的小貓，正小心翼翼地穿過鍋碗瓢盆，四處吸著鼻子。帳篷的大部分空間被一張堆滿雜物的木板床佔據。床腳處支著一張小矮桌，上面垂下一隻油膩的燈泡。一個中國北方農村的小煤爐，把帳篷裡烤得又乾又熱。這幾乎就是帳篷裡的全部家當，有一種建築工地裡臨時住處的感覺，而不是一個人長達七年的居所。

我們圍著爐子坐下來。已經很久沒見到中國人的鹹海王，提出泡點中國茶。他抓了把茶葉，把燻得烏黑的水壺放在爐子上。我忍不住問他，為什麼住在這麼簡陋的帳篷裡。他說，他曾經讓工人搭了個蒙古包，但是一場罕見的風暴把蒙古包的龍骨都吹彎了，於是他決定改住這種便於修理的帳篷。

這裡沒有手機信號，沒有網路，離最近的Wi-Fi也有一百六十公里。那是廠房的所在地，原來是蘇聯的魚罐頭廠。所有的補給，包括淡水，都要從廠房運過來。他兩個月去一次廠房，收發郵件，向中國總部彙報工作，再駕車返回這裡。

一個工人走進來，用簡單的俄語交談幾句後，又轉身走了。但依然能看出，工人對他非常尊重。鹹海王講起他的治理之道。他時常對工人們說，來到這裡，只有一個目的，那就是一門心思地掙錢。他禁止工人喝酒，但也知道，私下裡人人都會喝。只要不鬧出事來，就應該「睜一隻眼閉一隻眼」。他管這叫「中國人的智慧」。

白天的時間過得特別快，夜晚則無比漫長。去海邊轉轉，看看蟲卵的情況，檢查一下工人的工作，白天就這麼過去了。到了晚上，他會簡單做點飯。因為吃不慣工人做的菜，他從來都自己做飯。他興奮地告訴我，前幾天弄到了一點大白菜，還沒吃完。那種口氣，彷彿談論的不是大白菜，而是大閘蟹。

長時間的與世隔絕，令他的菸癮大增。談話中，他幾乎一刻不停地抽菸。「天黑以後，還要有酒，沒有酒是很難熬的。」他吐了口菸說。

有時候，感到實在太寂寞，他會叫上一個工人，到帳篷裡陪他喝酒。中國帶來的白酒很快喝完，現在他喝更容易弄到的伏特加。儘管如此，每到一個臨界點，他還是會瀕臨崩潰。「在這種地方待久了，都會有崩潰的時候。」他把菸狠狠地咽進肺裡又吐出來。「怎麼形容這種感覺呢？心慌得難受，坐也不是，站也不是。不瞞你說，昨天我就差點崩潰。」

於是，他騎上四輪摩托車，在無人的丘陵上狂奔。衝上高原，再衝下來，讓飆升的腎上腺素麻痺自己。路上，他與一隻母狼狹路相逢。他們互相看著對方，彷彿也在看著自己。然後他突然加大油門，衝向母狼。母狼嚇得轉身逃跑，發出淒厲的嚎叫。這樣折騰了一個多小時，臉已被風吹得麻木，心裡才終於好受一些。

夜幕降臨了。我們走出帳篷，發現一輪彎月正掛在波光粼粼的海面上。

在我們聊天時，三菱車的司機已經在附近搭好蒙古包，並拿出從努庫斯帶來的羊肉、馬鈴薯和胡蘿蔔。他在寒風中生起火，用帶來的鐵鍋做起卡拉卡爾帕克大雜燴。木柴劈劈啪啪地響著，濺起的火星好像閃爍的螢火蟲。

我邀請鹹海王一起到蒙古包裡晚餐。他帶上了伏特加和珍貴的炒白菜和大雜燴，一邊喝著伏特加。

他向我講起以前來過這裡的人，不時掏出手機，給我看當時的照片。幾年前的往事，他依然記得清清楚楚，彷彿在談論昨天的事。對他來說，每一次來客都像是節日。

「去年是兩個馬來西亞人，前年是兩個香港人。歐美人有，但很少。內地來的人少之又少，」他想了想，繼而糾正道，「完全沒有。」

除了旅行者，這裡也來過荷槍實彈的邊防士兵，意欲索賄的政府官員，考察鹹海沙漠化的聯合國官員——兩男一女。

「他們打算在這裡種樹，後來發現實在太過荒涼。晚上，他們在我這裡喝酒，喝得酩酊大醉，之後竟然……」他笑起來，「哎，這個可不能說！」

那天晚上，我們喝光了一瓶伏特加。他幾次說要走，卻總是主動挑起新的話題。他說，幾年前，他的帳篷就在海邊，如今距離海邊已有一百多米。這只是短短幾年的事情。他說，鹹海中有一座小島，傳說中有惡龍守護著寶藏。實際上，那是蘇聯進行秘密生化實驗的地方。小島原本沉沒在海底，但因為鹹海消退，已經浮出水面。

「這些沒人說過，」他在香菸的煙霧中瞇縫著眼睛，「但我都知道。」後來，他終於踉蹌地走了。我鑽進睡袋，卻感到無比清醒。我聽著蒙古包外的風聲，呼嘯著，刮過海面，好像某種生命的哀鳴。不知為什麼，我想起了約瑟夫·康拉德的小說《黑暗之心》。那裡面寫了一個名叫庫爾茲的白人。他獨自生活在剛果的熱帶雨林中，為大英帝國搜羅了不計其數的鑽石和象牙。剛果河流域的每一個人，都聽說過他的威名，甚至談其而色變。然而，當小說的主人公最終找到庫爾茲時，發現他只是一個風燭殘年的老人，生活在一個破敗不堪的小木屋裡。

鹹海王當然與庫爾茲不同，但是他們都甘願生活在某種極端的環境裡。他們的生命中一定有什麼特別的東西，即便是如此惡劣的環境，也無法摧毀它的內核。

5

第二天一早，我離開了鹹海。當我和鹹海王告別時，我們只能相約中國再見。透過後視鏡中飛舞的塵土，我看到他一直站在那裡，直到汽車爬上高原，他才從鏡中消失不見。

返回努庫斯的路上，我去了鹹海王廠房的所在地——一個叫作木伊納克的小鎮。木伊納克曾是鹹海最大的港口，典型的魚米之鄉。一九二一年，蘇聯發生饑荒，列寧還向木伊納克請求幫助。短短數日之內，兩萬一千噸的鹹海魚罐頭便抵達伏爾加河流域，拯救了數以萬計的生命。

然而，經過四個小時的顛簸，當三菱車駛入木伊納克時，我看到的卻是一個貧瘠而荒涼的小鎮。到處是黃土和荒地，灰塵撲撲的石頭房子，人們的臉上帶著困居已久的木訥神色。

由於鹹海的消退，這座港口距離海邊已經超過一百六十公里。鹹海水量減少後，鹽分是過去的十幾倍，魚類已經無法生存。木伊納克的一萬名漁民，因此失去了工作。這一切，只發生在短短一代人的時間裡，成為環境災難最令人震撼的註腳。

我來到曾經的碼頭，發現這裡早已沒有一滴水。乾涸的海床一望無際，上面還擱淺著一排生鏽的漁船。我順著臺階，下到海床，走到漁船跟前。鏽跡斑斑的船身上，依然能夠分辨出當年的塗裝。船艙裡，散落著酒瓶子和舊報紙，還有破碎的漁網。

海洋的痕跡已經蕩然無存，漁船四周長出一叢叢耐旱的荊棘。

曾經，我的眼前遍佈著漁船，如今大部分漁船都已被失業的漁民當作廢鐵變賣。剩下的這十幾條，成為滄海桑田的唯一證據。

我摸了一下船身。在紅色鐵鏽之下，那些鋼鐵的肌理似乎仍在喘息。置身於這樣的場景裡，我不得不感到啞口無言。從費爾干納山谷到卡拉卡爾帕克共和國，我一路上看到了那麼多的棉田。它們養育著這個國度，卻也讓生態環境不堪重負。由於鹹海的沙漠化，那些沉積在土壤表層的有毒鹽性物質，可以順風吹遍整個烏茲別克斯坦、哈薩克斯坦，甚至遠至喬治亞和俄羅斯。

早在蘇聯時代，政府就曾考慮從西伯利亞引水，救助鹹海。但那是蘇聯時代的末期，龐大的帝國已經無力支撐如此宏大的工程。計畫最終在一九八七年正式擱淺。

一九九四年，五個中亞共和國的領導人達成協議，每年動用百分之一的政府預算治理鹹海。但是，沒有哪個國家願意主動削減棉花產量，承受由此帶來的陣痛。那意味著讓本已脆弱的國民經濟雪上加霜。治理實際上淪為空談，不了了之。

與此同時，鹹海的面積仍在加速縮減。一九八七年，鹹海斷流為南北兩部分。二〇〇三年，烏茲別克境內的南鹹海，又斷流為東西兩部分。也許，用不了多久，世界三大內陸海之一的鹹海，就會從地球表面上徹底消失。

我站在港口旁的展示牌前，看著鹹海近百年的變化圖，回想著我在地圖上所看到的那片巨大的空白。周圍荒無人煙，只有被遺棄的房子。很多人已經舉家搬遷，只有很少一部分人還留在這裡。

卡拉卡爾帕克司機告訴我，他原來就是木伊納克的漁民。十幾年前，他咬牙變賣了漁船和家當，搬到努庫斯，重新開始，後來才成為一名司機。他總結著自己的一生，一輩子經歷過兩次巨變：第一次是蘇聯解體，那意味著國家和身份的轉變；第二次則是鹹海的消失，那意味著過去幾代人的生活方式不得不就此終結。

那天中午，他帶我去當年的鄰居家吃飯。戴著頭巾的女主人端出飯菜，然後悄悄退出房間。她的丈夫也離開了這裡，在別的城市打工掙錢。

午飯後，我們一起走到庭院。那是秋天最後的時光，一排排西伯利亞大雁，正在空中變換著佇列，準備飛往南方過冬。我們靜靜地看著大雁，想像著牠們一路的飛行。然後，我們都不約而同地掏出手機，開始對著天空拍照。

因為，在這裡，如此生機勃勃的場景並不多見。

——第四部——

土庫曼斯坦

土庫曼的禮物

1

從烏茲別克斯坦回國後翌年，我終於決定前往土庫曼斯坦。五個中亞斯坦國中，土庫曼斯坦最為神秘，也最難去。土庫曼人不歡迎外國人來訪，為此設置了層層障礙。關於這個國家，我找不到太多有價值的資訊，僅有的一些文本也只是讓我徒增困惑。

我找到一本半自傳體哲學作品《魯赫納瑪》。作者是土庫曼前總統尼亞佐夫。他在書中宣稱：「這本書是土庫曼人敞開的心靈，是對生活的目的和價值的啟示……每個土庫曼人讀過《魯赫納瑪》之後就會瞭解自己，那些不瞭解土庫曼人的人則會瞭解他們。」

我就是抱著瞭解土庫曼人這個樸素的願望閱讀的。結果，我發現這本書光怪陸離到了令人咋舌嘆息的地步。蘇聯解體後，尼亞佐夫統治土庫曼斯坦二十一年。他在全國範圍內豎立自己的雕像，自封為「土庫曼巴什」——全體土庫曼人的領袖。他認為舞蹈、戲劇和廣播不利於土庫曼人的成長，於是加以禁止。他規定男性不得蓄鬚，鑲金牙也屬違法。他還把一年中的十二個月重新命名，其中一月以他自己的名字命名，還有幾個月分別以他家人的名字命名。

「我的主要哲學信條就是完整性。如果沒有完整性，也就不可能有民族，沒有完整性它也不會長久存在。」他在《魯赫納瑪》中寫道。可是這本書最缺乏的就是完整性，乃至邏輯性，讀起來常給人腦袋上挨一棒的感覺。不過，當我快速翻完這本奇書，倒也發現幾處說得通的地方：

「土庫曼人是世界上古老的民族之一……但令人吃驚的是，在這浩瀚的書海中竟尋覓不到土庫曼人的完整形象。」

「我國人民在歷史上曾有過輝煌，但近七八個世紀出現了衰落……土庫曼人對人類生活的形成、世界科學和生產的發展做出了巨大貢獻，而貢獻的具體數量還有待進一步研究。」

「根據全面相互結算的結果，土庫曼斯坦從蘇聯獨立出去後，蘇聯欠土庫曼斯坦三點八億美元債務。俄羅斯聯邦作為蘇聯的法定繼承人應把這筆錢償還給我們。鑒於俄羅斯經濟困難，我認為不向他們索要這筆債務乃明智之舉，因為對我們來說友好地分手比什麼都重要。」

「最後我做出這樣的決定：把全世界土庫曼人所具有的一切美好的東西收集在一起，使之體現在一本書中。這樣就誕生了《魯赫納瑪》。讓《魯赫納瑪》來填補我們失去的所有書籍造成的空白，使之成為繼《古蘭經》之後的土庫曼人的主要書籍。」

……

想去土庫曼斯坦的唯一辦法，是找一家當地旅行社報團。旅遊團價格也像《魯赫納瑪》的行文一樣膨脹。可是花了這麼多錢，你也註定享受不到相應的舒適。你的行程會受到監視：從入境一刻起，導遊就與你形影不離。

我聯繫了阿什哈巴特的一家國營旅行社。他家的「七日遊」報價相對合理，比別的旅行社要低。可即便如此，也足夠在東京奢遊七日了。我提供了護照掃描文件、電子版照片，又填了一個只有六七個問題的簡單表格。我聽說只要肯花大價錢參團，拿到邀請函只是走走官僚程序。旅行社的經理也是這麼說的。他還說，有了邀請函，我就可以在任何口岸辦理落地簽。

行程很快確定下來。我計畫先到烏茲別克斯坦的努庫斯，從附近的邊境口岸入境土庫曼斯坦（導遊會在口岸等我）。我們將參觀花剌子模的綠洲城市庫尼亞烏爾根奇——古稱玉龍傑赤。隨後的一天晚上，我還要在卡拉庫姆沙漠中央的「地獄之門」露營。那天正巧是我的生日，這是我為自己準備的生日禮物。

2

我先飛到哈薩克斯坦的首都阿斯塔納——今天的努爾蘇丹。十月中旬，阿斯塔納就已大雪紛飛，氣溫接近零度。一九九七年，納札爾巴耶夫將哈薩克斯坦首都從阿拉木圖搬到阿斯塔納。當時，阿斯塔納只是一個中等規模的北方城市，以嚴酷的冬季聞名。

阿斯塔納原名「阿克莫拉」，在哈薩克語中意為「白色墳墓」。索忍尼辛在附近的勞改營服過苦役。赫魯雪夫時代，阿克莫拉成為「墾荒計畫」的中心，更名為「切利諾格勒」，意為「墾荒城」。這一時期，大批移民來到阿斯塔納，大多數是俄羅斯人。

蘇聯解體後，俄羅斯的政治家一度希望將哈薩克斯坦變成俄羅斯的衛星國。索忍尼辛在一九九〇年發表的著名書信中，也主張吞併哈薩克斯坦北部。到了一九九二年，喬治亞、摩爾多瓦、亞塞拜然和鄰近的塔吉克斯坦相繼爆發內戰。哈薩克斯坦似乎也處在岌岌可危的地位上。

如果說遷都的決定令外人費解，那是因為哈薩克人有著自己的算計。納札爾巴耶夫聲稱，遷都是由於阿斯塔納比阿拉木圖更靠近國家的中心，與俄羅斯的交通聯繫更好。其實，他更在意的是阻止哈薩克北部的分裂情緒。如今，哈薩克斯坦成為中亞地區最繁榮和穩定的國家。人們普遍認為，這在很大程度上歸功於納札爾巴耶夫當年的決定。

納札爾巴耶夫決意將阿斯塔納打造成一座二十一世紀的首都，一系列壯觀的新建築拔地而起。這片中亞的荒原成了國際建築師的樂園，充斥著不同風格的建築。當我從機場乘車進城時——我有數小時的轉機時間——感覺就像進入了一個巨型外景地，包括我在內的路人都成了行走其間的演員。

我們經過和平與和解宮，那是積雪荒原上的一座白色金字塔，由英國建築師諾曼・福斯特設計。我們又經過一個美國白宮式的建築，只是上面多了一個藍色穹頂。司機說，那是總統府。然後是「生命之樹」，其形狀猶如一棵白楊樹托起一顆金蛋。哈薩克人堅稱，他們的祖先就誕生於一顆金蛋中。

我們經過義大利建築師曼夫雷迪・尼科萊蒂設計的中央音樂廳，它看起來像是層層包裹的塑膠花。然後，我們經過凱旋公寓大樓，其風格不免讓人想起二戰後莫斯科建起的「七姐妹」[1]。接著，司機指著一座外形酷似北京西站的建築說，那是中國風格的，叫北京大廈。

最後，司機帶我來到一頂傾斜的巨型帳篷前。這是世界上最大的帳篷，裡面實際上是一個大型購物中心。司機告訴我，帳篷共有六層，頂層還有一個空中沙灘俱樂部，裡面的沙子真的是從馬爾地夫進口的。

後來，我從新聞中得知，這座大帳篷也是諾曼・福斯特事務所設計，耗資四億美元。負責施工的是一家土耳其公司，大部分建築材料也都從土耳其運來。從土耳其到哈薩克斯坦，最便捷的路線是經過伊朗北部和土庫曼斯坦，但卡車司機不喜歡經過土庫曼斯坦：「那地方有很多規定，但毫無規則。」

車外的天空陰沉沉的，飄著雪花，路人裹著冬衣在泥濘中艱難行走。阿斯塔納不是一座旅遊城市，你能做的就是坐車遊覽一番。車裡一直放著音樂，可只是伴奏帶。我終於問司機為什麼要放伴奏。他說他喜歡唱歌。沒客人的時候，他會在車裡獨自練習。

我說：「沒關係，你現在也可以唱。」

沒想到他真的就唱了，聲音非常動聽。即便聽不懂哈薩克語歌詞，我依然被打動了。

一曲唱完，我發現自己鼓起掌來。司機躲在連帽衫裡面，靦腆地笑了。他叫賽力克，二十一歲，希姆肯特人。那是哈薩克斯坦最南方的城市，與塔什干只有咫尺之遙。他說，他來阿斯塔納是為了追逐音樂夢想。

「你知道迪瑪希嗎？」我問，「我覺得你唱得比他好。」

他知道迪瑪希。他也知道迪瑪希在中國很受歡迎。迪瑪希在中央音樂廳舉辦過演唱會——那也是他的夢想。他告訴我，他算是迪瑪希的師弟。他的意思是，他們拜過同一位老師，或者在同一家培訓機構待過。

「你能再唱一首嗎？」我問。「再唱多少首都沒問題。」

他換了一首伴奏，前奏結束前深吸一口氣，然後唱起來。他開著車，穿行在灰白色的城市裡，周圍是令他陌生的新奇建築，但是他的臉上瞬間有了感情，他的聲音有了感情，甚至他換檔的動作也有了感情。

一曲結束後，他手按胸口，點頭致謝，彷彿不是在這輛小車裡，而是像迪瑪希一樣，在那座塑膠花般的音樂廳裡，面對著萬千觀眾。

「希望有一天能在電視上看到你唱歌。」我發自內心地說，然後讓他把我送回機場。

3

在阿拉木圖轉機，飛到塔什干。再從塔什干換乘烏茲別克國內航班，抵達努庫斯。剛落地，我就收到了旅行社的郵件。和以往的郵件一樣，這封郵件也寫得言簡意賅，語氣中甚至帶點幸災樂禍：「親愛的L先生，你的邀請函申請被拒了。」

此外，再無任何說明，也沒告訴我該怎麼辦。

我在城裡的一家小旅館住下，然後馬上回信，問是什麼情況。

第二天，旅行社經理回覆說，土庫曼移民局也沒給任何理由。

「你以前碰到過這種情況嗎？」

「這種事我們從沒遇到過。」

「現在怎麼辦？我都已經到努庫斯了。」

「我們可以重新嘗試申請，不過至少需要十個工作日。你的意見呢？」

我回覆道：「馬上辦。」

然後我下樓，把我不幸滯留的壞消息告訴旅館老闆。對他來說，或許是個好消息——他又能多賺幾天房費了。開始，我以為我在努庫斯只會逗留兩天，所以只訂了一間狹小的單人房。現在，我說服老闆把我免費升級到一個大房間。他同意了。反正大部分房間都空著。他還大度地表示，給我開一個「看得見風景」的房間。

我有一種不祥之感。很難相信有了如此黯淡的開頭，後面還會有什麼好結果。果不其然，等我拉開窗簾，才發現老闆口中的「風景」就是門前那條灰撲撲的街道。街邊種著幾棵發蔫的小樹，對面是一家倒閉的店鋪。之前，在沒有風景的單人房，我看不到這些情況，還能試著說服自己乖乖忍受。現在，眼前的「風景」反而更讓我意識到自己被迫滯留的現實。不知道在這樣一個呆板、荒謬的小城裡，該如何消磨接下來無所事事的半個月。

我去了薩維茨基博物館——連著去了三天。除此之外，實在想不出還能做什麼。薩維茨基是蘇聯的考古學家、畫家和收藏家。史達林時期，他冒著巨大的危險，把一大批蘇聯超現實主義繪畫偷運到努庫斯，最終保留下來。

我發現薩維茨基是一個值得玩味的人物。一九五〇年，他跟隨考古隊來到卡拉卡爾帕克斯坦，在這裡一待七年，收集草原上的文物和民間藝術品。後來，他乾脆賣掉莫斯科的時髦公寓，遷居蠻荒的努庫斯。給我的感覺是，努庫斯之於薩維茨基，就如同玻里尼西亞之於高更。

當時，史達林的清洗政策如火如荼，很多藝術家都被打上了「人民公敵」的標籤，他們的作品岌岌可危。薩維茨基擔心，一代俄羅斯文化就將由此消失。他開始收集那些被禁藝術家的作品，將它們運到努庫斯保存。

在將近十五年的時間裡，薩維茨基收集大量俄羅斯前衛藝術作品，為之付出了難以想像的艱辛代價。史達林逝世後，蘇聯進入「解凍」時期，努庫斯蔚為壯觀的收藏震驚了世人。

三天時間裡，整個博物館幾乎只有我一個人。我逐一欣賞那些畫作，時光就這樣悄悄流逝。黃昏時分，我走出博物館。我得知薩維茨基死後就安葬在努庫斯的俄羅斯公墓，在努庫斯機場後面。我打了一輛黑車前往墓地，裡面格外寂靜。墓碑上方是一個吹笛天使的雕像，黑色花崗岩上的銘文已經磨損，但仍可辨認：「伊果．薩維茨基。他是一位天才，他把美留給了感恩的後人。」

第四天，我沒有再去博物館，而是在城裡閒逛。庫努斯黃沙遍地，到處是醜陋的平房和受困的神色。在這裡待久了，人們臉上的表情似乎也變得空洞。我覺得自己步履沉重，但還是走向一片人流集中的區域。那是阿姆河畔的一個露天市場，基調是土黃色的。我彷彿走進了一張舊照片裡。

市場裡販賣各種雜貨、生鮮，但全都給人一種落滿灰塵的印象。路面已經破碎不堪，縫隙中積著塵土的硬塊，街邊堆著垃圾，與市場融為一體。在這個不怎麼下雨的地方，市場註定無法得到徹底清洗。污漬只會越積越重，成為生活的一部分。

人們忙著一些小事，手裡提著東西，四處逡巡，或是討價還價。小餐館外剛剛架起烤爐，一個留小鬍子的男人在用紙板搧火。餐館黑乎乎的角落裡，坐著幾個發呆的男人。我經過賣魚的攤位，魚就擺在案上，感覺死了好久，已經變質，上面飛舞著一團蒼蠅，還有幾隻老鷹在低矮的屋頂上盤旋。

我感到腳步愈發沉重，決定返回旅館，經過一座帶棚頂的市場，裡面都是賣調料和醬菜的小販。一個女人突然叫住我，她是中亞的朝鮮人。史達林時代，她的祖先從鴨綠江畔流落到阿姆河畔。如今，她還以賣泡菜為生。那些泡菜就堆在幾個開口的白色塑膠桶裡，看上去白花花的一片——中亞人不吃辣，朝鮮人的泡菜上只有星星點點的辣椒。

她衝我笑了，露出嘴裡的金牙。她從塑膠桶裡撈出一片辣白菜給我，然後用俄語問我是不是從韓國來的。我用朝鮮語回答：「不是，我是中國人。」但她已經聽不懂朝鮮語。我又用俄語重複了一遍。她笑著點點頭，依然目不轉睛地看著我。

我把辣白菜放進嘴裡——味道並不好。沒有辣椒的辣白菜，就像丟了靈魂的人，只剩下一股奇怪的鹹味。不過我還是豎起大拇指，向她表示感謝。我的確很欽佩這些朝鮮人。他們來到這片陌生之地時一無所有，語言不通。老弱的婦孺很快死去，但剩下的人頑強地活了下來，繁衍至今。

我回到旅館，在餐廳喝了兩瓶啤酒。那天晚上，在房間裡，我突然感到頭暈、噁心，肚子發出邪惡的咕咕聲。整個晚上，我幾乎每隔半小時就要去一趟廁所。早晨依然感到身體虛弱、四肢痠痛。我又昏睡過去，醒來時發現房間裡空空蕩蕩。我泡了杯熱茶，喝下去，然後用手機查詢航班。那天晚上有一架班機飛往塔什干——我不想滯留在努庫斯了。在這裡，我看不到任何希望。

在塔什干的米諾地鐵站附近，我找了一家民宿，在屋裡一連躺了幾天。我的生日也在養病中默默度過了。按照計畫，我原本應該在「地獄之門」露營，一邊望著熊熊地火，一邊喝我裝進小扁瓶的白蘭地。十月下旬，塔什干已經來了暖氣，可是那幾天的氣溫高達三十五度。我躺在床上，汗流浹背地過了生日。

幾天後，我等來土庫曼移民局的第二封拒絕信——同樣沒有理由。這一次，我連旅行社經理的郵件都懶得再回覆了。

4

離開塔什干之前，我與阿札瑪取得聯繫。上一次，我和他在塔什干的一家酒吧相遇。為了讓我見識真正的烏茲別克斯坦，他帶我去了一家脫衣舞俱樂部。他後來喝醉了酒，絮絮不止。我們在午夜的塔什干揮手告別。

我看出他喜歡吹牛，說一些聳人聽聞的大話。但對我而言，這些都無傷大雅。沒有當地人帶路，我只是一名普通的旅行者，只能看到普通的風景。有了阿札瑪這樣的朋友，我才有機會進入當地人的世界，看到原本不太可能看到的東西。

我們約好晚上六點半見面。結果阿札瑪到了我住的地方時，遲到了半小時。天色已晚，塔什干陰沉灰暗，阿札瑪卻顯得神清氣爽，好像剛剛起床。他看起來胖了不少。肚子像皮球一樣，又鼓脹了一圈。我發現，他的鬍子刮得十分精細，頭髮也抹了髮膠，依然是一副精明生意人的模樣。

我告訴阿札瑪我沒去成土庫曼斯坦。他說，土庫曼人的腦子清奇得很，連他也理解不了。我又說我在努庫斯滯留數日，他大為吃驚。他沒去過努庫斯，但聽說過那裡的閉塞。他說，努庫斯沒有女人，沒有生活，他去了那裡篤定會瘋掉。

我們先打黑車前往一個汽車站。在那裡，還有黑車開往更偏遠的郊區。阿札瑪與一個麻臉司機用烏茲別克語談好價格，我們上了那輛黑車，在夜色中駛出塔什干。

阿札瑪說，這回他要帶我見識一個叫「金炳華」的朝鮮村子。村裡有餐廳，有三溫暖，還有陪酒的朝鮮小姐，是個「法外之地」。他對那裡的情況「瞭若指掌」。

蘇聯時代，金炳華是北極星集體農場所在地。金炳華本人是勞動模範，獲得過列寧勳章，還寫過《論棉花高產》和《豐收之路》兩本著作。集體農場取消後，「金炳華」就成了這個村的名字。村裡住的全是中亞朝鮮人。他們自成一體，就連烏茲別克警察也不大敢管。

「你是怎麼知道那裡的？」我問。

「五年前，一個中亞朝鮮朋友帶我去過金炳華。」阿札瑪說，「當時，我就被那裡的生活深深吸引。」

「一個以勞模名字命名的村子，現在成了法外之地，聽起來是不是有點諷刺？」

「我才不管，」阿札瑪說，「這就是真實的烏茲別克斯坦。」

說話之間，我們已經離開塔什干。窗外的公路看上去似曾相識。我突然意識到，這就是我去費爾干納山谷時走過的那條路。兩側都是大片的棉花地，看上去朦朦朧朧。不久，我們拐下大路，開上一條小路，又走了一段距離，進入了一個村子。我看到一些亮著燈的院子，男人在昏暗的街上走動。路上到處是碎石和砂礫，但沒有路燈。

「金炳華到了。」阿札瑪說。

我們在一家飯店門口下車。那是一個有幾間平房的大院子，狗肉就在外面的鍋裡燉著。在一間包廂裡，有朝鮮式的矮桌和坐墊，擦拭得很乾淨。阿札瑪算是穆斯林，可他沒有忌口。他點了一鍋狗肉湯。按照朝鮮習俗，送了很多小菜。一個朝鮮小夥計把小碟小碗端上來，擺滿了一桌。阿札瑪對此讚嘆不已。他又點了兩瓶啤酒——波羅的海七號。

我們喝酒吃菜。阿札瑪使不慣筷子，依舊用叉子吃飯。後來，他意猶未盡，又到外面叫朝鮮小夥計再送幾碟小菜。看到小菜可以源源不斷地補充，還不要錢，阿札瑪再次表示讚嘆。

等他回來後，我問道：「朝鮮人會說烏茲別克語嗎？」

阿札瑪說：「肯定會說，但他們跟我只說俄語。」

「難道他們瞧不起烏茲別克人？」

「我才不在乎。我是俄羅斯人。」

「我一直以為你是烏茲別克人。」

「我父親是烏茲別克人，母親是俄羅斯人。我認為自己是俄羅斯人。」

「但你會說烏茲別克語。」

「當然，」阿札瑪說，「如果你在這裡只會說俄語，生活當然沒問題，出去享受也沒問題，做生意可不行。在這裡做生意，一定要會說烏茲別克語。很多機會和關係，只留給那些能說烏茲別克語的人。」

我問阿札瑪，最近在做什麼生意。

他說，他剛買了一輛七〇年代的雪佛蘭老爺車。一個美國人告訴他，這車在美國能賣出五倍的價格。「問題只在於怎麼把車運到美國。」

此外，阿札瑪還有幾個商業計畫：利用「一帶一路」的契機，把烏茲別克的水果銷往中國；從淘寶購買窗簾，拿到烏克蘭銷售——他在那裡有認識的朋友；把中國遊客帶到塔什干，租下一個別墅，開「動物派對」，讓他們見識真正的烏茲別克美女。

顯然，酒精讓阿札瑪膨脹起來。他說得頭頭是道，好像這些事全都有了眉目，但其實都是八字沒一撇。自始至終，包廂裡只有我們兩個人。傳說中的朝鮮陪酒女郎沒有出現。阿札瑪解釋說，可能因為我們是外人，他們還不放心。

吃過飯，阿札瑪擰開水龍頭洗手，再用沾水的手指梳理頭髮。隨後，我們走進昏昏欲睡的小巷，去找阿札瑪所說的三溫暖。

我們走到一個沒招牌的鐵門前。阿札瑪環顧四周說：「就是這裡。」他開始咣咣地敲門，過了半天才有一個中年朝鮮女人出來。她身後的院子靜悄悄的，只掛著一盞白色燈泡，透出一種鄉野小店的氣質。如果這裡會有朝鮮小姐，那對我來說真是難以想像。阿札瑪說起俄語，中年朝鮮女人面露詫異之色。最後，阿札瑪對我說，把三溫暖燒起來要等兩個小時。這裡也沒有朝鮮小姐。

「五年了，」阿札瑪感嘆，「一切都變了。」

我們又回到吃飯的地方。阿札瑪開始審問那個朝鮮小夥計，但沒榨出什麼結果。載我們過來的麻臉司機還沒走。這會兒，他緩緩開過來，放下車窗，探頭打聽我們要去哪兒。司機說，他知道另一家三溫暖，在距此二十公里外的一個村子裡。他確定，那裡能找到朝鮮小姐。

阿札瑪問：「怎麼樣？」我說：「回塔什干。」他大失所望。

我們坐上麻臉司機的車。阿札瑪還對朝鮮小姐念念不忘。對他來說，朝鮮小姐代表了異國風情，而且不受傳統約束。可是對我而言，她們是離散的族群，是被侮辱與被損害的人。我來金炳華原本就是出於好奇，如今那點好奇也已蕩然無存。我覺得，在那樣破敗的三溫暖房裡，就算真有朝鮮小姐，我也一定會手足無措。和阿札瑪不一樣，我對享樂的看法已經改變。

回到塔什干，阿札瑪問我有什麼打算。我說我要回去休息。他握著我的手，讓我不要忘了把中國客人帶到塔什干，剩下的事全包在他身上。我笑著說好，除此之外，真不知道該說什麼。

對我來說，這是一次失敗的旅程，沒去成土庫曼，什麼事都沒幹成。第二天，我將離開塔什干，帶著土庫曼的「禮物」，返回老窩。

1 「七姐妹」是指二戰後在莫斯科建成後的七座社會主義風格摩天大樓，分別為莫斯科大學、列寧格勒飯店、勞動模範公寓、重工業部大樓、烏克蘭飯店、文化人公寓、外交部大樓。

——第五部——

哈薩克斯坦

突厥斯坦的小人物

1

中亞漫遊的日子裡，我先後四次經過阿拉木圖。旅途中，這座城市始終扮演著驛站的角色。在這裡，我可以短暫地安頓下來，整理旅行的頭緒，完善筆記的細節，順便光顧幾個美妙的小餐館。

我看到的大部分中亞依然是一個深陷歷史與宗教傳統，囿於地緣政治和民族主義，面對全球化裹足不前的地方。那樣的中亞至今存在，因此值得不辭辛勞地前往。除了主要景點之外，旅行都很困難。你需要面對層出不窮的意外。很多時候，舒適又能負擔得起的旅館難得一見。在一些地方，即便是提供最基本設施的乾淨房間，也算得上奢侈。阿拉木圖的情形卻不大一樣。旅館和餐廳全都乾乾淨淨，甚至富有情調。在這裡，我多少對中亞的未來有了些概念。

我在阿拉木圖待了一個星期，安排接下來在哈薩克斯坦的旅行，申請必要的許可證。我買好了火車票，打算一路前往突厥斯坦。火車在午夜出發，因此晚餐時我去了一家喬治亞餐館。

我點了哈恰普里和烤羊肉，喝了一杯卡赫季產區的葡萄酒，又喝了一杯產自天山山麓的葡萄酒，接著打車到火車站，找到我的車廂，爬上搖搖晃晃的臥鋪，醒來已置身大草原之中。

這個時節的草原，紅燦燦的鬱金香遍地開放，偶爾可見奔跑的馬群。包廂內響著下鋪女人輕微的鼾聲，好像穴居動物的小巢穴。車站上停著運送木材的貨車，光線灑在鐵皮波浪板斜屋頂上，空氣中有新雨的味道。

我走出包廂，經過餐車的廚房。一個繫著圍裙的哈薩克大媽，正支著油鍋，奮力炸餡餅，額頭上滲出汗珠，臂膀上的贅肉上下顫動。我又回到包廂，一邊用海頓的小號協奏曲抵抗鼾聲，一邊等待早餐。火車在鐵軌上晃，走廊上終於傳來大媽俄語的叫賣聲。我買了一個熱乎乎的油炸餡餅，迫不及待地咬了一口，發現竟然沒餡兒，多少有些失望。

我想起在南俄草原的火車上吃到的炸餡餅——乘務員大媽做的。羊肉和洋蔥細細切碎，拌上香料，填入麵團中油炸。從這裡到南俄草原是一個條狀帶，幾乎沒有任何地理上的阻隔。那也是歷史上遊牧民族如潮水一般征服與遷徙的傳統道路。在通往南俄草原的路上，可以遇到幾個歷史上的重要名稱，塔拉茲便是其中之一。我在這裡下車，是因為一段幾乎已被遺忘的歷史。

塔拉茲，在中國典籍中稱為「怛羅斯」。西元七五一年，當時世界上最強大的東西兩大帝國——阿拉伯與唐朝——在這裡發生了一場軍事衝突。唐軍大敗，後經安史之亂大傷元氣，自此退出中亞舞臺。阿拉伯人的圓月彎刀和宣禮塔，則又用了數個世紀，將中亞永久地打造成伊斯蘭的世界。

據《新唐書》和《資治通鑒》記載，怛羅斯戰役的起因是西域藩國石國（首都位於塔什干）「無番臣禮」。安西節度使高仙芝領兵征討。在石國請降的情況下，高仙芝依然血洗石國，掠奪財物，並將國王帶回長安斬首。僥倖逃脫的石國王子遂向阿拉伯的阿拔斯王朝求救。

《大唐西域記》成書後不到十年，唐朝就殲滅西突厥汗國。此後，唐朝逐步在西突厥故地設置行政機構，確立起對西域的統治。那些原來臣服於西突厥的中亞諸胡轉而臣服唐朝，大多數中亞地區都被納入唐朝的版圖。

與此同時，阿拉伯（大食）在中亞的勢力也在迅速擴張。波斯薩珊王朝原本是阿拉伯帝國和大唐之間的屏障，然而六五一年被阿拉伯人吞併，使得兩大帝國的疆域直接接觸。怛羅斯戰役，正是唐朝遏制大食與大食對外擴張之間的矛盾爆發。

阿拉伯一方的將領是傑出的軍事家阿布．穆斯林，中國史書中稱為並波悉林。他是奴隸出身，後來舉起反抗倭馬亞王朝的大旗，攻佔呼羅珊、伊朗、伊拉克、敘利亞，最終在庫法擁立阿拔斯家族的阿布．阿拔斯為哈里發，開啟阿拔斯王朝時代。唐朝一方的高仙芝同樣是一代名將，統領著整個西域的軍隊。他率領大唐聯軍長途奔襲七百餘里，最後在怛羅斯與大食軍隊相遇。當時唐朝軍隊中有許多葛邏祿（維吾爾人的祖先）和拔汗那國（位於費爾干納山谷）的軍卒，唐兵只占三分之二。

怛羅斯戰役持續了五日。唐軍開始稍占上風，但由於大唐聯軍中的葛邏祿部突然叛變，唐軍遭到兩面夾擊，最終潰不成軍。高仙芝收攏殘部，逃往安西方向，途中恰逢拔汗那兵也潰逃至此。副將李嗣業唯恐大食追兵將至，殺死百餘名拔汗那軍士才得以率先通過。唐軍幾乎全軍覆沒，只有少數僥倖逃脫。

怛羅斯之戰只是兩大帝國邊陲上發生的一段插曲。然而，由於怛羅斯之戰的失利，大批唐朝士兵成為俘虜，被押往阿拉伯統治的地區。這些軍士中有不少能工巧匠，據說其中就包括造紙工匠。阿拉伯人組織他們在撒馬爾罕設廠造紙。隨著阿拉伯人的征伐，造紙術由中亞傳入西亞、北非和歐洲。

塔拉茲確實很古老，然而唐朝的影響即便在考古遺址中也難覓蹤影。如今，那裡只留下兩座伊斯蘭早期建築——喀喇汗王朝的遺跡，還有成吉思汗走後的一片瓦礫。

天下著小雨，我是唯一來訪的客人。售票處裡那個長得挺有個性的女孩，揮揮手就放我進去了。我徘徊在考古遺址中間，不免感到塔拉茲的歷史其實很單純。大部分的時間裡是一片空白，只有幾個如流星般閃過的「決定性瞬間」。

征服者來了又走，疆界不斷變換。存亡年代，王朝更替，勢力範圍，全都難以記住。即便在書中翻找，也只能得到一些乾枯的基本資料。在漫長的歷史中，塔拉茲沒什麼成就可言。除了我這個為「怛羅斯之戰」而來的好事之徒，我也沒有再見到第二個旅行者。

蘇聯重建了塔拉茲，稱之為「江布爾」，但它依舊只是帝國邊陲上的小鎮，是失意落寞者的流放地。在塔拉茲博物館裡，有一間展室專門獻給畫家李奧尼德・布雷默。他是出生在烏克蘭的德國人，長年在克里米亞工作。「二戰」時，德軍入侵克里米亞，史達林將那些「不可靠」的族群，統統發配到遙遠的中亞，其中就包括克里米亞的德國人、希臘人和韃靼人。

人生最後的三十年，布雷默在塔拉茲度過。他在塔拉茲的生活，沒有留下文字紀錄。但他大概不怎麼畫畫了，因為陳列室中留下的畫作大多完成於克里米亞時期。在塔拉茲，在這個遠離大海的內亞小鎮，雅爾達的海濱風光看上去像是對一場舊夢的描述。

最後，我終於找到一幅塔拉茲的風景畫：彷彿是春天，高大的楊樹如毛筆一般聳立，淡綠的枝葉在風中抖動。我留意了一下畫作的時間——一九五四年。前一年，史達林剛剛去世，蘇聯進入「解凍」時期。已經在塔拉茲待了十三年的布雷默，想必也感受到一絲春意——你甚至能在他的畫筆中看到一種有意克制的輕鬆。

布雷默不是多麼聲名顯赫的畫家，也沒有足以流傳後世的傑作。在塔拉茲，我看到的是一段歷史的破碎註腳，是那些與布雷默分享著相同命運之人的縮影。

2

在塔什干養病時，我遇到過一個叫卡琳・柯特的姑娘。她是美國人，容貌端莊，在希姆肯特的一家哈薩克女子足球俱樂部踢球。那時，賽季剛剛結束，她揹上行囊，跳上小巴，穿越邊境，來到幾十公里外的烏茲別克斯坦旅行。她計畫住在一個可以為她提供沙發的當地人家裡，卻與沙發主失去了聯繫。她的哈薩克手機卡沒有信號，而塔什干的咖啡館也很少把提供Wi-Fi作為必要服務。

我讓她用我的熱點，當時我正坐在咖啡館外吃番茄義大利麵。看著我吃飯，她也餓了，於是用英語問服務員有沒有素食。我想不到她還是嚴格的素食主義者——不吃肉奶蛋，也不用任何動物產品。這讓她在一個遊牧國家的足球之路，看上去如同一場行為藝術。

卡琳大概告訴過我為什麼選擇希姆肯特，只是我沒記在心上。當我在塔拉茲坐上火車，前往下一站希姆肯特時，我想到了卡琳，同時開始在頭腦中勾勒希姆肯特的形象。

火車上有很多剛入伍的新兵，車廂像鹹魚罐頭一樣擁擠。坐在我對面的女人穿著一件藍毛衣，用烏茲別克語和我搭話。月臺上，送兵的婦女隨著火車小跑起來。透過刮花的窗玻璃，我看到一張張模糊的面孔，一顆顆閃光的金牙。

希姆肯特位於哈薩克斯坦與烏茲別克斯坦邊境，距離塔什干只有兩小時車程，與阿拉木圖卻相隔七百公里。這裡有數量龐大的烏茲別克人口，周圍幾乎全是烏茲別克村莊。歷史上，希姆肯特是絲綢之路的重要貿易站，如今又有時髦的女子足球俱樂部和卡琳這樣的外籍球員——我想像中的希姆肯特，應該是一座融匯古今的城市。

可是，城裡沒有半點古蹟。唯一值得一去的是一座荒草萋萋的公園，裡面什麼都沒有，只有幾個閒來無事的少年和推著嬰兒車的婦女。我在希姆肯特最好也最貴的酒店吃了頓晚餐。酒店是歐洲城堡風格，卻意想不到的冷清，好像一家快要經營不下去的主題樂園。餐廳主打「泛亞」菜式，菜單從中亞、西亞，到東亞、東南亞，無所不有，可主廚只有兩個韓國人，客人也只有兩位。侍者照常為你攤開餐巾，上菜撤碟，然後理直氣壯地在帳單上追加百分之十的服務費。

希姆肯特的郊外，有一個叫塞蘭的小鎮。玄奘大師在《大唐西域記》中稱之為「白水城」。發現在希姆肯特無所事事後，我去那裡走了一遭。起先，我以為能在那裡逛上半天，可到了之後才發現自己過於樂觀了。塞蘭曾經是一座絲綢之路上的古鎮，如今藉以聞名的一切已經消失，只剩下一幅閉塞、滯悶的景象。

穿過那座紀念塞蘭建城三千年歷史的拱門，我進入的小鎮普通得令人稱奇。醜陋的鋼筋水泥建築已經蔓延到每個角落，看上去都是近年才建的。鎮中心有一個兩層的小商場，有一座不老不新的清真寺，還有兩座古代聖人的陵寢，顯然也是後來建的。

天上下起了雨，道路變得泥濘，我也就愈加不知道該去哪裡。我發現路邊有一個黑漆漆的現代茶館，就走進去坐了下來。茶館地方不小，裝潢敷衍草率。旁邊有幾個女人圍坐一桌，正在分享一大塊蛋糕。其中一個小女孩也就十二三歲，竟然已經戴上了頭巾。

服務生是一個胖乎乎的姑娘，不太喜歡外國人添亂。我用俄語問她有沒有菜單，她立刻露出驚恐的神色。後來她幾次從我身邊經過，也把我當成空氣對待。我慢慢地醒悟過來：在這樣沒落的小鎮，在這樣質樸的茶館，根本就不會有菜單這類煞有介事的玩意。於是我一把抓住她的圍裙，用不標準的烏茲別克語問：「抓飯有嗎？茶有嗎？」

她聽懂了，很快把飯菜端了上來。

3

我想儘早離開希姆肯特，誰知旅程卻在這裡擱淺。我吃驚地發現，突厥斯坦的所有酒店和小旅館（只有四五家）全都沒有房間，最早的空房也在半個月之後。

突厥斯坦曾是哈薩克汗國的首都，也是艾哈邁德．亞薩維的安息之所。亞薩維是伊斯蘭聖徒，生於塞蘭。他最早用突厥語傳教，幫助突厥民族完成了信仰的伊斯蘭化。在我看來，他的地位大致相當於達摩祖師之於中國禪宗。這位大人物的聖陵就在突厥斯坦，是去世兩百多年後由帖木兒勒令修建的——那裡被稱為突厥人的「耶路撒冷」。

我輾轉找到一個出租民宿的人——整個突厥斯坦只有這麼一個人。簡介上寫著，他是烏茲別克人，名叫巴布爾，會說英、法、俄、德、中等數國語言，與母親一起生活，住在一個傳統的烏茲別克庭院裡。簡介上沒有照片，我估計巴布林可能是大學生，頗具語言天賦。

希姆肯特的汽車站看上去秩序井然，可是明亮的售票大廳並不售票，你得走到停車場和「趴活兒」的司機討價還價。到了哈薩克斯坦，我才深切感受到烏茲別克人多會做生意。他直接開出一個包車的價格，暗示我可以馬上出發。於是我就信了，乖乖交出鈔票，他也就真的只載了我一個人走了。可是通往城外的公路上不時有人招手叫停，大包小包堆在腳下。每次遇到招手的人，他就把車停下來。很快，小巴塞得滿滿當當，我的包車服務才享受了不到二十分鐘。

窗外是平坦無樹、適合耕種的土地，只有少數被開墾出來，如同大地上的補丁。褐色的地塊上停著大型拖拉機，讓人聯想到北美的農場。這樣的土地的確適宜大規模的機械化耕種。

「在蘇聯時代，這裡都是農田，」司機告訴我，「但現在荒廢了。」和我同車的乘客們，在沿途凋敝的村鎮下車，踏著土路，向更偏僻的地方走去。司機說，他們不再務農，而是每天通勤，前往希姆肯特的工廠工作。

巴布爾說好在汽車站接我，可是不見蹤影，電話也打不通。我像逗哏的相聲演員一個人跑上了台，一時間茫然無措。我等了十幾分鐘，一個滿臉鬍茬的老人走了過來，叫了聲我的名字。我想像中的巴布爾應該是個年輕人，可是眼前這位至少五十多歲了。巴布爾應該會說多國語言，可這個人只會說俄語和烏茲別克語。

「你是巴布爾的父親嗎？」

「不，我是巴布爾！巴布爾！」

他穿著一件黑色夾克，領口大敞，開一輛老式歐寶汽車，車已經很久沒洗了。

「你餓了嗎？」他做了個吃飯的手勢。我們鑽進汽車，拐進一片被挖土機刨得千瘡百孔的空地。汽車開不過去，我們就下了車，連蹦帶跳地越過幾個壕溝，來到一家烏茲別克飯館前。

雖然是吃飯時間，可餐廳空無一人——沒有像我們這樣翻過壕溝來吃飯的人。我們點了兩份湯和一個饢。巴布爾掰著饢，用勺子喝著湯，然後不勝愛憐地撈起碗裡的那塊帶骨羊肉。他看起來很疲憊，額頭佈滿皺紋，鬍子拉碴的瘦臉因為用力咀嚼而顫抖。

我們艱難地交流著。

我問巴布爾多大年紀了。

他說，四十六歲。

他真的和母親住在一起？

是的，他和妻子分居了。她的精神有問題。他們的感情破裂了。

他靠什麼謀生？

開計程車，他是司機。

就是這輛歐寶嗎？

對，這是他自己的車。

他有幾個孩子？

兩個女兒。大女兒已經結婚，小女兒在希姆肯特上大學。為女兒籌備嫁妝要花掉一大筆錢。

他喝完湯，一邊小口吃著饢，一邊啃著免費的方糖。他倒了一杯綠茶，又放進四塊方糖。他把方糖當作寶貝，不知道這東西最終會毀了他。

「下午有何打算？」他問我。

我說，我想先去訛答剌，再回來看艾哈邁德．亞薩維的聖陵。他說，你至少應該在突厥斯坦待兩天。第一天去訛答剌，第二天看聖陵。

我沒有告訴他，我原本打算待三天，無奈旅館客滿。

我問巴布爾包車多少錢——訛答剌離突厥斯坦五十公里，在一片荒野上，沒有公共交通。他說了一個價格，比我剛在汽車站打聽的貴了一倍。即便對於住在家裡的客人，他也沒有手軟。

我說：「有點貴了。」

他好像早已料到，馬上說：「我們不妨各退一步。」

他拿出手機，先按出他的價格，歸零；再按出我的價格，歸零；最後按出「各退一步」的價格——那個數字介於兩者之間，但依然比正常價格貴出三成。

他早有準備，說不定在家排練過。那張消瘦的鬍茬臉，配合抑揚頓挫的口氣，外加聳動的眉骨，活脫脫地展現了一個烏茲別克人的「交易的藝術」，體現了哈薩克人心目中「薩特人」的狡黠。我一時間欽佩不已，於是沒再還價，就點頭同意了。

我們買了單，走出餐廳。巴布爾把剩下的半塊饢用餐巾紙包起來，塞進夾克裡。我們再次鑽進歐寶，開往訛答剌。

4

整個中亞的惡夢都始於訛答剌。

一二一七年，花剌子模帝國守將亦納勒術貪圖財貨，擅自處死成吉思汗派遣的穆斯林商隊，只剩下一位駝伕逃回蒙古。成吉思汗要求賠償不果，引發第一次蒙古西征。訛答剌的抵抗持續了一百八十九天，最終在一二二〇年二月城破。亦納勒術被熔化的銀液灌入耳朵和眼睛處死。

波斯史學家志費尼記載了這段歷史。志費尼出身於波斯貴族家庭，祖父是花剌子模大臣，父親則投效蒙古。志費尼本人擔任過蒙古阿姆河行省長官阿兒渾的書記官，數次隨阿兒渾赴哈拉和林朝見大汗。

在《世界征服者史》中，志費尼寫到了訛答剌之戰的象徵性意義：它不僅摧毀了一座城池，更推倒了世界演進的「骨牌」。訛答剌毀滅之後，成吉思汗決定開始他的征伐之路。每來到一座城市，蒙古騎兵就摧枯拉朽，將其徹底摧毀：撒馬爾罕、布哈拉、希瓦、苦盞……那些我到過的中亞古城全都在劫難逃。他的兒孫更是沿著無遮無擋的草原，一路打到中東和歐洲，壓垮每一座清真寺，推倒基輔羅斯的教堂，隨後又奴役俄羅斯人兩個半世紀。

去訛答剌的路上幾乎看不到車輛。大部分時間裡，我們行駛在一片平坦的荒原上。錫爾河在幾十公里外的地方流淌，可是看不到它的身影。按理說，訛答剌應該在錫爾河畔，那也是這個地方會出現一座城市的原因。然而，時過境遷，錫爾河已經改道，訛答剌也變成了荒原上的廢墟。

我們經過一片墓地。巴布爾突然舉起雙手，做出禮拜的手勢。到了訛答剌後，他又說十幾公里外的村裡有一座清真寺，那天是星期五主麻日，他得去做禮拜。他早就做好了決定，並不是在徵求我的意見。他說了句一小時後回來接我，隨即揚長而去。

我獨自在訛答剌的廢墟間遊蕩，難以想像這裡曾有過一座城市。土丘之間有考古遺址牌，上面寫著：在鼎盛時期，訛答剌的面積幾乎是現在的十倍。考古學家發現了一座重建的堡壘、一段城牆、清真寺的殘柱、宮殿的矮牆、幾處住宅的斷壁以及一個澡堂。現在這些殘跡就在眼前，可要分辨出當年是什麼，需要一番腦力。站在一片土丘上，四下茫茫然，視野所及之處全是荒野。遠處的天空陰雲密佈，灰色的雨柱將烏雲與大地連在一起，好像大平原上的龍捲風。那裡正在下雨，可是這裡只能感受到帶著雨味的冷風。

遺址外面有一座土黃色的城門，好像迪士尼的城堡，嶄新得出乎意料。細看之後才知道，那不過是幾年前修的，為的是讓參觀者能夠想像當年的盛景。我不免想到亦納勒術站在城門上，望見蒙古軍隊時的驚駭——當時，那種驚駭還很新鮮，不為世人所知。不會有人料到，這場蒙古風暴會席捲更廣闊的世界。但是，正如歷史已然昭示的，亦納勒術的驚駭會像點燃的烽火一樣傳播，甚至在遙遠的匈牙利南部，我也見到過被蒙古人摧毀的城牆——訛答剌是一切開始的地方。

蒙古屠城後，訛答剌並沒有馬上湮滅，而是殘喘將近兩百年之久。我眼前的一些斷壁殘垣，其實是屠城之後重修的。隨後，另一位瘋狂的歷史人物來到這裡。一四〇四年冬天，帖木兒帶領二十萬大軍遠征明朝。那年的天氣異常寒冷，很多士兵和戰馬凍死在路上。在行經訛答剌時，帖木兒身染風寒。他的阿拉伯傳記作者寫道：「湯藥和冰袋讓他的口鼻噴出泡沫，好像一隻猛然被拽住韁繩的駱駝。」

一四〇五年二月，帖木兒死在訛答剌。他生前曾發誓將伊斯蘭的火種播撒到中華大地，這個夢想就在訛答剌化為烏有。士兵們將他的屍體運回撒馬爾罕安葬，訛答剌終於漸漸荒廢，淪為一座鬼城。

巴布爾提前回來了，他的心靈已經得到撫慰，看起來意氣風發。他說，如果我還想看艾哈邁德・亞薩維的聖陵，那麼現在就得趕回突厥斯坦。

我們坐上歐寶，將訛答剌的廢墟拋在身後。那道如龍捲風一般的雨柱已經移了過來，大滴雨點從天上狠狠砸下，在擋風玻璃上劈啪作響。

路上，巴布爾接了一個電話。他拿起來聽了一會兒，然後一言不發地把手機放在儀錶板上。我聽見手機裡傳來一個女人歇斯底里的咆哮。

「你妻子？」

「一個瘋女人。」

5

回到突厥斯坦，巴布爾把我放在艾哈邁德．亞薩維聖陵的停車場。他又說自己有事要辦，然後匆匆離去，好像真有什麼事要忙。我懷疑他要忙的事與剛才接到的電話有關。

我隨著人群走向亞薩維的聖陵，突厥斯坦客房爆滿的情況終於有了解釋——朝聖者絡繹不絕，有些人顯然是從遙遠的地方趕來。在陵墓前方的玫瑰花園裡，我看到兩個老婦人穿著卡拉卡爾帕克斯坦的傳統服飾——像某種中世紀的斗篷——如同剛剛走出《一千零一夜》的人物。

和撒馬爾罕的雷吉斯坦一樣，亞薩維的聖陵同樣由帖木兒興建。亞薩維是一個宣導離群苦修的蘇菲派聖人，可建造這樣的龐然大物往往勞民傷財，真正的目的不過是為了展示統治者的權勢。在這一點上，亞薩維的聖陵比雷吉斯坦更加不辱使命。因為帖木兒死後，工程就爛尾了。聖陵的正面至今還是毛坯房一般的土牆，沒有裝飾，沒有瓷磚，而已然完工的背面卻光彩奪目，像撒馬爾罕的那些建築一樣輝煌。

我繞著聖陵走了一周，感到帖木兒是一個被高估的英雄人物。他沒有為帝國創造出一個生生不息的文化，只是留下一些建築，供人憑弔而已。一旦他的個人意志退潮，帝國也就隨之爛尾。這些建築——無論是對於宗教，還是人民——意義都非常有限。

我回到停車場，等著巴布爾來接我。當他的歐寶終於涉過一片水坑出現時，後座上多出了一個年輕女子和兩個小孩。巴布林告訴我，這是他的大女兒和外孫。沒想到，巴布爾已經當爺爺了。

年輕女子顯得很不耐煩，喋喋不休地說著烏茲別克語。巴布爾一言不發，不時訕笑，像一個被老師訓話的學生。我夾在中間，正巧目睹這齣大戲。

我們先送母子三人回家，然後才來到巴布爾的住處。巴布爾的家位於郊外一條泥土巷道裡，巷子坑坑窪窪，在乾燥的夏天全是塵土，雨後就變成一汪汪泥潭，有車輪壓過的扭曲花紋。每家每戶都大門深鎖，一隻白色髒貓蜷縮在一窪水旁。

在一扇鏽跡斑斑的鐵門前，巴布爾停下車，說到家了。所謂的烏茲別克庭院裡，藤架傾倒，種菜的土地無人打理。倚著後牆搭建的小磚屋中堆滿雜物，房樑上有生鏽的鋼筋露出。巴布爾告訴我，廁所在院子遠端的一扇木門後。後來我發現，那是一個旱廁，只用木頭墊起兩塊下腳處。他沒提浴室，看樣子也沒有，於是我打消了晚上洗漱的念頭。

進屋前，巴布爾讓我先脫掉鞋，可是那塊磨破邊的地毯並不比外面乾淨。小小的灶台是冷的，有段日子沒開火了。爐子上放著一隻燒黑的水壺，案板上有半顆蔫頭耷腦的洋蔥。

巴布爾說，平時都是他母親做飯，現在她去塔什干拜訪親戚了。

巴布爾帶我走進一個房間，說是我的。房間裡鋪著地毯，擺著一張沙發床。這張沙發床可是至關重要，如果沒有它，房間裡也就沒有其他傢俱了。一面牆上掛了一張掛毯，讓房間多少有了些家的感覺，也流露出一點點烏茲別克風情。不過，我還是有一種被囚禁的感覺，迫不及待地想要出去。

巴布爾表示，他要去清真寺做晚禮拜，我可以自由安排。我覺得他並不想一起吃飯，於是獨自離開。我在附近的小超市買了些麵包和乳酪，坐在馬路邊，在暮色中吃著自己的晚餐。馬路對面的庭院突然亮起燈，映著淡藍色的院牆。巷子裡傳來一陣激烈的狗吠聲，先是一群狗兇惡的咆哮，然後是一隻狗落敗的哀嚎。我看了看手機上的地圖：沿著這條路一直走下去就是突厥斯坦火車站——沙皇尼古拉時代的建築。有一瞬間，我很想跳上一輛火車離開這裡，回到令人舒心的阿拉木圖。

走回巴布爾家時，院子裡一片漆黑，客廳裡也不見人影。接著，巴布爾從房間裡出現了。他已經換了一身睡覺穿的休閒褲，光著腳，昏黃的燈光照著他滿是鬍茬的臉。他請我進來坐坐。

房間裡有兩張沙發床，一張沙發床上堆著雜物，另一張沙發床就是他的床。五斗櫃上擱著一台小小的電視機，正放著足球比賽。在巴布爾的邀請下，我就坐在他睡覺的沙發床上。想到他目前的孤獨生活，看著這個不像個家的棲身之所，我試著問起他的一生。

他上過大學，一所工業技術學校，但是沒趕上蘇聯分配工作的好日子。年輕時，他幹過各種行當，後來才成了計程車司機。

他的婚姻是父母包辦的。妻子從烏茲別克斯坦嫁過來，是他母親那邊的遠房親戚。他們很快生了孩子，但他從未感到過滿足——無論是生理上，還是生活上。

「為什麼不離婚呢？」

「為什麼？讓我怎麼回答呢？真主不贊成離婚。穆斯林應該小心此事。」

「你是從什麼時候開始變得虔誠的？」

「十年前。」他說。那時他在生活上碰到了很大的麻煩。他開始去清真寺，向真主祈禱，最後那場危機終於解除。為此，他一直心存感激。

我點點頭，說了句「真主至大」。窗臺前，漆成白色的暖氣片積滿陳年的污垢和鏽跡，發黃的牆壁斑斑點點。沙發床前有一個玻璃茶几，上面擺著糖果、水杯、遙控器和幾把鋁箔紙板的藥片。這些東西雜亂地堆在一起，在燈光下顯得老舊沉默——我能感受到其中的淒涼。

我說：「你是穆斯林，我不知道該不該請你一起喝酒。」

他說：「我偶爾也喝酒。」

我走回房間，拿出一瓶在希姆肯特買的亞美尼亞白蘭地——亞拉拉特牌。亞拉拉特是亞美尼亞的一座聖山，也是《聖經．創世記》中挪亞方舟在大洪水後停靠的地方。

我握著酒瓶，回到巴布爾的房間。他坐在沙發床上，上身微微前傾。小小的電視機熒熒閃動，傳遞著另一個世界的訊息，也將巴布爾的側臉映得空洞。

草原核爆

1

早上，巴布爾開車將我送到突厥斯坦火車站。他昨晚喝得不少，可此刻卻顯得神清氣爽。我則睡得很不好，天亮時才勉強睡著，可很快又被黎明的寒氣凍醒。

房間裡冷得如同冰窖。我穿上衣服，躺在沙發床上捱時間。後來乾脆塞上耳機，聽鮑羅定的《在中亞細亞草原上》——葉甫根尼．斯維特蘭諾夫指揮蘇聯國立交響樂團。我閉目傾聽單簧管和法國號奏出俄羅斯民歌的旋律，然後等待英國管吹出憂鬱的東方小調。兩種旋律彼此交錯，直到隔壁傳來巴布爾起床後的咳嗽聲。

回到阿拉木圖，我琢磨著接下來的行程，決定深入哈薩克大草原，前往北部小城塞梅伊。塞梅伊是杜斯妥也夫斯基的流放地，也暗藏著蘇聯時代的秘密核子試驗場。一九四九年，蘇聯的第一顆原子彈在草原深處爆破成功。在隨後的四十一年裡，那裡又進行了四百五十五場核子試驗，讓哈薩克斯坦成為遭受核爆最多的國家。

我不知道自己能看到什麼。去核子試驗場需要申請特別通行證，而且手續繁瑣。我只好委託塞梅伊的一家旅行社代辦。在中亞旅行時，錢能解決很多問題，但有時候也要看運氣。我都已經坐上北上的火車了，旅行社的姑娘才發來郵件，告訴我通行證還沒著落：「我們希望明天能拿到。」

因此，前往塞梅伊時，我懷著忐忑不安的心情。

我的忐忑自有原因。哈薩克斯坦幅員遼闊，是世界上面積第九大的國家。從阿拉木圖到塞梅伊，將是一趟穿越南北、長達一千多公里的火車之旅。我毅然跑到這裡，把所有錢投入旅行中。如果旅途不順利，事情可就慘了。

我買了一張二等車票。包廂裡，將與我共度良宵的是一位單親媽媽，帶著一個還沒上學的女兒。她們是哈薩克人，住在離俄國不遠的小城巴甫洛達爾，是來阿拉木圖旅遊的。因此，她問我去塞梅伊做什麼時，我也就實言相告了：「旅行。」

「就你一個人？」

「是的。」

「塞梅伊有什麼？」

「杜斯妥也夫斯基故居、蘇聯的秘密核子試驗場。」

她若有所思地點點頭，沒有被打動，反而更加疑惑。後來我終於明白，要是哈薩克人問你來哈薩克幹什麼，你可最好別說「一個人旅行」——那會讓你顯得不太可靠。

發現包廂裡有個不太可靠的人後，單親媽媽變得謹慎了一些，只是出於禮貌，掩飾得很好。那個小女孩年紀尚小，則以一種防衛的眼神看著我。我想在她倆的下鋪坐一會兒的計畫，變得越來越難以實施。於是，我乾脆去了餐車。令我有點意外的是，餐車裡窗明几淨，視野頗佳，而且不像可怕的俄國餐車——這裡沒有酒鬼。

此時，我已置身於哈薩克大草原。「草原」這個詞，容易讓人想到水草豐美之地。可是實際上，哈薩克大草原是乾草原。更確切地說，是荒原。不僅十分貧瘠，甚至殘破不堪。窗外，偶爾出現一片龜裂的丘陵，偶爾出現一排起伏的山岩，某些地方有小河流淌，閃著鱗片般的金光。在這片大草原上，你會感到火車其實是入侵者——入侵了桀驁不馴的風景。

黃昏時分，火車在一個小站停靠。站牌上寫著「烏什托別」。

我猛然想起，以前看過一部叫作《中亞高麗人：不可靠的人》的紀錄片：一九三七年，史達林將二十萬遠東朝俄邊境的朝鮮人流放到中亞，其中有三四千人就留在烏什托別——這裡成了一座朝鮮小鎮。

火車停靠二十分鐘，我趕緊下了車。月臺上有推著小車賣啤酒、燻魚的小販，長著一張張朝鮮女人的臉。和哈薩克人不一樣，這些女人全都化著妝，穿著也更精緻。即便放到韓國鄉下，感覺也不會有什麼違和感。

三三兩兩的乘客，穿著背心短褲，下車抽菸，也有人跟朝鮮女人買些下酒小菜。他們說俄語——這些流放朝鮮人的後裔早已不會說朝鮮語。

後來，回到北京，我又翻出那部紀錄片重看一遍。裡面有這樣一段對話令我印象深刻：

「你們的祖國是哪裡？」
「你用什麼語言思考，你的祖國就是哪裡。」
「我們說俄語，可我們生活在哈薩克斯坦。」
「我們不屬於俄國，不屬於哈薩克斯坦，更不屬於朝鮮或韓國。」
「我們是什麼人？」

列車員吆喝著讓乘客上車。火車漸漸加速，掠過月臺，掠過平房和鐵皮屋頂，掠過雜亂伸展的天線，很快就把烏什托別甩在身後。暮色降臨，草原愈顯荒涼。我要了一碗羅宋湯、一籃子麵包、一杯啤酒，然後又要了一杯伏特加。我慢慢地吃喝，看著餐車裡的人。

從烏什托別上來一個朝鮮潮男，戴著一頂時髦的毛線帽，正吃著蛋糕。一個穿著跨欄背心的小夥子會說英語，卻告訴我他是一名礦工，去阿拉木圖看女友。他後來喝多了，喋喋不休地自說自話，最後趴在桌上睡著了。要是在俄國火車上，鐵路警察會把他拎去醒酒，就算他只是一個無害的失戀青年。

我回到包廂，母女二人已經睡去。火車在深夜時分繼續穿越草原。等我早上醒來時，車窗外依舊是草原，彷彿沒有盡頭。乘客們拿著自帶的茶杯，紛紛走到車廂連接處，在俄式茶爐前接水泡茶。我問列車員有沒有茶杯提供，他開始說沒有，後來看我是外國人就給我找來一個。可是，那個茶杯大概是誰用過的，裡面還殘存著喝剩的可樂。

火車跨過額爾濟斯河上的大橋，橫平豎直的街道上點綴著古老的木屋，停著拉達汽車，有流浪狗對著火車吠叫，儼然是一座西伯利亞小鎮的景致。接著，窗外出現了工廠和灰黃色的公寓，街上有了行人和車輛，揚起路邊的塵土。這便是塞梅伊市區週邊一帶的樣子。在杜斯妥也夫斯基的時代，俄國人稱這裡為「魔鬼的糞箱」。

包廂裡的母女跟我說再見，我下車登上塞梅伊車站的月臺，她們也跟著下來，到月臺上透氣。我這才注意到，原來小女孩的一條腿有點殘疾，似乎是小兒麻痹症。她穿著白色芭蕾褲，在月臺上一瘸一拐地跛行。

還沒出火車站，就有兩個警察攔住我，問我來這裡幹什麼。我警惕地說，做生意。這麼說倒也沒錯——如果他們查我的護照，會發現我辦的是商務簽證。

「會說俄語嗎？」

「一點點。」

「箱子裡有什麼？」

「衣服。」

「打開看看。」

我扒掉行李套，撥開密碼鎖，打開行李箱。

「這是什麼？」

「雨傘。」

他們點點頭，示意我可以走了。

「謝謝，祝你們擁有愉快的一天！」

我走出火車站，對計程車司機說：「去遊牧人酒店。」

2

遊牧人酒店是一家老派酒店，在待客之道上做足了文章。不僅前臺略懂幾句英文，西裝革履的門童還會幫你把行李提到房間。這裡不接受網站預訂，只能寫郵件或者打電話。雖然沒幾個客人，可是提前兩小時入住還是要收取半天房費。

只可惜酒店的設施處處陳舊。電梯間死氣沉沉，走廊又長又暗，還鋪著歪歪扭扭的地毯。房間形同囚室，只能打開一扇小窗，電源插頭更是遍尋不著。你要是想一邊充電一邊玩手機，就得拔掉浴室的吹風機，坐在馬桶上。可是浴室的設計偏偏又那麼巧妙，能夠有效地遮蔽手機信號。於是，你只好呆坐在天鵝絨面的椅子上（上面有若干不明污漬），呆望著窗外的一片蘇聯社區，聽著鐵軌上傳來的火車聲。

二樓餐廳供應早餐，可是早餐的品種有著遊牧生活的單調。水果只有遭到蟲蛀的蘋果，蔬菜只有番茄和黃瓜。我在這裡吃了三天早餐，番茄和黃瓜也一日比一日蔫痿，好似目睹一位不思進取的名媛，日日走著下坡路。唯一的安慰是那個俄式大茶爐，煮出的紅茶又濃又苦，還帶著一股紅棗味兒。

旅行社的姑娘叫阿納斯塔西婭，她答應來遊牧人酒店接我，給我帶來一個好消息和一個壞消息。她說，好消息是通行證終於到手；壞消息是我馬上會發現，我們「無法溝通」。其實她的意思是，她不會講英語。

可是我們之前一直溝通順暢。無論是郵件還是短信，她都回覆及時，英文看上去也沒什麼問題。

她說，那是因為她用了翻譯軟體。不過沒關係，旅行社經理拉馬札諾夫先生會說英語，還會說中文，「他多次去過中國」。

阿納斯塔西婭是一個身材豐滿的年輕姑娘，有一頭栗色長髮。看到我後，她面露微笑，卻誓不開口。很難想像，我們剛才還熱火朝天地打簡訊。我們沿著勝利公園走去旅行社辦公室的路上，她一言不發，目視前方，一副堅信我們無法溝通的表情。不過，她人很善良，始終走在我的外側，幫我擋住呼嘯而過的汽車和掀起的塵土，就像一隻松雞，小心翼翼地領著小雞渡過湍急的溪流。

到了旅行社，我立刻就被引見到拉馬札諾夫先生的辦公室。拉馬札諾夫先生正坐在一台筆記型電腦後面假裝工作。辦公室的牆上掛著一張他在海南三亞培訓時的照片，還有兩張參加烏魯木齊「一帶一路」活動的結業證書。可是拉馬札諾夫先生不會說英語，也不會說中文，他的語言天賦只是辦公室的美麗傳說。他用筆電上的翻譯軟體和我溝通。

他寫道：「司機和翻譯都已安排妥當，明早八點從酒店準時出發。」

他穿著花紋時尚的外套，濃眉大眼，頗為英俊。他接著寫道：「你一個人來這裡，我們都很擔心。如果遇到任何問題，隨時與我聯絡。」

他遞上一張名片，我塞進褲兜。然後，他拿起電話，吩咐了一句，我就被領去繳錢了。

3

從旅行社出來，我鬆了口氣，還有大半天時間可以在塞梅伊閒逛。我去了杜斯妥也夫斯基故居。如今，故居藏身在一片蘇聯住宅區裡，彷彿時光錯亂，把它遺忘在那裡。那是一棟西伯利亞式木屋，旁邊還有一座小型博物館。

博物館是蘇聯時代的建築，採光不暢。陰影中坐著一位原蘇聯時代的大媽，她攤開本子，讓你登記，彷彿要簽下死亡契約。博物館有英文解說員，可是那位姑娘說她現在很忙，要等四個小時。四個小時後博物館就該關門了，於是我決定自己參觀。

負責登記的大媽搖身變成管理員。她拿著好大一串鑰匙，打開門上的鎖。頭頂的白熾燈像暖氣片失火一樣，一陣咕嚕亂響，出現在我面前的是陳年的照片、筆記和書籍。

我沿著指引觀看。每看完一部分，大媽就把那部分的照明關掉。雖說博物館有政府補貼，也收門票，但看來還是資金緊張，不得不省錢度日。

一八五四年，杜斯妥也夫斯基結束在鄂木斯克的苦役，來到塞梅伊充軍。他說自己穿上了士兵的外套，但和過去一樣是個囚犯。當時的塞梅伊是一個「半城半鄉」的地方，伸展在一個古代蒙古小鎮的廢墟中間，位於額爾濟斯河的西岸。多數房子是一層木結構，有一座東正教堂和七座清真寺。當時，俄國尚未征服整個中亞，塞梅伊還是哈薩克草原邊的邊境地帶，經常受到遊牧民族的入侵。和現在一樣，小鎮缺少樹木，到處灰濛濛的，佈滿浮塵揚沙。

最初幾個月，杜斯妥也夫斯基住在軍營裡，後來才獲准在鎮上獨自生活。他租了一個單間木屋，房主是一個年老的孀婦，家務由這家的大女兒打理。她二十一歲，卻已成寡婦。杜斯妥也夫斯基三十三歲，已經度過了四年的勞役生活。他真能抵擋得住身邊女性的魅力嗎？今天，我們知道，他對寄宿的家庭表現出強烈的興趣。他曾試圖說服那位母親，不要讓她那個非常迷人的十七歲小女兒，偶爾在兵營賣身來補貼家用。

在塞梅伊，受過教育的人極為稀少。杜斯妥也夫斯基被找去當家庭教師，從而結識了一位軍官。這位軍官的興趣是撲克牌和美色，基本都是從手下士兵的妻子和女兒中間挑來挑去。他喜歡讓杜斯妥也夫斯基到家裡為他讀報，正是在那裡，杜斯妥也夫斯基認識了有夫之婦瑪麗亞·德米特里耶芙娜——他的初戀和日後的第一任妻子。

瑪麗亞的丈夫是一個無可救藥的酒鬼，她本人則患有結核病，還有一個七歲大的兒子。但這一切並沒有阻擋杜斯妥也夫斯基陷入燃燒的戀情。他們之間的關係充滿焦慮和嫉妒，兩人撕心裂肺，又互相折磨。杜斯妥也夫斯基不時發作的癲癇病，更是令一切雪上加霜。即便只是作為傳記讀者，我也感到疲憊不堪。

後來，他們終於結婚，在塞梅伊租了一間房子。博物館的大媽領我參觀了這間房子。房間裡有書桌、茶爐、搖椅，桌上擺著稿紙和水筆。陳設簡單，但是實用。以當年的標準視之，或許還稱得上舒適。然而，苦苦追求的婚姻卻被證明是一個錯誤：他們仍對彼此心懷怨恨。杜斯妥也夫斯基還背負著養家的重擔，省吃儉用，可還是入不敷出。

婚後一年，他已在信中表達出失望和厭世。他的寫作也不順暢，期望獲得的聲名仍然遙遙無期。他寫了一些《地下室手記》的草稿，構思了兩部短篇小說，但都沒有完成。他唯一完成的作品是一首頌詩，獻給沙皇尼古拉一世的遺孀。正是這位沙皇將杜斯妥也夫斯基發配邊疆的。

在詩中，杜斯妥也夫斯基作為一個放逐之人，試圖去安慰一個高貴女人的喪夫之痛。他想要回答一個問題，也是他日後所有小說想要回答的問題：世間的苦難是不是有它們的意義？

在塞梅伊，杜斯妥也夫斯基開始將自己的不幸視為天命。苦難讓他流下「贖罪的淚水」，也讓他可以「再度成為一個俄羅斯人，甚至成為一個人」。他在塞梅伊生活了六年，完成了人生最艱難的淬煉。

一座城市會被一個偉大的人物照亮，但那只是剎那的光亮。一八六〇年，杜斯妥也夫斯基終於獲准離開塞梅伊，這座城市再度一蹶不振。它沒有得到眷顧，自生自滅。直到今天，依然如此。

4

為了去核子試驗場，我花了一筆可觀的費用，誰知排場也相應增大。第二天一早，我走出遊牧人酒店，發現竟有三個人伴我同行。除了司機和翻譯，還有拉馬札諾夫先生本人。

翻譯是個叫艾達的年輕人，對於去核子試驗場這件事，顯得比我還興奮。他後來告訴我，他並非專業翻譯，而是培訓學校的英語老師。雖然蘇聯解體後他才出生，但對那段歷史一直頗感興趣。因此拉馬札諾夫先生一找到他，他就痛快地答應了，連報酬都不曾索要。

我本想告訴他，興趣和工作最好分清。但轉念一想，此等人生經驗，我也是走了彎路後才無師自通的。要是當時有人這麼教導我，恐怕我還會覺得人家倚老賣老。再說，省下的翻譯費想必已經進了拉馬札諾夫先生的腰包。他大概需要錢置辦行頭。他昨天穿的那件條紋西裝是義大利貨，今天更是穿了一套專業的獵裝。英俊的臉上神采奕奕，抹了髮油的頭髮嚴絲合縫，好像要去東非大草原來一場野奢之旅。

「拉馬札諾夫先生，你是不是去過非洲遊獵？」

「沒有，沒有，公司的業務還有沒拓展到非洲。」

「可是這身衣服很專業。」

「哈，哈哈，哈薩克斯坦也有國家公園，也可以打獵。」

「打什麼？」

「大角鹿、棕熊，還有大鵰。」

大鵰？我猜想艾達翻譯錯了，但沒去追問。因為拉馬札諾夫先生打開了後車箱，給我看他帶的一大捆口罩和防護服。他告訴我，核子試驗場裡的輻射量依舊十倍超標，必須換上防護服才能進入。翻譯這段話時，艾達的表情難掩激動。

我們開車西行，穿過塞梅伊，近郊是一些快要倒閉的工廠。過了這裡，我們就進入了真正的草原。遍眼望去，一片枯黃。公路的起伏極為柔緩，如同一條狹長的帶子，伸向無遮無擋的遠方。公路大致與額爾濟斯河平行，但中間相隔著草原，只是偶爾可以看到草木混生的河岸，瞥見奔流不息的河水。

「你能想像嗎？俄國人就是沿著這條河入侵我們國家的。」拉馬札諾夫先生說，「他們沿著這條河逆流而上，每隔一段距離就建起堡壘，塞梅伊就是由這樣的軍事據點演變來的。」

「葉爾馬克死在這條河上。」我說，「我有一個問題：俄國人把葉爾馬克當作征服西伯利亞的民族英雄，哈薩克人也會這麼認為嗎？」

「不會。」拉馬札諾夫先生語氣堅定地說。

司機也加入進來，與艾達和拉馬札諾夫先生一陣討論。三個人中間，司機的五官最像道地的哈薩克人：臉膛黝黑，眉眼細長，留著小鬍子。三個人中間，也只有司機還會說哈薩克語。拉馬札諾夫先生只說俄語。艾達則宣稱，他的英語比哈薩克語好上十倍。

「你是做什麼職業的？為什麼會想去核子試驗場呢？」拉馬札諾夫先生問我。

「這個嘛……」

我心中暗忖，說我是作家和記者最符合實際情況，但有誤導之嫌，讓他們以為我想刺探情報，對我談話就會多有顧忌。說我是自由業，雖然也說得通，但會讓他們感到不解。如果只是籠統地說我是做生意的，他們肯定會繼續追問，我做的是哪門子生意。最好的辦法是說出一個職業，既能合理地解釋我去核子試驗場的原因，也令他們不敢怠慢。

「我是導遊，平時會帶客人旅行，」我說。接著，又覺得把自己說得太低了，於是補充了一句，「我自己開了一家旅行社。」

拉馬札諾夫先生恍然大悟：「原來我們還是同行！」接著，他向我講起自己去烏魯木齊培訓的事。那是他第一次去中國，待了兩個星期，見了很多同行。一個叫米娜的中國姑娘還幫他把公司手冊翻譯成了中文。

「中國女孩好可愛！」拉馬札諾夫先生說。

「米娜這個名字聽起來像是維吾爾族。」

「是嗎？真的嗎？」拉馬札諾夫先生瞪著我，帥氣的面孔突然變得茫然。

核子試驗場位於塞梅伊以西一百六十公里，哈薩克大草原的深處，隸屬於庫爾恰托夫市。蘇聯時代，那是一座沒有標注在地圖上的秘密城市，是蘇聯的核武研究中心所在地。冷戰時期，多達四萬餘名科學家和軍事人員駐紮在庫爾恰托夫。蘇聯解體後，核子試驗場隨之廢棄。如今，庫爾恰托夫成了一座瀕臨死亡的鬼城。

草原上有一條岔路伸向庫爾恰托夫。破碎的道路兩側開始出現廢棄的住宅。牆面空洞，像被酷刑挖去了眼鼻。交叉路口處，還有一個花壇，同樣已經荒廢，周圍是翻出的泥土和傾倒的樹木。

拉馬札諾夫先生說，雖然庫爾恰托夫不再對外封閉，可人口還是減少了一半以上。現在生活在這裡的人，大部分都在鎮上的核子研究中心工作。他們的主要任務是檢測核污染情況，消除核子試驗的災難性後果。這項工作已經持續二十幾年，至今還未結束。

我們徑直開到核子研究中心門前。這裡有門禁，無法開進去。拉馬札諾夫先生下了車，拿著通行證去和軍人交涉。隨後，我也下了車，做了登記，過了安檢，這才進入核子研究中心。

這是一片規模不小的區域，積木般地散落著數座建築。我們要去的博物館繼承了原來蘇聯時代的小樓，本是核子物理學家庫爾恰托夫辦公的地方。庫爾恰托夫主導了蘇聯的原子彈計畫，這座小鎮也以他的名字命名。現在，他的雕像就擺在博物館的入口處。為了開發原子彈，庫爾恰托夫曾蓄鬚明志，雕像也是一副面帶虬髯的形象。博物館為我準備了翻譯兼解說員，艾達突然發現自己失業了。

這位解說員的英文扎實，詞彙豐富，水準比艾達高出不少，可惜臉上長滿粉刺，而且體有異味。他的工作熱情也成問題。大多數時候只是蜻蜓點水，只有在不斷追問下，才肯透露更多細節。有幾處的講解委實太過敷衍，被路過的館長聽到後教訓一頓。可他甚有個性，只是默默接受訓斥，既不吭聲，也不辯解，過後依舊我行我素。

館長是一位四十來歲的俄國女人，對我倒是頗為和藹，還親自帶我看了第一顆原子彈的控制台——和〇〇七電影中拍的差不多。控制台上有黑色聽筒電話，可以直通克里姆林宮，各種儀錶和指示燈用來監視系統數據，中間有一個紅色按鈕，稱為「貝利亞按鈕」。當各項準備就緒，按下這個按鈕，原子彈就轟然爆炸。

為了檢驗核爆的效果，蘇聯軍隊在試驗場內建造了房屋和橋樑，仿製了城市軌道交通系統，還放入一千五百隻各類動物，以測試原子彈對不同物種的殺傷力。這些無知的動物散落在試驗場的不同區域，兀自在尋找食物、喝水、交配，對即將到來的災難渾然不覺。如今，被熱浪灼傷、遭輻射變異的動物屍體和牠們的器官，就用福馬林藥水泡在大大小小的罐子裡。與之相比，我看過的任何一部恐怖片都相形見絀。

庫爾恰托夫的辦公室依舊按照原樣保留了下來，書架上擺著一套精裝本的《列寧全集》，牆上掛著一幅列寧肖像。解說員說，我可以坐在庫爾恰托夫的椅子上，在留言簿上寫下尊姓大名。

我用中文寫了兩句祝願世界和平的廢話，然後拉馬札諾夫先生和艾達也過來寫。艾達寫得尤其認真，難掩激動的心情。寫完後，拉馬札諾夫先生擺好姿勢，讓艾達為他拍照。穿著這身獵裝，我覺得他其實更適合站在那些罐子前留影。

解說員說，一九四九年第一顆原子彈試驗成功後，庫爾恰托夫被授予了各項榮譽。他後來也參與過氫彈的研發。只是那時候，他的健康狀況已經堪憂，不久即發生中風。沙卡洛夫接替他成為主導氫彈試驗的靈魂人物。

當科學家們目睹了核彈的威力，意識到人類已經站在自我毀滅的邊緣，而核按鈕掌握在政治家手中時，他們都變成了反核人士。晚年，庫爾恰托夫反對核子試驗，沙卡洛夫更是成為蘇聯的異見人士。他於一九八九年十二月去世，留下一千五百多頁的回憶錄。在他去世前兩個月，核子試驗場進行了第四百五十六場——也是最後一場核子試驗。哈薩克人終於憤怒了。在電視轉播中，詩人蘇萊曼諾夫沒有按原計劃朗讀自己的詩歌，而是宣讀了一份譴責核子試驗的聲明。接著，阿拉木圖爆發了聲勢浩大的反核運動——一百多萬人簽署了反對核子試驗的聲明。

當時，東歐劇變的大浪已經席捲而來。蘇聯帝國風雨飄搖。

5

為我講解時，解說員不斷看錶，我以為他有什麼急事等著處理。結果，當我們結束參觀，趕在吃飯時間之前來到核研究中心的餐廳時，發現他已經坐在那裡用餐了。

餐廳裡空空蕩蕩，有一種蘇聯式的冷淡：花崗岩地面、淡綠色的壁紙、鋪著白色油布的餐桌、鋼管椅。看了那麼多被輻射的動物標本，我沒什麼胃口。拉馬札諾夫先生似乎問題不大。他還多拿了幾塊蛋糕，裝進書包裡，說是以防我們到了核子試驗場缺水少糧。

午飯過後，我們開車去鎮上轉了轉。核子研究中心的員工大都回家午休，街上有了些許人氣。鎮中心只有一條塵土飛揚的主幹道，兩側是赫魯雪夫式的六層住宅。這樣的樓房在中國北方也很常見，大多是上世紀五六十年代建造的。走在庫爾恰托夫鎮上，我竟有一種走在北方重工業小鎮的感覺。

我們路過一家小超市、一家理髮館、一家美甲店。這差不多就是庫爾恰托夫的全部商業活動。

「有飯館嗎？」

「有一家。」司機說。原來他就生活在這裡。十六歲那年，他來庫爾恰托夫當兵，復員後留了下來，娶了鎮上的女子。他有一兒一女，女兒遠嫁他方，兒子還在鎮上讀書。

艾達說，他的表哥也在這裡當警察，他是塞梅伊人，卻主動申請調到這裡。

「為什麼？」我沒想到還有人主動要求調來這裡。

「這裡的工資水準和塞梅伊差不多，但很清閒，基本無事可做。」

艾達說，「也有人把這裡當作職業跳板，受幾年苦，然後晉升他處。」草原的天氣喜怒無常，突然下起了小雨。天上烏雲滾滾，小鎮就更顯破敗。返回核子研究中心之前，我們經過一座東正教堂。諷刺的是，教堂以前是殺人如麻的貝利亞的別墅。如今，教堂瀕臨荒廢，周圍雜草叢生。拉馬札諾夫先生不由得感嘆：在這樣沒有生活的地方，他最多只能堅持半天。

我們等著上午的解說員一起去核子試驗場。誰知隨他一起來的，還有一位硬梆梆的軍人。解說員說，核子試驗場有近兩萬平方公里，而設施遺跡散落各處。如果沒有軍方人士帶路，我們只會像沒頭蒼蠅，到處亂撞。

這倒也解釋得通。只是這樣的話，車裡的座位就少了一個。艾達顯然也意識到了這點。他一定感到萬分沮喪，但沒有表現得太過明顯。他說，他不去了。他一會兒到表哥家坐坐，等我們回來。

為了去核子試驗場，艾達連報酬都沒拿，可是面對眼前的情況，我們也只有把他犧牲掉。不過，這次之後，想必他就學會把興趣和工作分清了。我跳下車，拍了拍艾達的肩膀，表示安慰。等回到車裡，我才猛然意識到，艾達是幸運的。

問題出在那個體有異味的解說員身上。在博物館時，空氣較為流通，異味還不明顯，只是裊裊繚繞，可是一旦關進狹小的密閉空間裡，那氣味就像暖烘烘的羊膻氣，陣陣襲來。開始時，我還能打開一道窗縫，然後對著那道窗縫呼吸。可是進入核子試驗場的地界後，軍人就明確指示：「關閉所有車窗。」

相比吹進帶有輻射的沙塵，還是乖乖忍受異味更好。不過，老實說，我也不知道哪種死法更令人愉快。

軍人穿著迷彩裝，細看之下才發現是能紮緊褲腿和手腕的防護服。他還拿著一個蓋格計數器，不時探測周圍的輻射值。在這片一萬八千平方公里的區域裡，進行過四百五十六場核子試驗，這對於環境和當地居民的影響可想而知。解說員告訴我，如果要殘留的核物質完全清除，至少需要上千年的時間。若以人的生命為量度，那幾乎與永遠無異。

車窗外是漫無止境的枯黃草原，汽車上下顛簸，彷彿在大海上衝浪。坐在車裡，我的確有一種在茫茫大海上追蹤鯨鯊的感覺，只不過我們要追蹤的是掩藏在荒野深處的核子遺跡。

軍人不時指點方向，明確發出指令。對於這片在我看來毫無變化的草原，他像對自家後院一樣熟悉。解說員說得沒錯，如果沒有軍人帶路，我們只會迷失在這裡，就算有一位在鎮上生活了幾十年的老司機也無濟於事。

視野前方，突然出現一片大型混凝土遺跡。它們佇立在草原中間，儼然一座座鋼鐵要塞，也像是伸出水面的巨型鯨魚鰭。解說員說，那是為了獲得核爆資料而建造的掩體。當核爆發生時，測量儀器就放在掩體內部。為了承受衝擊波，鋼筋混凝土澆築得格外厚實，可即便如此——當我們隨軍人走近查看——牆體經過核爆後燒成了黑色，混凝土之外的東西全都毀了：扭曲的鋼筋、儀器的碎片，密密麻麻，滿地都是。

附近還有一個地下防空洞，是類比地鐵系統而建。我們徒步走到防空洞前，俯身鑽進去。裡面漆黑一團，空氣如井底一般冰冷。解說員打開手電筒，四下探照。內部的建築結構依舊完整，只是經年累月的遺棄後，到處佈滿塵土和碎石。顯然有動物在這裡安家了，我們的出現驚擾了牠們，防空洞深處傳來一陣怪響。解說員說，測試表明地鐵系統具有一定的抗核打擊能力。這就是為什麼在莫斯科乃至北京，都有精巧複雜、四通八達的地下系統。

「你還要往裡走嗎？」他問我，「我覺得裡面不太穩固。」

我們鑽出防空洞，像土撥鼠又回到草原。解說員說，這些設施全部建於二戰結束後不久。當時蘇聯經濟困難、人員不足，要在荒野上建造如此複雜的設施，難度之大可想而知。拉馬札諾夫先生亦嘖嘖稱讚。他還像頑童一樣，撿起一塊石頭，扔進洞裡，假裝傾聽迴響。

我們回到汽車上，前往一九四九年第一顆原子彈爆炸的彈坑。軍人要我們一會兒穿上防護服，戴上口罩，套上鞋套，因為那裡的輻射比其他地方又高出不少。汽車又開了一小時，隨後遠遠停下來，司機不想再往前多開了。我們下車換上防護服，戴上口罩，徒步走向彈坑。

四周是淒淒荒草，草尖隨風擺動，看不出有什麼異常，但是軍人手中的蓋格計數器開始上升。彈坑掩藏在一片荒草後，已經形成一片湖水，就像草原上的小湖一樣。湖面泛起圈圈漣漪，有鳥兒振翅掠過，四周幾乎有一種田園牧歌式的寧靜，讓人很想坐下來，靜靜發呆。解說員說，湖裡有魚，附近的牧民會來這裡垂釣。經過多年治理，湖水已在安全閾值內，魚可以食用。

「那為什麼還要穿防護服呢？」

「因為你們是遊客。」解說員說。雖然他此刻也戴著口罩，穿著防護服，只是肚腩太大，把拉鍊撐開了一道口。他接著說道：「穿防護服主要是為了避免帶有輻射的塵埃吹到身上。」

其實，解說員的話可以換個角度理解，遊客在意的事情，對於天天生活在這裡的當地人，實在沒辦法事事介懷，否則生活如何繼續下去？我在資料中看到，核子試驗對幾十萬哈薩克人產生了影響。試驗場周邊地區的嬰兒死亡率是其他地區的五倍，許多當地人罹患癌症。儘管如今生活在這裡的人，已是核子試驗後的第三代，但他們仍在忍受不同程度的後遺症。

軍人用鞋尖撥弄著地上的土壤。他發現一顆焦化的泥粒。那東西就像一顆黑色的鼻屎，混雜在正常顏色的土壤中。他將蓋格計數器湊近，數值陡然飆升，瞬間發出警報的嘯叫。他告訴我，這就是核爆燒焦的泥土。雖然大部分的地表土壤已經被置換過，但還是有這樣的泥粒殘存下來。

「這東西具有極強的輻射性，一定要避免黏到身上。」他用鞋尖將這顆泥粒掩埋，然後帶著我們離去。

從彈坑走出來，找到司機和汽車，脫掉防護服，摘掉口罩。等我們都坐進車裡後，卻發現汽車無法啟動了。

司機無可奈何地咒罵，而我的心情已經麻木。雖然有認路的軍人，但要步行走到有人或有訊號的地方，至少也得幾個小時。在這樣輻射超標的地方再待上幾個小時無異於慢性自殺，而和體有異味的解說員悶在不能開窗的車裡也同樣令人絕望。

在司機的號召下，我、解說員、拉馬札諾夫先生、軍人一起下來推車。司機依舊氣定神閒地坐在方向盤後面。如此這般地推了幾十米，汽車突然發動起來。拉馬札諾夫先生居然「耶」的一聲跳了起來，要和我拍手相慶。

所有人都興高采烈，車廂裡洋溢著喜悅的氣氛。要不是我花了一筆鉅款，讓車裡的每個人都滿意，他們可是沒人想來這裡一日遊的。現在，工作已經結束，只剩返程。

回庫爾恰托夫的路上，我問核子研究中心的主要工作是什麼。解說員說，蘇聯解體後，哈薩克斯坦不情願地發現自己成了世界上第四大核國家，僅排在美國、俄羅斯和烏克蘭之後。包括鈽在內的大量核裂變材料，仍舊留在核子試驗場的隧道和鑽孔中，幾乎沒有任何防護。美國人擔心，這些材料會落入「恐怖分子」和「流氓國家」手中——這被認為是蘇聯解體後最大的核安全威脅之一。

為了獲取西方投資，不被孤立，新生的哈薩克斯坦只有主動棄核。核子研究中心的主要工作，就是將特殊混凝土澆注到試驗孔中，以結合廢鈽。這項獲得美國資助的秘密工作耗時十七年，直到二〇一二年才基本完成。

我問解說員：「庫爾恰托夫過去擁有那麼多科學家，那麼多知性活力，可現在人口銳減，日漸衰落。你怎麼看待這種狀況？」

沒想到解說員立刻翻臉反駁：「誰告訴你庫爾恰托夫日漸衰落了？政府會確保這裡一直繁榮下去。」

這之後，他沒再跟我說一句話。顯然，我的問題觸動了他的敏感神經。

解說員的反唇相譏不過是一句傷心話罷了。庫爾恰托夫原本就是一座因核子而生、因蘇聯而活的城市，現在兩者都不存在了。它的輝煌已成往昔，活力也已消散，只有蘇聯的幽靈還會偶爾閃現在鬼影幢幢的街道上。

回到核子研究中心，解說員既沒有與我們告別，也沒有一言半語，自己轉身走了。拉馬札諾夫先生打電話給艾達，然後我們開車去接他。他在表哥家裡無所事事地悶了四個小時。其中有三個半小時，表哥還不在家。

6

回塞梅伊的路上，我們經過了一座真正的鬼城——查干。蘇聯時代，查干也是一座地圖上沒有的城市。如今，它真的沒有了。

查干原來是一座空軍小鎮。蘇聯曾將第79重型轟炸機師部署在這裡。拉馬札諾夫先生說，它位於庫爾恰托夫附近並非偶然——投下第一顆原子彈的轟炸機就是從查干起飛的。這座城市的獨特之處在於，在領導人的意志下，它在很短時間內建成。蘇聯解體後，它又迅速遭到遺棄。你會發現，一旦國家的意志退潮，人們就會自然地用腳投票。科學家和軍人帶著家眷匆匆離開，短短數月內，查干人去樓空。

我們拐上一條無人的土路，前方漸漸露出一座小城的剪影。從遠處望去，好像是一片沒了工人的工地。或許是因為氣候乾燥，加之地處荒野，那些樓房依然好端端地立在那裡。牆面雖然剝落，可是下面的「肌體」仍在喘息。荒草長了半人多高，樹木從一戶人家的客廳裡長出來，一直躥到樓頂。成群的烏鴉在這裡築巢，一等黃昏降臨，就會鋪天蓋地飛回來。

樓房沒有窗戶，沒有大門，沒有傢俱，好像被掏空了內臟。但司機說，當年人們走得匆忙，值錢的東西後來才被附近的牧民搬空。我問司機是怎麼知道的。他說，他年輕時常來這裡找戰友。他們會開上拉達汽車，拿上魚竿，一起去額爾濟斯河釣魚。

「你懷念當年的生活嗎？」我問。司機聳聳肩。

「你的戰友還在這裡嗎？」

「蘇聯解體後，他搬去了鄂木斯克。聽說去年死了。他喜歡喝酒。」

說完這句話，司機的表情依舊穩定。他看上去既沒有難過，也沒有感慨，只是談論著一件平常往事。他開著車，帶我們走在昔日的街道上。即便一切已成廢墟，他依然能夠「如數家珍」。他不時伸手，指著某幢房子告訴我：「這個是商店，那個是三溫暖，那邊是芭蕾劇院……」

芭蕾劇院？我無法想像這裡竟還有過芭蕾劇院，還有過與之配套的生活。在我眼裡，所有房子都像沒有面孔的人，張著空洞的嘴巴。

「這裡其實並不適宜生活。」司機說，「夏天四五十度，蚊子鋪天蓋地。冬天大雪覆蓋，零下四五十度。」

「那庫爾恰托夫呢？」

通過艾達的翻譯，司機說：「都一樣，它們都是國家意志的產物。」

我問艾達，司機是否用了「國家意志」這個詞。艾達說：「他沒用那個詞，但他是那個意思。」

我們經過幾座窩棚一樣因陋就簡的小房子。司機說，這些房子有人居住，所用材料都是就地取材，從查干拆下來的。可是，這些房子看上去並無一點煙火氣，更像是鬼城的一部分。

此時，黃昏將至，草原上一輪紅日。我突然看見前方有兩個金髮男孩在騎車追逐。他們玩得正開心，兩邊是廢墟和荒草——那可真像是鬼片中出現的場景。

聽到身後有動靜，兩個男孩停下車，回頭張望。就在汽車經過的瞬間，他們突然齜牙咧嘴，向我們豎起中指。兩個男孩的五官像是俄國人，但表情十分粗野。司機說，他們其實是哥薩克人。

哥薩克人？中亞的哥薩克曾經四處征戰劫掠，為沙皇開疆拓土。他們信奉東正教，但過著遊牧生活。我想不到，令人聞風喪膽的哥薩克竟已退縮到世界邊緣，守著一座鬼城過活。那些歪歪扭扭的房子，無水無電，彷彿草原上的沉渣碎屑，也像被某種詛咒附體，任由其自生自滅。

我們回到公路，向塞梅伊飛馳。此刻，就連那座流放犯人的小城也顯得令人愉悅。離開苦役地後，杜斯妥也夫斯基也這麼高興地前往塞梅伊。他坐在運草繩的馬車上，卻從未感到如此美好：「頭頂是天空，身邊是廣闊的空間、純淨的空氣，還有靈魂的自由。」

到達遊牧人酒店時，天已徹底黑透。拉馬札諾夫先生問我要不要去吃飯，他知道一家時髦餐館，還做雞尾酒。可我不想再與拉馬札諾夫先生應酬。他不過是一介浮泛之人，卻裝得比一般群眾高明。我倒是挺喜歡溫文爾雅的艾達，只是他年紀不大，經歷單純，恐怕說不出太多東西。我最想和司機聊聊，聽他講講當年釣魚的故事。然而，司機還要趕回庫爾恰托夫，在漆黑一團的草原上，再開三個小時。

我們在酒店門前分手。我看著他們各自走上回家路。我也選了一條路，想找個吃飯的地方——夜色中的塞梅伊有一種被遺棄的感覺。在這片文明的邊緣地帶，國家意志曾如潮水般襲來，終又退卻。我想打撈那些殘存的東西，放在玻璃罐中觀察。

相似的事情總會不斷地重演——走在昏黃的路燈下，我甚至能聽到自己怦然的心跳聲。

七河之地

1

我厭倦了草原，厭倦了一成不變的風景。從塞梅伊回到阿拉木圖後，我身心俱疲地想找個地方放鬆。我在阿拜芭蕾歌劇院旁，租了一間公寓。公寓有明亮、嶄新的浴室，臥室的床上鋪著令人安心的床單。小客廳挨著臥室，有網路和衛星電視。窗子下面是一張書桌，抬頭可以看到積雪覆蓋的天山。

白天，日光雲影投射在白雪皚皚的山巔，峰巒之間清晰可辨。偶爾飛來一片雨雲，山間便掛起一條淺藍色的帶子，表示那裡正灑著不易看出的細雨。到了傍晚，雲朵凝結成玫瑰色的團塊，隨後漸漸增加暗度，最後與山融為一體，化為巨人的背影。

我想到以前兩次入天山的經歷。第一次是與塔季揚娜去大阿拉木圖湖。我吃著她做的蘇聯三明治，聽她講過去的故事，蘇聯時代，她的丈夫會帶著兒子從阿拉木圖徒步去吉爾吉斯的伊塞克湖，在天山宿營三晚。蘇聯解體後，這樣的旅行不再可能。

第二次，我去了天山另一側的吉爾吉斯斯坦。我從卡拉科爾出發，徒步天山，沒帶嚮導，結果搞得一身狼狽。

我習慣於高估自己，低估自然。而且我發現當地人口中的「容易」，對我來說就是「困難」。他們說單程五小時，我就得走十小時。因此，當阿拉木圖的朋友說，我完全可以自己去哈薩克一側的天山徒步、騎馬時，我還是決定找一位嚮導同行。

況且，我不只想去天山，還想囊括「七河之地」。「七河」是一個歷史名稱，指的是流向巴爾喀什湖的七條河流及其支流。這是一片廣闊的區域，大致包含了今天巴爾喀什湖至新疆伊犁一帶，是哈薩克民族的起源之地。

我想先去天山，看兩個高山湖泊，然後去探訪伊犁河畔的古代石刻，最後轉場阿爾金—埃姆爾國家公園。它居於天山山脈的兩個分支之間，是中亞僅存的遊牧民族居住地。

我找到一個叫謝伊的哈薩克嚮導，可他的母語是俄語，用他的話說「講得比俄國人還好」。他也說一口帶點美國口音的英語。二十歲剛出頭，他參加一個「打工旅遊」方案，在美國待了一年。他洗過盤子，當過鉗工，抽過大麻，交過女友，也搭便車走遍了美國的邊邊角角，順便練出一口街頭英語。那段日子也讓他變成一個憤世嫉俗的人，以及一個無政府主義者。

第一次來見我時，他開著一輛新買的奧迪。雖然是新買的，但已經破到了一定程度。駕駛一側的車門插不進鑰匙，只有先按下後車廂裡的按鈕，然後打開後座車門，再從裡面伸手拔出鎖芯，才能推開駕駛員車門。這一套流程頗為複雜，但謝伊的動作行雲流水，儼然一個偷車慣犯。

他穿著鬆鬆垮垮的套頭衫，把車開得飛快，顯露出某種解放自我的天性，就跟他說話時的意氣風發一樣。

「對我而言，阿斯塔納永遠是阿斯塔納，而不是努爾蘇丹。」這句話不便拆開解釋，但我明白其中的含意。

他還說，如果這個國家爆發革命，他一定參加。

「還有那麼大的衝動？」

「當然了！」

我喜歡他這樣的反應。

2

我們出發前往薩蒂村，一個哈薩克定居點。高速公路平坦通暢，天山白雪閃耀，宛如一道巨幕屏風。從公路到天山之間分佈著些許草原，上面散落著村莊和牛馬，看上去遠比哈薩克大草原豐美、富庶。

薩蒂村就位於天山腳下，一條小溪穿村而過。村中有一座清真寺、兩個小商店，沒有餐館，更無酒吧。得益於從這裡進山方便，村裡很多家庭兼做民宿。我住的那家有一個院子，進門是一道馬圈，樹上還拴著兩隻山羊。女主人以前是歷史老師，或許還是附近小有名氣的美人。公共客廳的牆上掛著她的巨幅照片。你要是想在沙發上休息，就得順道欣賞女主人的芳容。

女主人進來問我是否要喝茶，我說可以來點。照片裡的她還很年輕，現在彷彿話劇幕間休息後重新登臺，時光已倏然飛逝，鬢角染了白霜。過了一會兒，為我上茶的卻是一個十三四歲的美貌少女，戴著頭巾，眉眼間有女主人的神色。

謝伊悄聲告訴我，這是女主人的小女兒，家裡只有她戴頭巾。這多少令我意外，但也並未到吃驚的程度。在廣大的中亞鄉村地帶，我都目睹了類似情況，相比他們蘇聯出身的父母，獨立後的年輕一代反而更加傳統、保守。

與我同住在這家民宿的是兩個瑞士女孩。一開始，我沒看出她們是瑞士人，因為兩人始終在說英語。後來，我才明白箇中原因：她們雖然都是瑞士人，但一個來自德語區，一個來自法語區。德語區的能說法語，法語區的也能說德語，可是兩人都不願屈尊講對方的語言，便以英語溝通。她們一個在杜拜當瑜伽教練，一個在阿姆斯特丹做公司秘書。雖然只有一周假期，卻也要來天山徒步受苦。

我想起在吉爾吉斯徒步時遇到的另外兩個瑞士人——尼古拉和莫妮卡——不知他們現在身在何處。看來，瑞士人的確喜歡天山。在這裡，他們能發現和阿爾卑斯山同樣的美景，卻沒有相應的文明和舒適，而這恰恰是吸引他們的原因，讓旅行平添幾分古典氣息。

喝過茶，謝伊出門找來一輛蘇聯吉普車，我就叫上兩個瑞士女孩一起進山看湖。我們要去的是康蒂湖，在十二公里外的山間。綿延進山的道路破碎泥濘，還要不時跨過水坑、落石和傾倒的樹木。但是，蘇聯吉普車與哈薩克司機就是為此等道路而生——車結實耐用，人吃苦耐勞。雖然屁股都懸在座椅上方，但司機依然可以用火柴點菸，然後自在吐霧。

「他是怎麼做到的？」

謝伊說：「假如你把車當作一匹馬，就能掌握其中的訣竅。」

康蒂湖在海拔二千米的壯麗松林之中。一百多年前，一場強烈的地震引發了山體滑坡。落下的山石如天然大壩阻住山谷，隨後形成康蒂湖。我下到湖畔，用手試水，湖水冰冷至極。這就是樹木在水下依舊保存很好的原因。透過明淨的水面，我可以清楚地看到杉樹的樹幹，就像露出水面的潛艇桅杆。

湖邊，一家哈薩克人支起帳篷，正在生火野炊。草地上已有一堆木頭燒成了木炭。一個年輕女人用鐵鉗夾起木炭，放在烤架底部。旁邊，一塊油布蓋著滿滿一盤串在鐵籤子上的雞翅。女人拿起一把雞翅平鋪在烤架上。雞皮上的脂肪遇到炭火，發出一陣陣滋滋聲，香氣隨即撲面而來。戴著一頂鴨舌帽的男主人從帳篷裡鑽出來，看到我們站在那裡不走，就笑著找來塑膠杯，為我們滿滿倒上啤酒，之後還請我們分享烤雞翅。

啤酒氣泡十足，烤雞翅焦嫩可口。宿營的帳篷、燒烤的炊煙、天山的積雪、碧藍的湖水，還有冰鎮在湖中的大桶啤酒。轉念之間，我覺得自己就要拜服在這種生活方式之下。

回到薩蒂村，夕陽已經染紅院落和大山。馬在山間吃足嫩草，現在回到了馬圈，羊也被夕陽染上一層暖意。村裡響起清真寺的宣禮之聲，我不由得肅然而立。

女主人家的餐食極為清淡，只有一小碗抓飯和一碟高麗菜沙拉。吃完晚餐，兩個瑞士女孩回房休息。我與謝伊來到公共客廳，坐在沙發上。

謝伊在房間裡也穿著衝鋒衣，說可能是在湖邊受了風寒。我問他要不要來點亞拉拉特白蘭地。他說自己戒酒了，可後來又表示可以喝點。他還管女主人要了幾片檸檬。我想起《流動的饗宴》中的一幕，海明威給「大病不起」的費茲傑羅調製的就是這種飲料。

兩杯酒下肚，謝伊的話多起來。我無意中問到他有沒有女朋友，誰知正好戳到他的痛處。他說去年冬天剛和交往四年的俄國女友分手，花了半年時間才走出陰影。他一個人跑到杜拜待了一個月，每天住便宜小旅館。他想在那裡找份工作，但能找到的工作全都工資低廉，形同黑工。杜拜的花花世界也深深刺激了他，他回到阿拉木圖，重操舊業。

我忍不住問他是否有俄國女友的照片。謝伊開始說他刪除了所有照片，後來出於一絲炫耀心理，說他其實還留著一張。他拿出手機，給我看照片。那個金髮碧眼的俄國姑娘的確火辣，而照片中的謝伊卻像脹大了一圈的皮球，又圓又滾。

「我當時就是一頭肥豬。」謝伊說，「這半年瘦了大概十五公斤。」

「怎麼回事？」

「女友把我餵得可好呢。」謝伊不無得意地說，「還整天給我買各種甜點。」

「你們一點聯繫都沒有了？」

謝伊搖搖頭：「恐怕她現在已經投入了別人的懷抱。」

我趕緊給謝伊倒了一杯白蘭地，看著他一口喝掉。於是，我也乾掉我的。

謝伊不無沉痛地說：「不要為了博得同情，在女人面前展示你的軟弱。她們是感情動物，一旦你展示了軟弱，她們就對你失去興趣。在女人面前，男人只能展示自己強悍的一面，哪怕只是偽裝。」

我說：「既然你已經學到這麼珍貴的一課，說不定日後在交友方面會大有所為。」

謝伊說：「我註冊了好幾個交友網站呢！我根本不看，對每個人都點喜歡。這樣獲得回點的機率最大。然後，我約她們去咖啡館。如果真人好看，我們就繼續約會；如果一般，那就ＡＡ制——這是一種委婉的拒絕方法。」

「戰果如何？」

謝伊馬上滑開手機，給我看被他成功約出來過的女孩。我很快看出了其中的共同點，「都是哈薩克女孩啊？」

「這正是我苦惱的地方，」謝伊說，「上這些交友網站的俄國女孩很少，可我只喜歡俄國妞兒。」

3

第二天吃過燕麥粥早餐，我和謝伊打算去柯賽湖。兩個瑞士姑娘也要與我們同行。去柯賽湖單程徒步需要四個小時，可想起之前在吉爾吉斯天山的經驗，我還是決定騎馬並且雇一位帶路的馬伕。謝伊領著兩位瑞士姑娘步行。我們約定在湖畔會合。

一個自信的哈薩克年輕人快步走上前，自稱是我的馬伕。他身材不高，O型腿，戴著一頂絨線帽，穿著馬靴。他騎馬走在前面，我緊隨其後，還有兩隻牧羊犬跑前跑後。一路上，他每隔十分鐘就回頭問我一句：「還好嗎？」聽完我的回答後嘟囔道：「那就好。」

山路約有半米寬，風嗖嗖穿過松林，溪水聲在山谷中迴盪。馬伕點燃一根土菸，一邊吐出煙圈，一邊用馬鞭輕抽馬臀。天氣不錯，但我還是穿著風衣，戴著圍巾。因為隨著海拔上升，氣溫也開始下降，路上開始出現未融的積雪。在一片佈滿亂石的松林中，我們下馬休息。馬伕又點燃一根土菸，坐在石頭上吸起來。

他說，他每天騎馬在山裡放牧。養了十來匹馬，每匹馬大概值兩千美元。這差不多就是他的全部家當。他已經結婚，剛生了個兒子。他本人是小兒子，所以和父母一起生活。家裡也開了民宿，提供平均水準的膳食。相比放牧，他覺得帶我這樣的外國佬進山更為輕鬆。整個夏秋時節，他都會帶客人進山。但從秋末開始，山中下起大雪，就不再有人來了。

我們繼續上路，道路變得有些泥濘，就連馬也不時打滑。泥塘中偶爾出現幾個鞋印，說明不久前有人徒步走過。大概是一男一女。從鞋印的深度看，可能是負重行軍。我想到我和謝伊以及兩個瑞士姑娘一大早就出發了，而現在他們還在後面。這鞋印可能是前一天晚上留下的。

「山裡有什麼大型動物嗎？」我問馬伕。

「有山羊和狼，也有熊。」馬伕說，「不過很少見了。」

「希望他們一切都好。」
「誰？」
「他們。」我指了指鞋印。
「他們可能在湖邊露營了。」
我們一直在向上爬，穿過一片松林，視野突然開闊。眼前出現一座山谷，谷中央就是柯賽湖。繞過幾棵倒下的枯木，我們騎馬來到湖邊。這裡有一片平坦的草地，是適合露營的好地方。
馬伕用馬鞭指了指不遠處。順著那個方向，我看到了一個小型帳篷。帳篷外還有一堆燃盡的篝火。我們騎馬走過去。帳篷裡一陣蠕動。接著，一個衣衫不整的男人鑽了出來。他留著落腮鬍，眼睛是藍色的，身上那件法蘭絨襯衫顯然剛套上去，扣子還沒來得及繫上。馬伕和他打了聲招呼，然後用俄語交談起來。過了一會兒，他回頭告訴我，這個人是從聖彼得堡來的。
聖彼得堡人說，昨晚這裡下雪了，他們在帳篷裡度過了冰冷的一夜。在這樣的大山深處，在這樣的雪夜，在小小的帳篷裡，靠什麼取暖不言自明。那一定是相當奇妙的體驗。
聖彼得堡人打了個哈欠，走到篝火的灰燼前，提起那只小燒水壺。趁他去湖邊取水的空檔，馬伕從馬背上拿下一塊油布，鋪在草地上。我坐下來，拿出書包裡的便當。剝開塑膠袋和鋁箔紙，裡面是一小盒奶油義大利麵、一根煎香腸，外加一個蘋果。
聖彼得堡人提著水壺回來，生火燒水。昨日的木柴已被雪水打濕，恐怕不易點燃，可他在帳篷裡備有存貨。他拿出一根乾木頭，用小刀削成木屑，再用打火石輕易地點燃了。火生起來後，他就把小水壺掛到架子上。他的女朋友也鑽出帳篷。她穿著抓絨，頭髮紮在腦後，拿出兩個搪瓷杯，扔進兩個茶包。

我問聖彼得堡人怎麼會來這裡。

他說，他的父母年輕時來這裡旅行過，是他們推薦的。

「他們那時候還可以翻過這座山吧？翻過去就是伊塞克湖了。」

「我明白你的意思。」聖彼得堡人說，「我們問了一些人，他們說現在需要邊境證明。所以我們放棄了。我們在這裡住一晚上就回阿拉木圖，然後坐車去吉爾吉斯。」

這時，謝伊和兩個瑞士女孩從樹林裡冒了出來。兩個女孩去湖邊拍照。謝伊走過來，和我坐到一起。我說，在這裡露營不錯，我應該早想到這一點。謝伊說，他帶一個英國客人在這兒露過營，可那傢伙一定要西式廁所才能解手——這可讓謝伊傷透了腦筋。

我們一起吃便當，只有馬伕沒帶。他原本是打算休息片刻就往回走的。現在，他走過來問我何時返程，說他家裡還有事情。我對謝伊說：「既然如此，我和馬伕先回去。我們晚上再聊。」

我們騎馬進入松林，往山下走。下坡路可就沒那麼有趣了。山石順著陡坡往下滑，午後的融雪也讓道路更加難行。馬伕不再問我「還好嗎？」，他一心往回趕路，我不得不費力跟上他的速度。等回到我們早上出發的地點，我已經累得快要跌下馬。馬伕將我扶下來，接著就索要小費。這會兒，他像個十足的生意人，那種狡猾，那種侵略性。

到了晚上，我喝著白蘭地，再度與謝伊聊起來。這次聊的是他的工作。謝伊喜歡當嚮導，也喜歡與人交往。可這個工作有個季節性的問題，很少有人冬天來哈薩克斯坦旅行。於是，冬天時，謝伊開著一輛破廂型車，給幾家咖啡館送貨。上個冬天，他與女友分手後賣掉了廂型車。現在，他正考慮幾個月後能幹點什麼。

「你這麼喜歡喝亞拉拉特，我把它賣到中國怎麼樣？會有市場嗎？到時請迪瑪希代言。」他說。

「這個品牌太小眾了——雖然在雅爾達會議上，史達林用它招待過邱吉爾。」我說，「你可以換一個角度，想想有什麼東西可以從中國賣到這裡？」

「哈薩克人喜歡便宜的小家電，可這生意已經有很多人在做了。」謝伊說，「你去過扎爾肯特嗎？很多人從那裡的免稅區帶貨。」

「我打算從扎爾肯特回國的。」我說，「就在中國的霍爾果斯對面。」

「除了小家電，還能做什麼？」

「想想你當嚮導認識的人，或許可以從那些資源入手。」

「我跟你說說我當嚮導認識的人吧。」謝伊突然笑起來，「你可以邊聽邊喝酒。」

「好。」

「我帶過一個英國攝影師去恰倫大峽谷。那個攝影師頤指氣使，把我當傭人，讓我給他扛設備。雖然這不是我的職責，但也只好忍氣吞聲。他還抱怨我不帶他去能拍到好照片的地方。可他才是攝影師，我怎麼知道哪裡能拍出好照片呢？後來，按照他的要求，我帶他去了一個能夠俯瞰峽谷全景的地方。誰知站在那裡，他嚇得雙腿發抖。他說自己有懼高症，喘不上氣，就要死了。他哭了起來！一個五十多歲的男人哭了起來！最後，我只好把他揹了下來。」

「還有一個喜歡亂吃零食的加拿大老太太。一路上，她一直在吃各種垃圾食物，洋芋片、餅乾、糖果、冰淇淋……最後，她終於鬧肚子，拉在了民宿的床上……」

謝伊停頓片刻，彷彿是想讓我回味一番。

「她偷偷掩蓋了那攤痕跡，沒告訴任何人。回國以後，她才通過郵件告訴我，說自己很抱歉，充滿了負罪感，所以她偷偷地把自己的金戒指留在了房間裡。對了，她住的就是現在兩個瑞士女孩的房間。」

我笑了起來：「你後來問過歷史老師金戒指的事嗎？」

「我沒問，她也沒提。」

「還有一個韃靼斯坦的富豪，是個做石油生意的巨頭，聽說與韃靼斯坦的總統也稱兄道弟的。他來阿拉木圖休息兩天，住最好的酒店，讓我帶他去最貴的餐廳。你知道富人是怎麼點餐嗎？他根本不看菜單，而是直接讓我把主廚叫過來，告訴他自己想吃什麼。他不在乎錢，但只吃燒烤這樣最簡單的食物，而且每餐必吃大量的生洋蔥。到了晚上，他就要招妓……」

「第一晚，他讓酒店的門僮幫他找妓女。他後來告訴我，門僮找來的妓女竟然牙都掉了。他嚴肅地告訴門僮，牙是必須要有的。第二晚，他讓我幫他找妓女。我給了他一個網站，讓他自己在上面挑。」

「後來他給你多少小費？」

「一百美元。不過，作為那個級別的巨頭，這點錢根本不算什麼。」

「還有一群印度來的客人。我帶他們走了好幾個城市。他們對歷史、建築全都沒有絲毫興趣，感興趣的只是女人。無論到了哪個城市，他們都要吃印度菜，然後讓我幫他們找妓女。」

「在塔什干的酒吧，我見過有印度人往天上撒錢。」我說。

「美元？」

「不，蘇姆。」

「那不是一張才相當於幾毛錢？」

「但至少效果達到了。」

「當嚮導會遇見很多奇人。這是我喜歡這個職業的原因。」謝伊說。

最後的遊牧

1

離開薩蒂村，前往伊犁河，路上會經過一座名為卡普恰蓋的小城。這裡有阿拉木圖附近最大的水庫，也是哈薩克斯坦乃至中亞地區最大的賭城。

公路邊豎著賭場的廣告，宣佈獎池內的金額已經累積至數百萬堅戈。賭場的名字也都充滿異域風情：寶萊塢、孟買（用了殖民地時代的寫法Bombay）、阿拉丁……從中不難看出中亞與印度次大陸之間的傳統紐帶和浪漫想像。

我問謝伊：「很多印度人來這裡賭博嗎？」

謝伊說：「不光是印度人，還有很多中國人呢！」

「什麼樣的中國人會來這裡？」

「這我可就不知道了，」謝伊說，「大概是在這邊做生意的中國人。」

烈日下，卡普恰蓋看上去昏睡不醒。每座賭場之間都相隔著一片荒地，街上也是塵土飛揚。雖然這裡號稱「中亞的拉斯維加斯」，但顯然是低配版。與拉斯維加斯的共同點，可能僅限於全都地處荒漠之中。我們經過時，賭場大門緊閉，停車場也門可羅雀。或許，夜幕降臨後，這裡會一變為醉生夢死的天堂。只是我對賭博一竅不通，也就無緣欣賞了。

謝伊告訴我，蘇聯時代，卡普恰蓋還有一些加工廠，後來全都關閉了。如今，小城的支柱產業是賭博業和酒店業。

「當然，拉斯維加斯之說只是噱頭。」謝伊懶洋洋地評論道，「我可是去過真正的拉斯維加斯的。」

說話之間，我們已經開出卡普恰蓋。沒了水庫與賭場，四周只是黃土一片。

隨後，我們拐下公路，進入一塊遼闊的荒地。公路消失不見，只有砂質小路迂迴延伸。我此行一心想探訪的伊犁河谷，突然感覺非常遙遠，像是文明邊界上的一處荒涼牧場。

接著，伊犁河出現了，在視野中心緩緩流淌。河谷左岸依舊是一片低矮荒原，難見人跡；右岸的陸地上卻搭著不少臨時帳篷。有的帳篷前還插著蘇聯國旗。遠離河岸的高地上有幾座岩石山，一群攀岩者正在岩壁上練習。謝伊說，河邊的帳篷就是這些人的。伊犁河谷現在是攀岩愛好者的秘密據點。

「為什麼插著蘇聯國旗？」

「一種懷舊。」謝伊說，「蘇聯時代，人們最大的愛好之一就是去荒野露營，然後晚上一起喝酒。」

「現在這些人也做著同樣的事。」

「沒錯。」

與蘇聯時代並行不悖的，還有古人留下的未解謎團。這也是我們來到伊犁河谷的原因——為了一睹泰姆格里岩刻。

岩刻分佈在岩石山下的棕色巨石上，我與謝伊走近查看。一些岩石上刻著象形文字和圖案，想必來自遠古時代，或許是塞迦人留下的；另一些雕刻著菩薩像和經文，顯然與佛教有關——這也是我第一次在哈薩克斯坦看到佛教遺跡。

我分辨出一些經文是用藏語寫的六字真言——難道西藏喇嘛來過這裡？謝伊說，這些岩刻雕刻於何時，雕刻者是誰，考古學家並沒有確切答案。他自己對於佛教更是一竅不通。

不過，我倒是有一個猜想：這些佛教岩刻很可能是準噶爾人留下的。

一六〇七年，蒙古準噶爾部落離開中國西北部。在接下來的一個世紀裡，他們大舉入侵哈薩克人的領地，征服了包括伊犁河谷在內的七河地區。當時，哈薩克分為大玉茲、中玉茲和小玉茲三個部落。其中大玉茲和中玉茲求助於清朝，而小玉茲投靠了俄國。最終，準噶爾汗國被乾隆皇帝殲滅。不過在此之前，他們已經在七河地區生活了一百多年，有足夠的時間留下信仰的痕跡。

準噶爾之後，蒙古人再未能掀起任何歷史波瀾。看來，佛教最終完全征服了蒙古人，讓他們變成平靜的族群。

2

在七河地區，除了在一些哈薩克人的臉上，蒙古人的影響力早已消失殆盡。然而，從某些地名中，還是可以看出一點昔日霸主的端倪。從伊犁河谷出來，我們必須繞一個大圈子，才能翻越準噶爾阿拉套的餘脈，進入阿爾金—埃姆爾國家公園。「阿爾金—埃姆爾」就是蒙古人留下的名字，意為「金色馬鞍」。

謝伊給我講了這樣一個故事——成吉思汗進軍中亞時經過這裡，見到夕陽染紅馬鞍形的群山。他問手下，此地叫什麼名字。手下回覆，此地還沒有名字。成吉思汗遂將之命名為「阿爾金—埃姆爾」。我喜歡這個故事，也喜歡那個尚未被完全命名的世界。

翻越準噶爾阿拉套時，我們在一處高地停車。在這裡，可以將四千六百平方公里的阿爾金—埃姆爾國家公園盡收眼底。那是一片熱帶疏林草原旱季時的景象，黃色平原上長著荊棘與小樹，四周的山巒呈現白色或金色。這裡棲息著馬可・波羅羊，據說還有九匹瀕臨滅絕的普熱瓦利斯基野馬。一隻金鵰在遠處的小山上翱翔，山間有哈薩克牧民的帳篷。

我們要去的村子是公園深處的一小塊綠洲。住在村子裡的哈薩克牧民大都已經定居下來。即便在這裡，遊牧作為一種生活方式也已退到邊緣。謝伊說，村裡的牧民飼養牲畜，但自己不再放牧。他們會共同委託一位牧民，趕著全村的牲口去山間的夏季牧場。在那裡，他搭起蒙古包，獨自度過整個夏天。

村裡只有一家旅館，老闆娘是哈薩克人，可五官卻與中國人如出一轍。此地距中國邊境不遠，在晚清以前都歸清廷管轄。隨後的百年時間裡，人口遷徙的大戲更是不斷上演。老闆娘說，他的父母是一九六二年從新疆進入蘇聯的。他們最初在一家集體農場工作，後來就搬到了這個村子。在更久遠的過去，她的家族就一直生活在這裡。

旅館正在施工擴建，看起來生意興隆。餐廳剛剛裝修完畢，有一股還未散盡的油漆味。每張桌子上都擺好了食物和餐具，等待客人入席。白色的陽光透過窗簾打進來，照在印花桌布上。時光彷彿又回到蘇聯時代，讓我想到伊塞克湖畔蘇聯療養院的食堂。

吃過午飯，我們驅車前往國家公園最南端的鳴沙洲，在蠻荒的大地上開了將近兩個小時。鳴沙洲是一座長約三公里的沙丘，位於大小卡爾坎山脈之間，距伊犁河只有幾公里之遙。沙山由純淨的細沙構成，颳風時會發出管風琴般的吟唱。如果遇到沙塵暴，那聲音聽起來就像鼓聲。

爬上沙丘，可以看到伊犁河谷的狹長地帶。然而，此刻日光明亮刺眼，天氣炎熱難當，讓我打起了退堂鼓。謝伊也在一旁敲邊鼓：「如果你想上去，我會跟著你一起。」他真實的意思是，在這樣的天氣裡，我們最好都不要上去。

鳴沙洲腳下，幾根石柱撐起一個簡陋的涼亭，製造出一小片戈壁灘上的陰涼。一個穿著迷彩服的哈薩克人坐在長凳上，旁邊還有一個烏茲別克長相的男人。

哈薩克人是公園守衛，年紀不大，容貌俊朗，只是嘴唇乾裂慘白。片刻之後我才想到，此時已是齋月，守衛大概在封齋。在這等炎熱乾燥之地，一整天不吃不喝，的確是一種宗教苦行。我和謝伊在他身邊坐下，順勢與他攀談起來。

守衛二十五歲，住在綠洲村裡。他說，大部分年輕人都去外面打工，只有不到五分之一的人留下來。他就是其中之一。他的確在封齋，日出前吃一頓粥水，再次喝水進食就要等到太陽落山後了。他在這裡坐上一整天，傍晚開著國家公園的吉普車回家。

他喜歡這份工作，部分原因是他討厭大城市的生活，部分原因則是他的祖輩一直生活在這裡。通過謝伊的翻譯，他著重強調了後面這點。不過他又說，自己可能有點「中國血統」。上世紀二〇年代，他的祖輩曾經逃難至中國，在烏魯木齊附近的村子裡生活了十五年，之後才返回這裡。

上世紀二〇年代，正是中亞的「巴斯瑪奇」運動時期。大批哈薩克人為了逃離布爾什維克的統治，進入中國避難。到了三〇年代，新疆的軍閥統治又讓這些人逃難回去。

我換了一個話題，問他作為國家公園的守衛，主要職責是什麼。他說，他的工作主要是防止盜獵。他會開著吉普車在公園內巡邏。「阿爾金—埃姆爾國家公園曾經允許狩獵黃羊和馬可・波羅羊。那時，常有歐洲人來這裡打獵。一千歐元的許可證，然後再雇用我們當嚮導——只有我們熟悉動物出沒的地方。現在，國家公園內已經禁獵。我們的收入自然也少了。」

「你覺得以前更好？」

「不，我認為現在更好。一千歐元的許可證原本只允許狩獵一隻羊，可實際上沒人遵守。一場狩獵之旅，會打死很多隻動物。那些歐洲人只要羊角。」

在我們聊天時，旁邊那位五官像烏茲別克的男人不時湊過來傾聽，並且通過點頭與搖頭的方式暗示自己也在場。我讓謝伊問問這個男人是幹什麼的。他們講了好一會兒，然後謝伊對我說：「這個人是旅行社的司機，維吾爾人，老家在阿拉木圖郊外的一個維吾爾村子。」

維吾爾人點著頭，表示認可。我問他在新疆是不是還有親戚。

不不不，他的祖輩早就定居在這裡了。經過幾代人的時間，雙方連語言都變得不同。他說，他在阿拉木圖的綠色大巴剎，第一次聽到過新疆維吾爾人的叫賣，一時大為驚訝。他清了清嗓子，惟妙惟肖地學了起來，瞳仁閃著亮光。謝伊和哈薩克守衛都能聽出其中的微妙之處，不由得笑了起來。

哈薩克守衛突然問我：「你們中國人為什麼喜歡狼牙？」

「狼牙？」

「有中國人來我們村裡收購狼牙，有多少就要多少。」

「你們的狼牙又是從哪兒來的？」

哈薩克守衛說，儘管國家公園內禁獵，可狼並不在保護範圍之內。按照遊牧民族的傳統，見到狼就必定要殺死。他拿出手機，給我看獵狼的照片。他們開著吉普車，拿著AK-47，追逐一隻狼，最後將牠擊斃。他抱著狼的屍體合影。狼身有半人多高，閉著眼，獠牙外突。

「也有人專門收狼的屍體。」他說，「一百五十美元。」

「你還有狼牙嗎？」

「家裡有一個，但我是不會賣的。」

此時，天氣真稱得上流金鑠石。鳴沙洲在蒸騰的熱空氣中呈現出波浪狀。遊客像一隻隻螞蟻，緩慢地沿著斜坡向上攀爬。大地上只有黃沙和荊棘，連蜥蜴也待在灌木叢的陰涼處。謝伊說：「真奇怪，以前每次來這裡，都會碰見吸血的螞蟥，這次卻一個都沒有。」維吾爾人再次展現出智慧，這次連我都笑了。他說：「螞蟥也在封齋。」

3

回到綠洲村，我在食堂吃過晚飯，然後出門閒逛。村中的主要道路鋪著水泥，有橫跨空中的電線。路兩旁的農舍圍著籬笆，可以看到裡面的院子和雞窩。路旁種著新疆楊樹，樹幹筆直，枝葉聚攏，像一支支倒立的毛筆。在夕陽煦風下，翠綠的樹葉簌簌抖動，碎了一地金光。

這裡與中國近在咫尺，可語言和文化又是那麼不同。不過，和中國的農村一樣，傳統生活方式正在喪失——即便在七河之地，遊牧也即將退出歷史舞臺。

我去小商店買了啤酒，在旅館門外的臺階上坐下來。外面，路燈下，一夥住店客人正在架爐燒烤。我遞給謝伊一瓶啤酒。他看了看說：「俄國牌子。」

一個大塊頭的男人站在我們旁邊抽菸。他是個俄國人，穿著夾克，頭髮梳得很整齊。他抽菸的樣子很節制，看上去有心事。我讓謝伊問問這個人的情況。

謝伊首先解釋了我的身份——一位作家。其實他完全不必這樣做。

大塊頭的男人說他叫斯拉瓦。赫魯雪夫時代，蘇聯掀起「大墾荒」運動，他的父母響應號召，從西伯利亞搬到了阿拉木圖。他在阿拉木圖出生、長大。蘇聯解體時，他正在當兵。

「四年沒拿到薪水。」他強調。

斯拉瓦成了一名長途卡車司機，從烏魯木齊出發，將中國商品運至德國。公路不好走，到處是年久失修的大坑。在哈薩克斯坦和俄國境內，他都遇到過劫匪。有一次，劫匪攔住他，管他要錢。斯拉瓦問劫匪：「你也當過兵吧？」劫匪當過兵，也沒拿到軍餉，於是鋌而走險。他沒搶斯拉瓦的錢，放他走了。

斯拉瓦生於一九七二年，但看上去更老，眼角附近佈滿常年日曬留下的皺紋。他說他娶了一個德國人——他的意思是出生在哈薩克斯坦的德裔。他們生了一兒一女。女兒已經嫁人，兒子就要去莫斯科讀大學。他很瘦，有一頭淡黃色的頭髮。我與斯拉瓦說話時，他就站在草坪的陰影裡。

路燈下的那夥人放起了音樂。八〇年代的流行歌曲。謝伊說，他們放的是維克多．崔的歌。斯拉瓦又點了一根菸，但已沉浸在歌聲中。

維克多．崔是生於哈薩克斯坦的朝鮮人，後來成為蘇聯搖滾教父。那時巨型國家機器已經難以為繼，蘇聯人迫切要求改革。維克多．崔的歌詞大膽激進，直擊年輕一代的心靈。

如今，那群昔日的年輕人已經發福、謝頂、渾身贅肉。路燈下，他們輕輕扭動身體，小聲跟唱。他們大概不知道，中國也有一位姓崔的朝鮮族搖滾樂手，同樣唱出了那個時代的心聲。

謝伊告訴我，一九九〇年八月，維克多．崔在拉脫維亞度假，在開車返回賓館的路上與一輛大巴迎面相撞，死時只有二十八歲。他的死迷霧重重，以至人們懷疑這是一場政治陰謀。但謝伊覺得，那也是一種保全自我的方式。他無法想像維克多．崔面對後來發生的一切：解體，寡頭，腐敗，還有這個支離破碎的世界。

扎爾肯特：進步前哨站

1

二〇一〇年夏天，我以記者的身份去了一次霍爾果斯。那是中國通往哈薩克斯坦的口岸城市，有一種邊境地帶特有的繁忙和混雜。在中國國門附近，我看到等待通關的貨運卡車排起長龍，遠方橫亘著冰雪覆蓋的天山。

我問一個中國司機，他的目的地是哪裡。他說，阿拉木圖。他的口氣讓我感到中亞是一個遙遠的地方，一個必須長途跋涉才能抵達的地方。

當時，我對中亞的全部瞭解都源於書本，源於那些舊時代的探險紀行。某種程度上，中亞就像一顆神秘的衛星，是我頭腦中的幻想。我聽說過那些地名，但無法想像它們的樣子。我知道它們與中國歷史上的聯繫，但那更像是對帝國盛世的回望。站在霍爾果斯口岸，中亞就在另一側，天山像一道不可逾越的屏障。我內心充滿嚮往，但更多的是畏怯。

我不知道如何開始，沒有先例供我遵循，就連簽證都非常棘手。然而，幾乎沒有太多猶豫，我上路了。二〇一一年深秋，我第一次抵達塔什干，立刻就被中亞的「呼愁」吸引。接下來的幾年裡，我開始持續探索這片土地。九年倏忽而逝，我幾乎去到了我在中亞可以去到的所有地方。我看著自己當年的衝動漸漸變成了一張真實的履歷，一張標滿記號的地圖。

與此同時，我的人生也在悄然變化。我辭去工作，成為作家。我像遊牧者一樣，從世界的一個地方到另一個地方，用自己的方式旅行，日復一日地寫作。原先不知如何面對的問題，漸漸有了答案，漸漸變得清晰。

如今，我在中亞的旅行終於接近尾聲。我來到阿拉木圖汽車站，準備搭車前往扎爾肯特，從霍爾果斯口岸回國。這是我的返鄉之旅，也是一場小小的儀式。當中亞之旅塵埃落定時，我也將回到旅程最初開始的地方。

去扎爾肯特的大巴已經開走，我在停車場找了一輛合乘出租。司機是幾個「趴活兒」司機中的一個，他很高興我一下就選中了他。我們開出阿拉木圖，駛上一條新開通不久的高速公路。這條高速公路由中國修建，是「西歐—中國西部國際公路運輸走廊」的一部分，東起連雲港，西至聖彼得堡，總長八千四百四十五公里。

司機說，他每天在阿拉木圖與扎爾肯特之間接送客人。這條高速公路開通後，他的通行時間從六個小時減至三個多小時。而且，這條高速路是免費的。一路上，我沒看到收費亭，也沒看到休息區或加油站。

火球般的太陽高懸天空，草原一片熾白。司機開著輛舊奧迪，以一百四十公里的時速飛奔，感覺像是在飄。很容易想像的，在漫長的歷史中，這裡一直是空曠草原的一部分，是遊牧民族的縱馬之地。現在，一條高速公路豁然出現，目光所及，沒有任何地標，如同科幻電影中的場景。

扎爾肯特是絲綢之路上的古老驛站，一進城我就看到駱駝商隊的壁畫。中央廣場上矗立著一座白色清真寺，還有一個中式寶塔的尖頂。清真寺旁邊是扎爾肯特的巴剎。和我在穆爾加布看到的一樣，也是用拆開的貨櫃改建而成。我到的時候，巴剎快收攤了，只有一些無所事事的維吾爾人在街邊打撲克。

扎爾肯特距離霍爾果斯口岸不過二十九公里，是中國進入哈薩克斯坦後的第一座城市。出乎意料的是，這裡並沒有大多數邊境城市的魚龍混雜。我想換點錢，可是找不到換匯的小販。我也沒看到什麼往返邊境的生意人，更沒有為這類人而建的酒吧或旅館。在美墨邊境，很多美國人會開著車來到墨西哥一側，享受便宜的物價和女人。在扎爾肯特，我沒看到中國人，或者外國人。

傍晚，我去了一家維吾爾餐廳——扎爾肯特有大量維吾爾人聚居。在伊斯坦堡的宰辛布爾努，我也去過一家維吾爾餐廳，結果被趕了出來。這一次倒是沒人趕我，可是正值齋月，我也得入鄉隨俗，等待開齋。

餐廳有一個大庭院，半開放式的廚房裡，十幾個廚師正忙活不停，燒烤的炭火也已經升起。羊肉、雞肉、內臟穿成大串，擺在櫥窗裡。此外，還有韭菜和香菇——這想必是受了中國燒烤文化的影響。

戴頭巾的漂亮女服務生嚴陣以待。桌子上擺好了餐具，盤子中還放了兩顆椰棗。離開齋還有半小時，男女老少們陸續入座。接著，暮色降臨，清真寺的大喇叭傳來晚禱聲。人們喃喃祈禱後，晚餐開始。我毫無懸念地點了烤串和拉條子，發現味道已與新疆無異。

2

第二天一早，我來到車站，想找人開車把我送到邊境。我聽說霍爾果斯口岸旁新開了一座國際邊境合作中心，是未來拼圖的一塊。這是一個建在兩國領土之上的跨境免稅區：中國人和哈薩克人可以免簽進入對方的區域，購物休閒、洽談生意。

我是搭一輛黑車去的。同車的還有兩位哈薩克姑娘。她們去免稅區買東西，順便消磨一天時間。其中一個姑娘叫阿德麗，能講中文，是三亞大學的留學生。哈薩克斯坦是世界上最大的內陸國，距離海洋至少兩千五百公里。我想，去三亞留學應該是一個相當浪漫的決定。

阿德麗穿著窄筒牛仔褲和黑色開襟衫，塗了睫毛膏。她的朋友穿著高腰Levi's和純白T恤。兩個打扮時尚的本地姑娘與一個遊手好閒的外國人，擠在一輛日本淘汰的黑車上，司機是鑲著金牙的牧民。車外綿延著白雪皚皚的群山，散落著玉米地和蘇聯時代的遺跡，而前方不遠處就是商業全球化的未來——世界上還有哪個地方能給人如此強烈的混搭感？

國際邊境合作中心的停車場上，到處是等著拉貨的司機。從他們的面容和膚色中不難看出，這些人不久前可能還是附近山裡的牧民。我們到得算早，可是已經有一批購物者大包小包地從柵欄圍起的海關出來了。

阿德麗告訴我，這些人是專門負責帶貨的「駱駝隊」。這名字讓我想到絲綢之路上穿越草原的商隊，可他們的行程要短得多：只需把商品從中國一側人肉帶入哈薩克斯坦。阿德麗說，在國際邊境合作中心裡，每個人購買免稅品的重量是有限制的，所以很多商人會雇用「駱駝隊」。這其實是一個灰色地帶，但哈薩克的海關人員不會較真。

我們排隊進入海關，核驗證件。幾乎所有中國人都是從中國一側進入國際邊境合作中心，因此哈薩克的海關人員饒有興致地打量著我。通過海關後，我們坐上一輛官方營運的中巴，穿過目前還是荒地的大片區域。遠處的地平線上，高樓大廈閃閃發光。那是中國的霍爾果斯，一座拔地而起的新城。

穿過瞭望塔和崗哨，我們進入了國際邊境合作中心開放的部分。中國一側已經建起幾座大型購物中心，還有一座造型前衛的大型建築即將竣工。與之相比，哈薩克斯坦一側則要冷清不少。規劃中的奢華酒店、會議中心、主題公園，由於某種原因處於停工狀態。中巴司機甚至沒有費心在哈薩克那邊停車，就直接開到了中國一側。

廣場上隨處可見運貨的「駱駝隊」，還有巡邏的中國治安員。我們進了一座購物中心，裡面只賣毛皮大衣。色彩鮮豔的條幅，以中俄兩種語言寫著：「品質好、價格低」、「廠家直銷，一件也批」。

每家店面都如出一轍，也都冷冷清清。各類毛皮大衣如大豐收的果實，沉甸甸地掛在一排排衣架上。空調開得很足，空氣中泛著皮革的味道。

阿德麗和她的朋友逐一檢閱那些店面，不時和認識的店主打招呼，行俄式貼面禮。我終於忍不住問道：「你打算買毛皮大衣嗎？」

「不買，」阿德麗說，「三亞穿不上。」

她進一步解釋道，在哈薩克斯坦，只有上了年紀的女人才穿毛皮大衣。

「那我們為什麼要來這裡呢？」

「逛街啊！」阿德麗詫異地看著我。

我突然明白，逛街是不用講邏輯的，逛街本身就是一種目的。這麼一想，我也耐下心來，細看那些毛皮大衣，學習分辨狐狸皮和海狸皮的不同手感。我發現，很多店家是中國的哈薩克族，漢族店主也都會說俄語。

一位店家是黑龍江人，以前在俄羅斯遠東經商。我問她哪邊生意好做。她以東北人的直爽回答：「到哪旮瘩還不是謀生！」她來霍爾果斯四年了，這是第一年入駐國際邊境合作中心。她樂觀地表示，天氣轉冷後，生意就會變好。

從毛皮大世界出來，我又跟著阿德麗去了另一座購物中心。這裡有點像義烏小商品市場，販賣五花八門的商品。我們逛了幾家包包店。阿德麗和女朋友挑來選去，最後買了一只藍色小皮包——看上去品質挺好，卻只要九十塊錢。

我誇這包好看，適合她。

「不是我揹。」阿德麗說，「是送給我表姐的。」

原來，親戚朋友都知道阿德麗去了中國，也都託她帶貨。可從中國帶貨太麻煩，託運成本又高。所以，阿德麗來這裡買東西，當作中國帶回來的禮物送給親友。嚴格來說，這也的確是從「中國」帶回來的。

我們又逛了幾家玩具店，逐一比較不同滑步車的價格和品質。最後，阿德麗花了四百塊錢買了一輛，送給另一個表姐的孩子。

「都是送人的，你自己不買？」我問。

「我不在這裡買。」阿德麗嫣然一笑，「我用淘寶。」

兩個小時後，我已經到了逛街的極限，於是和阿德麗揮手告別。

「我們加個微信吧。」我說。

阿德麗拿出手機，準備掃一掃。然而，我們用的還是哈薩克電話卡，而這是中國境內，只有中國訊號。

我走出購物中心，穿過廣場，經過一座展翅雄鷹的雕塑，回到哈薩克一側。這邊沒有大型購物中心，只有一棟兩層樓的集合店鋪。店主全是中國人，賣的東西包括俄羅斯娃娃、喬治亞紅酒和高加索蜂蜜。簡而言之，與任何一個中俄邊境集市上賣的東西差不多。

我問一個店主，有沒有亞拉拉特白蘭地。

「亞什麼？」他根本沒聽說過這東西。他轉而向我推薦一款印有史達林頭像的紅酒。酒瓶上已經落了一層細細的灰塵。

他是湖南人，就住在國際邊境合作中心裡。他說，這裡有酒店，也有出租房。來他這兒購物的都是中國旅行團。霍爾果斯的大小旅行社都經營類似的「哈薩克斯坦風情遊」。廣告語是：「不用簽證，即刻出國！」

我回到廣場，想到我的問題是怎麼「回國」。實際上，我已經在中國了，只是出不了國際邊境合作中心。為了給護照蓋章，我必須原路返回哈薩克斯坦，再從十幾公里外新修的口岸過關。

回哈薩克海關的中巴剛一停車，「駱駝隊」就蜂擁而上。兩個女人由於帶貨太多，被管理員攆了下去，爆發了一場激烈的戰鬥。來時的中巴上只有人，現在除了人，還塞滿了貨。

回到海關，走出國際邊境合作中心，黑車司機圍了上來。我找了一輛送我去口岸的黑車，那價格夠坐三回的。我們經過一座戈壁上的內陸港，可以遠遠看到門式起重機的輪廓。這個內陸港是一個貨運物流中心，也是「一帶一路」倡議的一部分。有報導說，這裡很快會成為全球同類內陸港中最大的一個。它的優勢在於，可以在短短半個月之內，把貨物從中國運到歐洲——費用比空運低，速度比海運快。

內陸港對面是一大片新建的住宅區，已經有人入住。如果一切順利，這片住宅區將不斷擴大，最後與扎爾肯特連成一片，形成一座大城市。當然，這一光明的前景並不完全憑藉真主的意願，還有賴於邊境對面的霍爾果斯。假如有一天，霍爾果斯真成了下一座杜拜，那麼眼前的荒漠也將被徹底改變。

新建的小鎮，新修的公路，連自動路障也是最新科技。載我的哈薩克老司機實在搞不明白這些屬於未來的玩意，困惑地直攤手。

我們總算到了邊境口岸。在暴烈的陽光下，口岸荒涼得如同月球基地。司機這時才告訴我，旅行者不能走路過關。他大概所言非虛，因為眼前只有汽車道，沒有步行道。除了我和司機，沒有一個過關的人。

隔著一片沙漠，我看到了國際邊境合作中心和霍爾果斯的老國門。此刻，那些從地表長出來的高樓大廈，好像沙漠中的圖騰柱一樣虛幻。老司機提議把我送回扎爾肯特，說那裡有開往霍爾果斯的國際大巴。我真想質問他，當初為何不早告訴我。不過，轉念一想，他要是早告訴了我，就賺不到這份車費了。

3

我與霍爾果斯已經近在咫尺，卻找不到那扇門，只好返回二十九公里外的扎爾肯特。汽車站裡果然有一輛新疆牌照的大巴。那輛大巴就停在大太陽下面，車上空空如也。老司機說，這輛大巴半小時後准能出發，可我實在不敢相信。

午後的驕陽愈發熾烈，街上塵土飛揚。我無處可去，只好在戶外的候車亭坐下。旁邊有個男人正枕著挎包呼呼大睡。他聽到有人走近，一個鯉魚打挺坐了起來。他穿著西褲和polo衫，坐姿凸顯了開始發福的肚子，粗壯的小腿把褲管繃得緊緊的。

他是個中國人——哈薩克人不戴手串。我們聊起來後，他告訴我，這輛車一小時前就該出發，結果現在還沒動靜。他已經在這裡等了兩個小時。

「海關幾點下班？」我問。

他看了看手錶，自我安慰似的說：「這是今天最後一班車，海關的人會等我們的。」

他的口音聽上去不像新疆人。

「我老家河南。」他說，「在這邊做輪胎生意。」

開始時，河南商人也在國際邊境合作中心租了店鋪，找「駱駝隊」把輪胎運進哈薩克斯坦。然而，最近海關出了新政，「駱駝隊」每天只能進出免稅區兩次。輪胎的體積太大，一個人一次只能運兩個，這就讓生意變得有點難做。於是，他專門去阿拉木圖考察，看能不能與當地人合夥，搞正規輪胎進口。只是這樣的話就得繳稅，成本提高，利潤減少。

「哈薩克人對價格特別敏感，你比別家貴一分錢，他們都不會選你。」河南商人嘆氣道。他的臉龐黝黑，兩側的頭髮剃得很光，而頭頂留有薄薄一層，脖頸上長著一層贅肉。印象中，他這個年紀的商人大都留這樣的髮型，也都有這樣的贅肉。

他是第一次去阿拉木圖，不會說俄語，找了公司的翻譯陪同。翻譯原本是中國的哈薩克族，後來就留在了哈薩克斯坦。他每月給翻譯開兩千塊工資，這已是阿拉木圖的平均水準。

「這邊消費還是比較低的。」他說。

考察的一個亮點是和客戶一起去天山郊遊，在大阿拉木圖湖畔燒烤。河南商人說，這邊的羊肉便宜，哈薩克人又特別會烤。他們帶著烤爐、烤架和木炭，而他帶著肚子。湖邊的風景優美，他什麼都不用做，完全放空了自己。他看著客戶燒烤，烤好後就開懷大吃。

「哈薩克人不著急，生活節奏慢，不像我們中國人。」河南商人笑著說，「有時想想，這樣其實也挺好。」

我問：「那你會在阿拉木圖開公司嗎？」河南商人搖搖頭：「不會。」

他算了一筆賬，運輸費加上關稅，還有各種打點，進口輪胎的利潤將微乎其微。

這時，大巴司機回到了車上。車下還站著幾個已經失去耐心的乘客。河南商人騰地站起來，說他得去買瓶水，還客套地問我要不要。

我說，謝謝，不用了。

我走到大巴前，與另一個中國人聊起來。他說一口新疆普通話，身材高瘦，鼻頭上全是爆裂的毛細血管。他在這裡做羊毛生意，開了一家工廠。他的父親就是做羊毛品質檢驗的。他從小耳濡目染，成了沒有文憑的專家。

我說，我在高加索也碰到過做羊毛生意的中國人。他搖頭說，那邊是山羊，羊毛品質不好。

下午四點，大巴終於出發，我又回到了幾個小時前旅行受阻的地方。大巴駛入關口，我們魚貫下車，逐一接受檢查。一個哈薩克海關人員用俄語問我們：「今天過得怎麼樣？」河南商人笑著搖手道：「聽不懂，聽不懂。」我們又回到大巴上，駛向一段距離之外的中國海關。河南商人困惑地問我：「那個人剛才是不是在向我索賄？」

中國海關是一棟嶄新的大樓。九年前，它不在這裡。我把行李放上輸送帶，排隊給護照蓋章。我的中亞之旅即將結束，我多少感到一絲澎湃的心潮：九年前，當我站在霍爾果斯口岸時，中亞還是一團迷霧。我渴望瞭解這裡，填補我的世界圖景——我就是帶著這個願望踏上的旅程。如今，我從邊境的另一側回到了霍爾果斯，回到了旅途最初開始的地方。我還記得自己當初的抱負和一路的辛勞。

與九年前相比，中亞不再陌生，但依舊神秘。我對中亞的熱愛也殷切如昔。經歷過蒙古入侵、汗國爭霸、蘇俄重塑以及獨立後的混亂和復原，中亞又恢復了長久以來的模樣——像一顆衛星，徘徊在不同文明與勢力之間，校正著自己的方位。我第一次去中亞時，就有這樣的感覺。隨著旅行的深入，這種感覺也愈加強烈。

蘇俄治下的和平促進了中亞的繁榮，但也埋下分裂的種子。獨立後，中亞開始對自己的歷史和未來有了新的看法，不同的思潮與想法在這片土地上反覆激盪。而今天，中國的崛起將會改變這裡的引力，為中亞帶來不同的前景。在旅行中，我已經目睹了這個進程的萌芽狀態——帶著新生事物的生機、慌張和無所畏懼——但隨著時間的演進，一切都會變得更加清晰。

我甚至在想，不久的將來，眼前的一切可能會徹底改變，古老的中亞將變得面目全非——期待也好，懷鄉也罷，這將是中亞未來的一部分，也將是中國未來的一部分。

我走出海關大樓，穿過空曠的廣場，回頭眺望天山。

文學森林 LF0157

失落的衛星：深入中亞大陸的旅程

Among The Stans: A Central Asian Journey

作者
劉子超

一九八四年出生。作家、資深媒體人。北京大學中文系畢業，牛津大學路透新聞研究所客座研究員。曾任職《南方人物週刊》、《GQ》中文版、《ACROSS 穿越》媒體。現旅居西藏拉薩。

作品曾獲劉麗安詩歌獎、「螞蜂窩」年度旅行家。出版過《沿着季風的方向：從印度到東南亞的旅程》、《午夜降臨前抵達》以及《失落的衛星》。其中《午夜降臨前抵達》曾獲「單向街書店文學獎」年度旅行寫作。另有譯作《流動的饗宴》《漫長的告別》等。

二〇一八年中亞的寫作計畫獲單向街「水手計畫」贊助。二〇一九年長篇散文〈烏茲別克斯坦：尋找中亞失落之心〉一文被翻譯成英文，獲得瑞士全球真實故事獎（True Story Award）頒發特別關注獎。

封面設計　陳恩安
內頁排版　呂昀禾
協力編輯　羅士庭、詹修蘋
行銷企劃　楊若榆
版權負責　陳柏昌
副總編輯　梁心愉

初版一刷　二〇二二年三月二十八日
定價　新台幣四二〇元

ThinKingDom 新經典文化
發行人　葉美瑤
出版　新經典圖文傳播有限公司
地址　10045臺北市中正區重慶南路一段五七號十一樓之四
電話　886-2-2331-1830　傳真　886-2-2331-1831
讀者服務信箱　thinkingdomtw@gmail.com

總經銷　高寶書版集團
地址　11493臺北市內湖區洲子街八八號三樓
電話　886-2-2799-2788　傳真　886-2-2799-0909
海外總經銷　時報文化出版企業股份有限公司
地址　桃園市龜山區萬壽路二段三五一號
電話　886-2-2306-6842　傳真　886-2-2304-9301

失落的衛星：深入中亞大陸的旅程/劉子超著.
-- 初版. -- 臺北市：新經典圖文傳播有限公司,
2022.03
面；　公分. -- (文學森林；LF0157)
ISBN 978-626-7061-13-8(平裝)

1.CST: 遊記 2.CST: 旅遊文學 3.CST: 中亞

734.09　　111002186